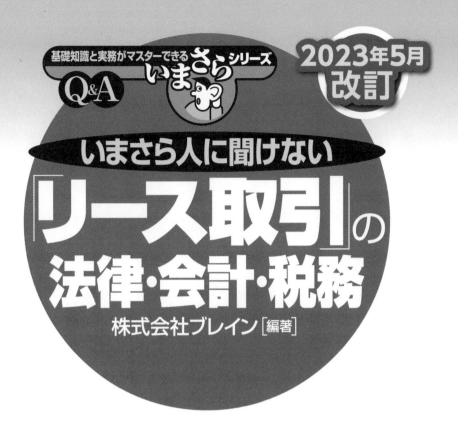

基礎知識と実務がマスターできる いまさらシリーズ

Q&A

2023年5月改訂

いまさら人に聞けない

「リース取引」の法律・会計・税務

株式会社ブレイン [編著]

セルバ出版

改訂版　はじめに

　リース取引は、戦後高度成長期において日本経済の発展に伴い広く利用されました。基本的には設備を借りて賃料を払うという行為がリースの言葉としての意味ですが、わが国では設備投資の資金調達手法としての側面が注目され、活用されてきました。

　設備投資にあたっての典型的なリース契約は、中途解約が不能で、契約時のリース料総額を払う義務があるというものです。これは、実質的には設備を購入した場合と経済的にはほぼ同じ行為です。

　しかし、リース契約上は設備を借りて賃料を支払うという理解で、会計処理や税法上の取扱いも特に決められていませんでした。

　その後、課税上の弊害を是正するという観点から、税法上のリース契約の取扱いが定められ、会計処理についてもリース会計基準が制定されました。

　また、2007年3月には「リース取引に関する会計基準」が大幅に改正され、税法上の改正もあわせて、リースに関する会計・税務の処理がわが国の実態に合ったものになりました。

　本書は、2007年の大改正にあわせて出版されましたが、その後の会計基準や消費税法の改正などをふまえ、このたび改訂版を発行することになりました。

　初版と同様、会計・税務のみならず、法律上の問題点についても網羅していますので、実務書として読者の皆様のお役に立てれば幸いです。

　2013年6月

改訂4版　はじめに

改訂4版では、リース会計基準の公開草案の公表に伴い修正を行いました。

2023年8月

株式会社ブレイン

⑥　リース取引をめぐる税務のポイント

┌─── **本文中 、次の略称を使用しています。** ───┐

リース会計基準	リース取引に関する会計基準	法法	法人税法
		法令	法人税法施行令
リース適用指針	リース会計に関する会計基準の適用指針	法基通	法人税基本通達
		租法	租税特別措置法
会	会社法	消法	消費税法

Q1 リースってなに・リース契約の流れは

Answer Point

♤リースとは、企業が必要とする機械設備等を企業に代わって
　リース会社が購入し、比較的長期にわたり一定のリース料を
　受け取ることを条件にその物件を賃貸することをいいます。

♤リース契約は、貸手、借手とメーカーの三者契約となります。

♠リースというのは

　リース（lease）とは、本来、「賃貸借」や「賃貸借契約」を意味する英語で、広く動産や不動産を他人に賃借する契約をいいます。

　しかし、今日のわが国で経済用語として使われているリースは、明確な定義はないものの、通常「企業が必要とする機械設備等を企業に代わってリース会社が購入、比較的長期にわたり一定のリース料を受け取ることを条件にその物件を賃貸すること」を指し、「民法の賃貸借」と区別して狭義に解されています。

♠リース契約の流れは

　賃貸借契約は、貸手と借手の二者間の契約ですが、リース契約ではリース物件を提供するのは、貸手とは異なるメーカーであることから、これを加えた3者間の契約となるのが通常の流れです。

　リース契約の流れは、図表1のようになります。

♠リースの歴史的流れは

　リースという取引形態がわが国で始まったのは、昭和40年代前半でした。当時の経済状況は、高度成長期といわれた時期であり、様々な業種で、競争に勝ち抜くために設備投資が積極的に行われました。その際の資金調達手段として、銀行借入とともにリースは広く利用されるようになり、リース会社の業容も拡大を続けました。

　このように始まったリースは、株式市場からの直接金融の広がりや景気の後退などの状況に合わせ、設備資金の調達手段としてだけではなく、経営環境の変化に柔軟に対応するための手段としても活用されています。

【図表1　リース契約の流れ】

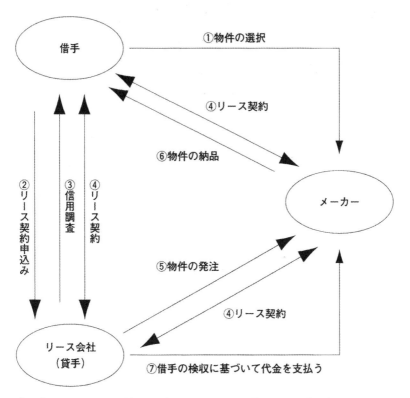

①～⑦の流れでリース契約が実行されます。この後、リース料の支払いが発生します。物件の保守契約が必要な場合には、借手が別途メーカーと契約します。

♠リース契約の流れと会計処理は

　リース取引は、図表1に示すとおり、貸手と借手そしてメーカーの三者契約です。借手と貸手の契約としては、賃貸借という法形式をとりますが、契約の目的がそもそも設備投資のための資金調達という場合が多いため、単純な賃貸借契約をベースに経済的実態としては設備の売買と類似の法的効果が発生するように契約がなされます。

　このため、契約の法的形式と経済取引としての実態が一致しないケースも多く、リース取引の会計処理や税務処理について改正が重ねられてきました。

Q 2 リース取引の種類は

Answer Point

♧リース取引は、ファイナンス・リース、オペレーティング・リースおよびその他のリースに分類されます。

♧リース取引は、それぞれの条件に該当する場合、該当しない場合で分類が変わります。

♠リース取引の基本的分類は

リースには、様々な種類や形態がありますが、取引の法的、経済的性格によって分類すると、図表2のようになります。

契約内容の違いによって、ファイナンス・リースとオペレーティング・リースの2種類に分けることができます。

リース取引には、メンテナンス・リースやレバレッジド・リースなどもありますが、いずれもファイナンス・リースあるいはオペレーティング・リースのどちらかに含まれます。

【図表2　リース取引の基本的分類】

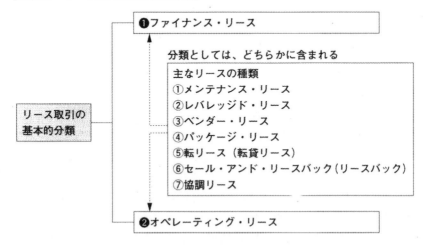

♠日本では、ファイナンス・リースが主流

ファイナンス・リースは、解約不能やフルペイアウトのように金融的性格の強いリース契約です。それに対し、オペレーティング・リースは「物件の

使用」や「サービスの提供」などに重点をおいた金融的性格の弱いリース契約です。

　通常、リースといえばファイナンス・リースを指しています。日本のリース契約の大半はファイナンス・リースであり、オペレーティング・リースは中古市場が発達している車などを中心に利用されています。

♠ファイナンス・リース取引というのは
　「ファイナンス・リース取引とは、リース契約に基づくリース期間の中途において当該リース契約を解除することができないリース取引またはこれに準じるリース取引で、借手が、当該契約に基づき使用する物件からもたらされる経済的利益を実質的に享受することができ、かつ、当該リース物件の使用に伴って生じるコストを実質的に負担することとなるリース取引」をいいます（会計基準5号）。

【図表3　リース取引の判定】

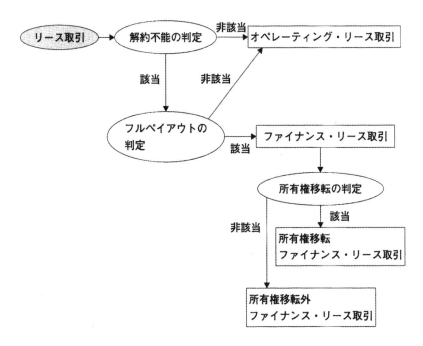

♠ファイナンス・リースとオペレーティング・リースの分け方は
　ファイナンス・リースとオペレティング・リースの区分は、解約不能に関する判定とフルペイアウトに関する判定の2つによっています。

解約不能とフルペイアウトの基本的判定は、図表4のとおりです。

【図表4　解約不能とフル・ベイアウトの判定】

項　目	説　　明
①解約不能	解約不能とは、リース契約上、リース期間の中途において契約を解除することができないことをいいますが、法的契約上は解約可能としても、解約に際し相当の違約金を支払わなければならない等の理由から、事実上解約不能であるものも含まれます。具体的には、次の(a)(b)のようなものが考えられます。 (a)解約時に、未経過のリース期間にかかるリース料の概ね全額を、規定損害金として支払うこととされているリース取引です。 (b)解約時に、未経過のリース期間にかかるリース料から、借手の負担に帰属しない未経過のリース期間にかかる利息等として、一定の算式により算出した額を差し引いたものの概ね全額を、規定損害金として支払うこととされているリース取引です。
②フルペイアウト	フルペイアウトとは、借手が当該契約により使用する物件からもたらされる経済的利益を実質的に享受することができ、かつ、当該リース物件の使用に伴って生じるコストを実質的に負担することをいいます。具体的には、次の(a)、(b)いずれかに該当するかにより判定されます。 (a)現在価値基準 　解約不能のリース期間中のリース料総額の現在価値が当該リース物件を借手が現金で購入するものと仮定した場合の合理的見積金額のおおむね90％以上である場合。 (b)経済的耐用年数基準 　解約不能のリース期間が、当該リース物件の経済的耐用年数のおおむね75％以上である場合。
	・経済的耐用年数 ①リース物件の経済的耐用年数は、物理的使用可能期間ではなく、経済的に使用可能と予測される期間を用いますが、著しく合理性を欠く場合を除き、実務上は税法上の法定耐用年数によることも認められます。 ②1つのリース契約が多数のリース物件から構成されている場合には、全リース物件の加重平均の耐用年数をよることも認められます。

♠オペレーティング・リース取引というのは

　オペレーティング・リースとは、ファイナンス・リース取引以外のリース取引で、具体的には解約不能とフルペイアウトの両方またはいずれかの基準に

も合致しないリース取引のことをいいます。

♠主要なリース取引の種類は

主要なリース取引の種類としては、図表5のようなものがあります。ユーザーニーズを反映して様々なリース取引が商品化されています。

【図表5　主要なリース取引の種類】

項　目	説　　明
①メンテナンス・リース	リース会社が物件の賃貸だけでなく、保守・管理・修繕等のメンテナンスのサービスが付加されたリース取引のこと。 サービスリースともいわれています。
②レバレッジド・リース	賃貸人が複数投資家から資金提供を受け、これをてこに航空機、船舶等の大型物件を取得してユーザーにリースする取引のこと。
③ベンダー・リース	販売会社がリース会社を代行してリース取引の内容や契約手続を行う取引のこと。 一般的に少額の物件を対象とすることが多いリース取引です。
④パッケージ・リース	機械設備のファイナンス・リースに土地建物等の不動産の賃貸借、事業資金の融資等の取引を加えた複合取引のこと。
⑤転リース 　（転貸リース）	リース会社の事前承諾を得て、転貸先を明示してリース物件を転貸する取引のこと。（原則では所有権侵害に関する禁止条項があるため、第三者に転貸することができません）。 リース料の回収事務や資金負担を軽減するために利用します。
⑥セール・アンド・リースバック 　（リースバック）	継続して使用するために、既にユーザーが所有している物件をいったんリース会社に売却し、直ちにリース会社からリース契約によって借り受ける取引のこと。
⑦協調リース	複数のリース会社が同一のユーザーに対して同じ条件でリースする取引のこと。 多額のリース取引のリスク分散を図る目的で利用します。

Q3 リースと賃貸借・レンタルとの違いは

Answer Point

♧賃貸借は法律上の言葉で、貸主が借主に対して物の使用収益を認め、その対価として賃料を受け取ることを内容とする契約のことです。

♧賃貸借は、リースやレンタルを含む広い概念です。

♧レンタルとは、代金と引替えに商品を一定期間貸し出すものです。レンタルは、リース会計基準の対象になります。

♠賃貸借というのは

賃貸借は法律上の言葉で、貸主が借主に対して物の使用収益を認め、その対価として賃料を受け取ることを内容とする契約のことです。

したがって、ファイナンス・リース、オペレーティング・リースおよびレンタルは、法的にはすべて賃貸借とされます。

しかし、実際には、民法による規定よりも当事者間の細かな契約条項が優先する場合が多いため、契約内容により法律関係も異なります。

♠レンタルというのは

レンタルとは、代金と引替えに商品を一定期間貸し出すものです。

つまり、レンタルの対象となる物品は、新品とは限らず、貸主が既に所有しているもの（いわゆる中古品）の場合が多いのです。リースの対象になる物品は、リース契約の際に新品を購入する場合が多いという違いがあります。

また、図表6のとおり、レンタルは、中途解約が可能ですが、リースは違約金が発生するなどして事実上解約不能の場合が多いという点も異なります。レンタルは自動車やボート、スキーなどが対象であり、数日間程度の比較的短期間の利用を前提とする場合が多いようです。

しかし、建設現場での足場などもレンタルで扱われており、リースとの違いは明確ではありません。

リース会計基準では、レンタルもリースとして定義されており、適用の対象になっています。会計上は、レンタルはリース期間の途中において解約可能なオペレーティング・リースですから、通常の賃貸借取引として会計処理

を行い、未経過リース料の注記も不要であるということになります。

♠リースとレンタルを比べると

　リースとの違いは、汎用性のある物品を不特定多数の相手に繰り返して貸し出すことが多いということです。

【図表6　リースとレンタルの違い】

項　目	説　　明
①対象となるもの	リースは借手が選定したものを対象にすることが多く、製造設備や什器備品、医療機器など、様々なものが対象になります。 　レンタルは、汎用性のある品物が対象になります。自転車やスキーなどのスポーツ用品やレジャー用品が多いのですが、建設用足場などのように汎用性が高く、繰り返し使用に向いているものも対象になります。
②契約の長さ	リースは、対象となるものの耐用年数の3分の2程度の期間を基準に契約期間を設定し、通常2年以上の期間にわたって契約がなされます。 　レンタルは、スポーツレジャー用品のように半日から1週間程度までの契約が多く、練習用楽器などの比較的長期間の契約の場合でも数か月程度です。
③中途解約	リースは、借手が選定したものを対象とするため、貸手にとっては契約期間中に購入に要した代金と様々な付随費用をすべて回収する必要がありますので、契約期間中の途中解約は認められません。 　レンタルは、多数の借手に繰り返しレンタルすることで、貸手は投下資本回収を図るため、契約期間中途で解約されても別の借手に貸し出すことが可能です。 　したがって、借手の都合で随時解約することも可能になっていることが多いようです。
④保守管理の責任	リースは、対象となるものの保守管理の費用はリース料に含まれませんので、これについては借手が別途、メーカーやメンテナンス会社と契約して対応します。 　また、リース対象のものに欠陥があった場合にも、借手が直接メーカーとやりとりをする必要があります。 　レンタルは、保守管理や修繕などは貸手が責任を持って行います。 　これらに要する費用も、レンタル費用に含みます。

　会計的には、通常の賃貸取引としての情報が開示されれば十分であり、未経過リース料などの将来の情報は開示する必要がないのです。いつでも解約可能である以上当然のことというわけです。

Q4 リースと購入の違いは

Answer Point

♧自己資金で購入する場合と比べると、キャッシュフローや金利負担などに明らかな違いが生じますが、割賦購入や借入金による購入の場合には似通ったところが多くなります。

♠リースと割賦購入との違いは

　割賦購入もリースも、毎月一定額を支払うことで一度に支払うことのできない多額の支出を伴う設備導入が可能になるという機能は似ています。

　一番大きな違いは、契約の法的形態です。リース契約は賃貸借契約ですが割賦購入は売買契約の代金の支払方法として割賦という方法をとるということで、当然ながら売買契約です。

　このような違いが影響するのが、例えば中途解約の取扱いです。リースの場合は、契約上不可になっていることが多いのです。

　しかし割賦購入の場合は、中途解約しても売買契約が解約されるわけではなく、支払方法としての割賦契約を解除して残金を一括精算するということになります。

　また、リースの場合、契約終了時には、物件を返却するか、改めてリース契約を結ぶことになります。

　割賦購入の場合には、契約終了は、支払いの終了を意味するだけですから、そのまま購入者が所有を続けます。

　もしこの時点で廃棄が必要な状況であれば、リース契約なら物件を返却して貸手が処分することになりますが、割賦購入ならば購入者が廃棄費用を負担して自ら処分する必要があります。

♠リースと借入による購入との違いは

　リースも借入も、設備導入にあたっての資金調達の手法です。資金調達者の信用能力に対する評価基準が銀行とリース会社では異なるため、銀行借入では調達できない金額がリース契約で調達可能となったり、適用される金利も企業の信用状態によってはリースのほうがかえって低い場合もあります。

　主な違いは、図表7のような点です。

【図表7　リースと借入による購入との違い】

項　目	説　明
①管理について	リースによって設備を導入した場合には、購入した場合と違って設備の所有者がリース会社となるため、設備の利用者は所有することに伴って必要となる様々な管理はすべてリース会社に任せることができます。 　例えば、保険契約、固定資産税の申告・納税、減価償却計算などが不要になり、事務管理が省力化できます。
②予算管理について	リースを利用すれば毎月定額のリース料が発生します。保守や修繕費用についても別途保守契約をしておくことで年間の経費発生額が簡単に把握できますから、設備に関する予算管理が楽になるというメリットがありました。 　2017年度のリース会計基準の改正により、原則として売買処理が原則となったため、今後は借入による購入との差異はほとんどなくなりました。
③技術革新等への対応	リースによって設備を導入した場合には、契約リース期間が終了するまでは使用し続けることになります。 　この間に、技術革新や製品の需要の変化など生産設備の更新が必要になった場合には、中途解約ができないという契約上の制約が経営上も問題になってきます。 　しかし、これはリース期間の設定誤りという面もあります。 　購入した設備であっても導入時に想定した予定操業期間が現実の操業期間よりも長かった場合には、減価償却計算上で設備の除却損失という形で損失が発生します。 　これは、生産設備は、中古相場が確立していないため売却時には捨て値に近い値段でしか売却できないためです。
④契約意思決定の留意点	リース契約に関する意思決定を行う際に、支払いが月単位で、経費として処理されることから導入部署の年度予算の意思決定として実行されるケースもあるようです。 　しかし、典型的なリース契約は中途解約が不可能でリース期間を通じた総支払額は、借入によって購入した場合より金利相当額分だけ大きくなります。 　したがって、導入の意思決定はリースもしくは購入という形式にかかわらず、共通の手順でなされるべきです。 　まず、設備導入のための稟議や取締役会決議の手続により、意思決定をなし、その次の段階として、借入による購入か、リースを利用するかを検討すべきです。

Q4　リースと購入の違いは

Q 5 リースのメリット・デメリットは

Answer Point

♤リースのメリットとしては、資金調達と資金運用の効率性、税務上の早期損金算入、事務負担の軽減、経済的陳腐化への対応、金利水準に影響を受けないこと等があります。

♤リースのデメリットとしては、中途解約不能、リース料が割高、リース料の固定化、物件の保守・修繕等があります。

♠リースのメリットは

リースのメリットは、図表8のとおりです。

【図表8　リースのメリット】

メリット	説　明
①資金調達と資金運用の効率性	機械設備等の導入を自己資金や借入によって行うと、一時に多額の資金が必要となります。しかし、リースの場合、リース料の1回から3回分程度の前払リース料を支払うだけで、担保なしで機械設備等の導入ができます。 　このように、多額の資金が一時に流出することを防ぐことで、余った資金を事業資金、運転資金等として運用することにより、効率的な資金運用が可能となります。
②税務上の早期損金算入	リース期間を通じて支払うリース料の総額は、自己資金による購入の場合より高額になります。 　しかし、税務上、リース期間は購入による所有資産の法定耐用年数より短縮することが認められており、早期に経費処理することが可能ですから節税効果が生じ、短期的には資金流出額はかえって少なくなる場合があります。 　しかし、設備の利用期間の決算がすべて黒字であれば、累計の資金流出は、やはり購入したほうが少なくなり有利です。
③事務負担の軽減	リースの場合、毎月のリース料を経費処理することも認められ、購入による所有資産の場合に必要な減価償却の手続や固定資産税の申告・納付の必要もなく、事務負担が軽減されます。 　これらの事務は、すべてリース会社が行いますので、ユーザーはリース料の支払いとリース物件の使用管理だけですみます。

メリット	説　明
④経済的陳腐化への対応	機械設備等を購入取得した企業は、法定耐用年数をもとに資産を費用化していきますが、技術進歩の速い物件の商品サイクルは、それらの耐用年数よりも短いことが多く、導入してもすぐに陳腐化してしまう場合があります。 　しかし、リースの場合、リース期間を法定耐用年数より税法の認める範囲内に短縮することにより、陳腐化に伴うリスクを軽減することができます。
⑤金利水準に影響を受けない固定的なコストの発生	借入による購入の場合には、借入金の利率の影響を受けますが、リースの場合、契約時に決定したリース料は固定されるため、金利水準の変動に伴うリスクはリース会社が負うことになります。 　インフレ時には実質的に割安となります。

♠リースのデメリットは

　リースのデメリットは、図表9のとおりです。

【図表9　リースのデメリット】

項　目	説　明
①中途解約不能	リースは、原則として中途解約できません。技術革新が著しく物件が短期間で陳腐化した場合や、途中で使用しなくなった場合でも、当初に決められたリース料をリース期間満了まで払い続けなければなりません。 　契約を解除する場合には、残リース料相当額の違約金を支払うことになります。
②リース料が割高	リース料には、物件の購入代金の他に税金や保険料などの付随費用やリース会社の利益が含まれていますので、単純に比較すればリース料総額は購入の場合よりも割高になります。
③リース料の固定化	契約当初の金利水準をもとに決められたリース料はリース期間満了まで固定されます。 　リース期間中に金利が低下すれば、固定されたリース料は不利に働きます。逆に金利が上がれば有利に働きますので、前述した金利水準の変動リスクに対するメリットと表裏の関係になります。
④物件の保守・修繕	メンテナンス・リース等を除いて、リース物件の保守・修繕などの管理責任はユーザーにあり、通常、ユーザーとサプライヤーとの保守契約に基づいて行われます。 　これは、リース料には保守料などが含まれていない、ユーザーが行う方が効率的であるなどが理由ですが、このような点をデメリットとする見方もあります。

Q6 ファイナンス・リース取引ってなに・その判定は

Answer Point

♤ファイナンス・リース取引とは、中途解約不能でフルペイアウトのリース取引のことをいいます。

♤ファイナンス・リース取引の判定基準は、①現在価値基準、②経済的耐用年数基準の2つで、2条件のうちどちらかに該当するものをファイナンス・リース取引と判定します。

♠ファイナンス・リース取引というのは

ファイナンス・リース取引とは、中途解約不能でフルペイアウトのリース取引のことをいいます。要するに、この2つの条件が揃うと、経済的価値の帰属や設備の陳腐化などのよって生じるリスクの負担が、購入した場合とほとんど同じになるため、ファイナンス・リースすなわち、財務取引的な性格が色濃いリース取引として取り扱うことになります。

リース料の支払いという面から考えても、中途解約不能でフルペイアウトということになれば、設備の価格相当プラス金利相当分について事実上、確定債務を負うことになります。

♠中途解約不能でフルペイアウトの意味は

中途解約不能でフルペイアウトの意味は、図表10のとおりです。

【図表10　中途解約不能でフルペイアウトの意味】

項　　　目	説　　　　明
❶解約不能とは	リース期間の中途において解約不能であるという条件は、契約上中途解約ができない場合のほか、解約時に相当の違約金を支払うこと等経済的な合理的判断に基づいて事実上解約できない場合も含まれます。 　リース会計基準の適用指針は、このような契約の例として、次の①②のような場合を示しています。 ①解約時に、未経過のリース期間にかかるリース料のおおむね全額を、規定損害金として支払うこととされている場合 ②解約時に、未経過のリース期間にかかるリース料から、借手の負担に帰属しない未経過のリース期間にかかる利息と

	して、一定の算式により算出した額を差し引いたもののお
	おむね全額を、規定損害金として支払うこととされている
	場合
❷フルペイアウトと は	具体的には、次の2つの条件のうちどちらかに該当する場 合にファイナンス・リース取引と判定します。 ①現在価値基準 　解約不能であるリース期間中のリース料総額の現在価値が、 現金購入すると仮定した場合の見積現金購入価額のおおむね 90％以上であること。 ②経済的耐用年数基準 　解約不能のリース期間が、当該リース物件の経済的耐用年 数のおおむね75％以上であること。 　なお、自動車リースのように中古市場の存在等により、リー ス期間終了後に売却換金することで、借手がリース物件にか かるほとんどすべてのコストを負担することとならないよう なリース取引については、②の経済的耐用年数基準を満たし ていても、①の現在価値基準のみで判定します。 　つまり、原則的基準は現在価値基準であり、経済的耐用年 数基準は補助的な基準として機能しています。現在価値基準 を実際に適用するためには、煩雑な計算を行う必要がありま すが、あまり現実的ではありません。 　そこで、簡便法として経済的耐用年数基準が設けられてい るのです。 　さらに、経済的耐用年数については、特に不合理と認めら れる事情がない限り、税法の耐用年数をこれに代えて採用す ることを認めています。

♠現在価値基準の判定にあたっての留意点は

　現在価値基準の判定にあたっての留意点は、図表 11 のとおりです。

【図表 11　現在価値基準の判定にあたっての留意点】

項　　　目	説　　　明
①リース期間の取扱 い	状況から考えて借手が再リースを行う意思が明らかな場合 を除いて再リース期間及び再リース料は、解約不能のリース 期間及びリース料総額に含めずに判定します（リース適用指 針11）。
②維持管理費用相当 額の取扱い	借手が負担するリース料の中には、固定資産税や保険料な どの物件の維持管理に要する費用が含まれているため、判定 にあたってリース料総額から控除すべきです。 　しかし、維持管理費用については契約書上明示されていな い場合が多く、金額的にも重要性が乏しい場合が多いため、

	リース料総額から控除せずに判定することができます。 なお、リース料に含まれる保守等の役務提供費用については、維持管理費用に準じて取り扱います（リース適用指針14）。
③残価保証の取扱い	契約の中でリース期間終了時に、リース物件の処分価額が契約上決められた価額に満たない場合に、その差額を借手が負担する条項が定められることがあります。このような場合には、当該差額をリース料総額に含めて判定します（リース適用指針15）。
④製造業者または卸売業者の場合の取扱い	自己が販売している製品または商品を貸手としてリース取引を行っている場合には、見積現金購入価額としては原価ではなく販売価額を用いて判定します（リース適用指針16）。
⑤算定に用いる割引率	◇貸手側 貸手が現在価値の算定を行うにあたっては、リース料総額とリース期間後の見積残存価額の合計額の現在価値が物件の購入価額等に等しくなるような利率を用いて算定します（リース適用指針17）。 ◇借手側 借手が現在価値の算定を行うにあたっては、貸手の利率を知りうる場合にはその利率を、知り得ない場合に借手の追加借入に適用されるであろう利率を用います（リース適用指針17）。 具体例としては、次の(a)(b)のような利率の中から適当と認められるものを用います。 (a)リース期間と同一の期間におけるスワップレートに借手の信用スプレッドを加味した利率 (b)新規借入金等の利率 　・契約時点の利率 　・契約が行われた月の月初または月末の利率 　・契約が行われた月の平均利率 　・契約が行われた半期の平均利率 なお、(b)の場合には、リース期間と同一の期間の借入を行う場合に適用される利率を用います。 また、1つの契約が多数のリース物件から構成されているような場合には、リース契約全体で判定することも認められます（リース適用指針95）。

♠連結財務諸表における判定は

連結財務諸表で現在価値基準を判定する場合、必要に応じて、親会社のリース料総額および連結子会社のリース料総額を合計した金額に基づき判定を行います。ただし、重要性が乏しい場合には、個別財務諸表での判定を修正する必要はありません（リース適用指針18）。

Q7 所有権移転ファイナンス・リースってどういうリースのこと

Answer Point

♤ファイナンス・リース取引は、契約上の条件によって、さらにリース物件の所有権が借手に移転するものと認められるものとそうでないものに区分されます。

♤所有権移転ファイナンス・リースは、リースの持つ経済的実態としての金融機能をそのまま契約に反映した契約です。

♠所有権移転ファイナンス・リース取引に該当する条件は

リース適用指針 10 では、ファイナンス・リース取引のうち所有権移転ファイナンス・リース取引に該当するものとして、図表 12 の条件をあげています。

【図表 12　所有権移転ファイナンス・リース取引に該当する条件】

リース取引に該当する条件　所有権移転ファイナンス・

①リース契約上、リース期間終了後またはリース期間の中途で、リース物件の所有権が借手に移転することとされているリース取引。

②リース契約上、借手に対して、リース期間終了後またはリース期間の中途で、名目的価額またはその行使時点のリース物件の価額に比して著しく有利な価額で買い取る権利が与えられており、その行使が確実に予想されるリース取引。

③リース物件が、借手の用途等に合わせて特別の仕様により製作または建設されたものであって、当該リース物件の返還後、貸手が第三者に再びリース・売却することが困難であるため、その使用期間を通じて借手によってのみ使用されることが明らかなリース取引。

♠ファイナンス・リースとして基本的な取引形態は

所有権移転ファイナンス・リースは、リースの持つ経済的実態としての金融機能をそのまま契約に反映した契約です。設備等を導入するための資金の融通ではなく、対象となる物件そのものを融通するという取引形態です。

したがって、物件を購入したときとほぼ同じ経済的効果を有します。つまり、売買契約と実質的に同じような契約効果を賃貸借契約で基本に実現しようという意図を当事者のすべてが共有しているというものです。

そのために、比較的長いリース期間を設定し、リース料総額で物件の取得費用と諸費用のすべてを回収するようにリース料を設定し、かつ、中途契約を禁止したわけです。

　これは、借手にとって非常に不利な契約条件のように思えますが、賃貸借契約と考えるからであって、実質的には売買契約の効果を意図したものと考えると当然の契約内容です。長いリース期間は、分割払いの期間と考えると借手の利益につながります。

　リース料がフルペイアウトになるよう設定されるのも、中途解約が禁止されるのも、売買契約と考えると当然の条件です。リース会社が物件についてのリスクを負わず、保守管理費用が借手負担であることも自然なことです。

♠所有権移転外ファイナンス・リースとの違いは

　ファイナンス・リース取引は、リース対象物件の取得と資金調達が同時に行われるため、単純な賃貸借取引とは完全にその性格を異にする取引です。

　また、リース対象物件の利用可能期間に合わせて資金調達期間を設定するため、取引の経済的効果は、リース対象物件を借入によって購入した場合と似た結果になります。

　ファイナンス・リース取引は、さらに、所有権移転ファイナンス・リース取引と所有権移転外ファイナンス・リース取引に分類されますが、所有権移転外ファイナンス・リースは、所有権移転ファイナンス・リースに比べて、図表13の点で特徴があります。

【図表13　所有権移転外ファイナンス・リースの特徴】

所有権移転外ファイナンス・リースの特徴	①リース対象物件の合理的な使用可能年数とリース期間は、前者のほうが長い場合が多く、リース契約期間満了後にはリース物件は貸手に返却されます。 したがって、ファイナンス・リースでありながら物件購入のための資金調達というより、リース対象物件をリース契約期間だけ使用する権利を契約により取得するという意味合いが強くなります。
	②法的には賃貸借の形式をとりながら、実質的には設備購入資金の調達と対象物件の購入という相反する性格を有する取引形態です。リース物件の所有権は貸手から移転しないため、賃貸借の意味合いは所有権移転外ファイナンス・リースよりも強く残ります。また、メンテナンス等の役務提供をリース契約期間にわたって同時提供する場合もあります。

Q8 所有権移転外ファイナンス・リースってどういうリースのこと

Answer Point

♧所有権移転外ファイナンス・リースは、ファィナンス・リース取引のうち借手に物件の所有権が移転すると認められないものと定義されます。

♧所有権移転外ファイナンス・リース取引は、賃貸借取引に準じた会計処理ではなく、すべて売買処理とされます。

♠所有権移転外ファイナンス・リースの判定順序は

　所有権移転外ファイナンス・リースの判定の順番は、まずファイナンス・リースに該当するものを判定し、その中でさらに3つの要件のいずれかに該当するものを所有権移転ファイナンス・リースと判定し、それ以外を所有権移転外ファイナンス・リースと判定します。

　オペレーティング・リースは、ファイナンス・リース以外のリース取引という判定のしかたです。これを素直に読むと、ファイナンス・リースが基本であり、その中でも所有権移転ファイナンス・リースが典型的なリース取引のような先入観を持ってしまいがちです。

　しかし、これは明確に判定していくための論理的な順序であって、リース取引の分類を理解するためにはあまり適切ではありません。

♠リース取引を理解するための分類の順序は

　Q2で説明したように法律上の契約として賃貸借契約を基礎としながら、実質的に売買契約の効果を意図したものがファイナンス・リース契約です。

　このことからもわかるように、ファイナンス・リースは、賃貸借契約としては特殊な契約です。

　リース取引の法的形式に着目すれば、リース取引の基本形はオペレーティング・リース取引です。オペレーティング・リースは、通常の賃貸借に中途解約に関する条件を加えた契約ですから、会計処理も賃貸借処理が適当ということになります。

　オペレーティング・リース取引以外のリース取引をファイナンス・リース取引と理解するとこの区分の基準になるのが、中途解約不能とフルペイアウ

トという２つの要件ということになります。

この要件に該当する場合には、賃貸借という形をとった金融取引という性格が色濃くなりますので、ファイナンス・リースとして区分し、会計処理も原則として売買処理が適当ということになるわけです。

♠所有権移転外ファイナンス・リースの位置づけは

このように理解すると、所有権移転外ファイナンス・リースの意味がわかりやすくなります。つまり、ファイナンス・リースという金融的な面が重視される取引形態ですが、所有権が移転するとはいえませんので、賃貸借処理を認めることもできるということです。

一方、実務上の要請として、リース取引は可能な限り賃貸借として処理したいということがありました。１つには、法人税法のリースのメリットを生かすためには賃貸借として処理する必要があったこと、もう１つは、事務処理を簡便にしたいという理由があったからです。

このような事情があって、ファイナンス・リースは、所有権移転外ファイナンス・リースとして処理できるように契約が作成され、企業側は、例外処理である賃貸借処理を選択適用したということです。

このような経緯から、わが国のリース契約はその大半が所有権移転外ファイナンス・リースとして賃貸借処理をしているというのが実情です。

♠ 2007年のリース会計基準改正のインパクト

2007年にリース取引の会計基準、法人税法上の取扱いがともに改正されました。これにより、所有権移転外ファイナンス・リース取引は、売買があったものとして処理することになりました。例外処理を廃止して原則的処理に一本化しただけですが、実務上のインパクトは大きな改正でした。

わが国のリース契約の多くが例外処理である賃貸借処理を選択適用可能なように作成され、かつ、ほとんどの場合に賃貸借処理の選択適用が行われていたというのが実態でした。

つまり、2007年改正の結果としてわが国のリース取引の大半がはじめて売買処理されることになったということです。

法人税法上も、リース料の額を損金経理している場合にこれを償却費としてみなすという規定をおいていますが，基本的な考え方は売買処理をし、減価償却計算を通じて費用化するということになっています。

Q9 オペレーティング・リースってどういうリースのこと

Answer Point

♤オペレーティング・リース取引とは、ファイナンス・リース取引以外のリース取引のことをいいます。基本的なリース取引といえます。

♤オペレーティング・リースは、ファイナンス・リースのように金融的な機能は重視されず、物件が必要な期間に応じてリース料を支払う賃貸借契約です。

♤オペレーティング・リースとして一番普及しているのは、カーリースでしょう。

♠オペレーティング・リース取引というのは

オペレーティング・リース取引とは、ファイナンス・リース取引以外のリース取引のことをいいます。

わかりやすくいえば、レンタルなどの短期契約に加え、契約終了時の中古価額を差し引いてリース料を設定するなど、リースによる利用期間に見合うリース料を支払うものとした契約のことです。

♠オペレーティング・リース取引の特徴は

オペレーティング・リースは、ファイナンス・リースのように金融的な機能は重視されず、物件が必要な期間に応じてリース料を支払う賃貸借契約です。

オペレーティング・リース取引は上述のように、手軽に利用できることが想定されています。本来リース取引は、リースの賃借人が所有している物品を一定期間定期的に利用するためにつくられたしくみです。

このため、賃貸人は、当然リース期間終了後当該資産を別の誰かに再度リースするか、中古市場に売却するか等の処理を行ってきました。

すなわち、オペレーティング・リースは、その性質上、汎用性のある物件しか取り扱いません。貸手はリース期間終了後に次の借手を見つけるか、売却する必要あるからです。つまり、中古市場が整備されていることがオペレーティング・リースの対象物件として採用しやすくなる条件です。

オペレーティング・リースとして一番普しているのは、カーリースでしょ

う。営業用車両など多数の車両を事業用に使用する場合に、これを購入すると車検費用や故障のときの臨時的出費など予算管理が難しい費用があり、複数の車両が同時に故障したりする可能性を想定すれば、資金的準備も必要になります。

　また、車両の入替えのタイミングいかんにかかわらず、毎月の支払額を確定することができますので、損益管理、キャッシュフロー管理両面で管理が楽になります。

　このため、中古市場の価格が安定しているものについては、一定額のリース料を支払うことで、その資産を利用し、その期間が終了すれば、返却するという意味では、企業の貸借対照表は軽くなります。

　当然のことながら、その資産を所有する税金等（償却資産税や車両の場合は重量税や車検費用）は毎月のリース料の中に組み込まれますが、事実上これらの費用を分割払いで行ったことと同様の効果があります。通常であれば、認められない、税金や車検費用等の分割払いが事実上できるという点で、企業の資金負担が楽になるともいえるでしょう。

　借手にとってこのようなメリットのある契約が可能なのは、リース契約終了後に対象車両を中古車市場で売却することができ、かつ、車種や色などによってその金額も合理的に見積ることができる相場があるからです。

◆新しいタイプのオペレーティング・リースの出現

　従来は、オペレーティング・リースの対象物件は、自動車、航空機、船舶、などに限られていました。これは、ノンフルペイアウトという性質上、リース期間終了時点の残価部分を差し引いてリース料を設定する必要があるにもかかわらず、これを合理的に見積ることが困難な場合が多かったからです。

　現在では、半導体製造設備や電子部品組立装置などを対象とした新しいオペレーティング・リースも出始めています。

　また、機械装置等の新製品について、機械メーカーは当該機械の販売を行い、何年か後に、当該機械の引取りと新規機械の導入の販売活動を行ってきましたが、リース契約が主流となる中で、当初から中古機械の引取費用を見越したリース総額の契約を行うことにより、定期的に機械を生産し、利用してもらい、中古市場として機械を販売することで差額の利益を得るというしくみもあります。

　主流のファイナンス・リース取引が売買処理となったいま、オペレーティング・リース取引も工夫次第で、活躍の場が広がっていくと思われます。

Q10 リース取引の会計処理の基本ルールは

Answer Point

♧ リース取引の会計処理には、売買処理と賃貸借処理の2つあります。

♧ リース取引の会計基準は、取引の種類によって原則処理として規定しています。

♠ リース取引の会計処理は売買処理と賃貸借処理

　リース取引の原則的会計処理は、図表14のとおり、リース取引の内容によって異なります。

【図表14　リース取引の会計処理】

項　　目	会　計　処　理
❶ファイナンス・リース取引	
①所有権移転ファイナンス・リース取引	売買処理
②所有権移転外ファイナンス・リース取引	売買処理
❷オペレーティング・リース取引	賃貸借処理

♠ ファイナンス・リース取引の減価償却方法は

　ファイナンス・リース取引では、売買処理を行いますので、借手においては決算時にリース資産の減価償却処理が必要となります。

【図表15　ファイナンス・リース取引の減価償却方法】

区　　分	減価償却方法
①所有権移転ファイナンス・リース取引	自己所有の固定資産と同一の方法で行います。耐用年数は、経済的使用可能予測期間とします。
②所有権移転外ファイナンス・リース取引	原則として、リース期間を耐用年数、残存価額ゼロとして算定します。償却方法は、定額法・級数法・生産高比例法等の中から、企業状態に応じたものを選定します。 　この場合、自己所有の固定資産に適用する減価償却方法と同一の方法により減価償却費を算定する必要はありません。

♠借手の売買処理の基本的方法は

借手の売買処理の基本的処理方法は、図表 16 のとおりです。

【図表 16　借手の売買処理】

❶リース取引開始時

リース物件を資産計上し、リース総額を負債計上します。

借　　　方		貸　　　方	
リース資産	×××	リース債務	×××

❷リース料支払時

支払リース料は、リース債務の元本返済と支払利息に分けて計上します。

支払利息は、営業外費用として計上します。

借　　　方		貸　　　方	
リース債務	×××	現金・預金	×××
支払利息	××		

❸決算時（リース料支払時に行うこともある）

リース資産については、減価償却計算が行われます。

借　　　方		貸　　　方	
減価償却費	×××	減価償却累計額	×××

♠貸手の売買処理の基本的処理方法は

貸手の売買処理の基本的処理方法のうち、売上高を計上せずに利息相当額を各期に配分する方法と、リース料受取時に売上高と売上原価を計上する方法は、図表 17 のとおりです。

【図表 17　貸手の売買処理】

❶売上高は計上せずに利息相当額を各期に配分する方法

①リース取引開始時

リース資産購入総額によりリース債権を資産計上します。

借　　　方		貸　　　方	
リース債権	×××	現金・預金	×××

②リース料受取時

受取リース料は、受取利息とリース債権の回収として計上します。

借　　　方		貸　　　方	
現金・預金	×××	リース債権	×××
		受取利息	××

❷リース料受取時に売上高と売上原価を計上する方法

①リース取引開始時

借　　　方		貸　　　方	
リース債権	×××	現金・預金	×××

②リース料受取時

借　　方		貸　　方	
現金・預金	×××	売上高	×××
売上原価	×××	リース債権	×××

注：ファイナンス・リース取引のうち、所有権移転外ファイナンス・リース取引については、「リース債権」を「リース投資資産」と読みかえます。
その他にも原則的な処理方法が認められています。

♠借手の賃貸借処理は

借手の賃貸借処理は、図表 18 のとおりです。

【図表 18　借手の賃貸借処理】

❶リース取引開始時
リース資産及びリース債務は、計上しません。
仕訳なし

❷リース料支払時
製造原価、販売費及び一般管理費の内訳に計上します。

借　　方		貸　　方	
支払リース料	×××	現金・預金	×××

❸決算時
リース資産等の計上はしませんので、処理もありません。
仕訳なし

♠貸手の賃貸借処理は

貸手の賃貸借処理は、図表 19 のとおりです。

【図表 19　貸手の賃貸借処理】

❶リース取引開始時
リース資産購入価格により減価償却資産を計上します。

借　　方		貸　　方	
固定資産	×××	現金・預金	×××

❷リース料受取時
借手から受け取るリース料を受取リース料として営業収益に計上します。

借　　方		貸　　方	
現金・預金	×××	受取リース料	×××

❸決算時
リース資産の減価償却を行います。

借　　方		貸　　方	
減価償却費	×××	減価償却累計額	×××

Q11 リース会計と税務の改正経緯は

Answer Point

♧リースは設備投資を促進し、日本経済の発展とともに伸びてきました。

♧リース業界の発展に従って会計基準と税法の取扱いが整備されてきました。

♠リースの歴史

リースという言葉は古代ローマ時代からあったといわれ，商船や農地を貸す場合に使われていたそうです。

リースが企業の設備販売の手法として発展したのは、20世紀初頭のアメリカにおいてであり、リース期間の終了に合わせて更新投資の営業を行うなど営業戦略的に活用されました。

わが国においては、1963年に日本リース・インターナショナルが設立されリースという手法が導入されました。

高度経済成長期の設備投資のための資金調達手法として広く活用され、大きな市場を形成し、今日に至っています。

♠リース取引に関する会計と税務のこれまで

リース取引の発達拡大に伴い、会計基準や税務上の取扱いも順次整備されてきました。当初は、リース取引に関する会計処理基準や税務上の取扱いが何もなかったため次のような問題点がありました。

(1) リース契約により設備投資を行っても、リース資産・リース債務とも貸借対照表に計上されず，有価証券報告書にも記載されないため同じ設備投資を借入金によって行った場合との比較が困難であること

(2) 支払ったリース料はその期の経費として処理されるため，同じ設備投資を購入して減価償却計算を通じて費用化した場合との比較が困難であること

(3) 税務上も支払ったリース料が損金処理されるため、減価償却限度額との関係で公正な課税が阻害される場合があること

このような問題点は、リース活用による設備投資の促進というメリットを優先して、1978年まではなにも規制がされませんでした。しかし、リース業が発展するとともに法律の整備が始まりました。

♠ 短期リースと 1978 年リース通達

　リースが日本に定着してくると、いろんな工夫が凝らされるようになってきます。高度経済成長期に大きく成長し、利益も上げていた企業が活用したのが短期リースといわれるリース契約です。法人税法に定める耐用年数より短い期間をリース期間として設定することにより、減価償却によって費用化するよりも早期の費用化が可能となるわけです。リース業界が大きな産業に成長してくると、前にあげたような問題点が無視できなくなってきました。

　短期リースによる節税行動が税収に与える影響が大きくなったことに対応して、1978 年に国税庁が法人税と所得税に関して個別通達を出したのがわが国におけるリース取引と会計・税務の関わりの始まりです。

　簡単に言うと、税法の耐用年数より極端に短い年数をリース期間として設定した場合には、これを購入した場合と同様の会計処理を行うことが求められるようになり、短期リースによって極端な節税は不可能になりました。

♠ レバレッジド・リースと 1988 年リース通達

　リース取引に限らず、新しい経済活動と税法はときに智恵くらべのような動きをします。税法は、経済活動を活性化するという側面もありますので、弊害にある程度眼をつぶって経済活性化を優先するという場面もあります。

　リース取引に関する税法が当初なにもなかったのも、戦後の高度成長期に設備投資の促進という経済発展上のメリットを優先したからでしょう。1978 年の通達で課税の公正の阻害というデメリットを重視するという姿勢を明確にしたわけです。

　リース取引について次に問題となったのが、レバレッジド・リースという商品でした。航空機のような巨額の資産をリース会社がいわば仲介する形で複数の企業が保有してリースの貸し手になることにより、定額のリース料収入と定率法による減価償却費を組み合わせることにより節税効果を狙うものです。

　リース契約期間を長くすることにより、前半においてはリース料収入より減価償却費が大きくなり損失を計上し、後半とリース物件売却時に利益が発生するという商品です。バブル景気に沸いていた当時、これがヒット商品となり、税収への影響が再び無視できなくなってきました。

　そこで国税庁は、リース取引についてリース期間が税法に定める耐用年数の 120％を超えるリース契約について賃貸借処理を認めないという通達を 1988 年に出し、レバレッジド・リース契約による極端な節税を規制し

ました。

♠ リース資産・負債のオフバランス問題と商法改正

　極端な節税行動による公正な課税の阻害という観点から、税法上のリース取引に関する取扱いが整備されました。しかし、一方でリース資産とリース債務が貸借対照表に計上されないというオフバランス問題は手つかずのままでした。

　この点について社会問題になったのが三光汽船事件です。1985 年に当時最大の倒産として話題になった事件です。倒産時の帳簿に計上された負債総額に匹敵するリース契約によるオフバランス債務の存在が話題になりました。この事件により、リース取引について以前から指摘されていたオフバランスの問題点が現実感を伴って議論され始めました。

　その結果、1988 年に商法計算書類規則が改正され、リース契約による重要な資産を注記することとなりました。

♠ リース会計基準の誕生

　リース契約による極端な節税や重大なオフバランス債務から生じた社会的問題によって、リース取引に関する会計処理のルールが整備されてきましたが、リース取引に関する会計処理の基準は注記という形で情報開示を義務づけただけにとどまっていました。

　オフバランスの問題についての議論は、リース取引についての会計処理基準を作成する方向へ進んでいきました。1993 年にはリース会計基準が公表され、ファイナンス・リース取引とオペレーティング・リース取引がその中で定義されました。このリース会計基準では、ファイナンス・リース取引については、原則として売買取引に準じて会計処理をすることが初めて規定されました。

　しかし、このときのリース会計基準は例外として賃貸借処理も認めていたため、リース取引に関して完全なオンバランスは実現されませんでした。とはいえ、注記によりオンバランスした場合と同等の情報開示を実現したことは大きな進歩でした。

　すなわち、例外処理としてリース取引を賃貸借処理した場合には、
① 　リース物件の取得価額相当額、減価償却累計額相当額および期末残高相当額
② 　未経過リース料期末残高相当額

③　当期の支払リース料、減価償却費相当額および支払利息相当額
④　減価償却費相当額および支払利息相当額の算定方法
について財務諸表に注記することを義務づけ、ファイナンス・リース取引についての情報開示が大きく進みました。

♠ 2007 年の大改正

　1993 年のリース会計基準では、オペレーティング・リース取引とファイナンス・リース取引が明確に定義され、会計基準としては一応の整備がされました。

　しかし、上で述べたように、財務諸表に注記をすることを条件に、例外処理を認めたため、多くの会社が注記をして貸借対照表にリースに関する資産・負債を計上しないという方法を選択しました。

　わが国のリース取引の利用実態は、所有権移転外リース取引を利用して設備を導入することが多いのですが、1993 年のリース会計基準導入時には、注記の方法を選択した会社がほとんどで、リース取引について実態を反映しない貸借対照表が開示されていました。

　2007 年には、わが国におけるリース取引の利用実態に合わせて、会計基準が改正されました。この改正によって、例外処理として認められていた所有権移転外ファイナンス・リース取引の賃貸借処理が認められなくなり、売買処理に一本化されました。

　このときは、法人税法と所得税法およびそれぞれの施行令も改正され，会計・税務の規定がそろってファイナンス・リース取引を売買処理になりました。

　2007 年度税制改正において、各法令に盛り込まれたリース取引に関する主要な規定は次のとおりです（法人税関係のみ）。
・「リース取引に関する会計基準」2007 年 3 月 30 日改正
・リース取引を資産の売買取引とする取扱い及び売買取引として取り扱う
　　リース取引の定義（法人税法第 64 条の 2、同施行令第 131 条の 2）
・リース取引を長期割賦販売等の範囲に含めるとともに、延払基準の方法による経理を行った場合の取扱（法人税法第 63 条、同施行令第 124 条）
・賃借人による所有権移転外リース取引に係るリース資産の減価償却方法
　　（リース期間定額法）（法人税法施行令第 48 条の 2）
・賃貸借として取り扱われるリース取引の範囲（法人税法施行令第 131 条
　　の 2）

Q12　中小企業もリース会計が必要ってホント

Answer Point

♧中小企業にも会計基準を守ることが求められてきています。
♧中小企業のための会計基準でもリース取引についての記載が
あります。

♠中小企業と会計基準

会計基準は、金融商品取引法が適用される上場会社・上場準備中の会社の
ほか，会計監査人を設置し、会社法上の監査対象となっている会社が事実上
の適用対象です。

これ以外の中小企業についても、会社法上は公正なる会計慣行に準拠する
必要があるため、原則として適用対象となります。

しかし、中小企業にとっては、財務情報の開示要請に応えるために繁雑な
事務処理を強いられるのは酷ですし、コスト増も現実的な問題です。

そのため、中小企業の会計とその結果としての決算書は、主として税法の
規定を遵守するというという形で実務が行われており、ある意味で税法が会
計基準の役割を担ってきました。

しかし、近年は中小企業の会計情報の開示要請が大きくなってきており、
中小企業にとっても会計基準に沿った会計処理・決算書表示が気になるとこ
ろです。とはいえ、大企業と同じ会計基準を遵守することは中小企業にとっ
て負担が大きく、現実的ではありません。

そこで、中小企業にとっても無理のない会計基準の簡易バージョンとして
中小企業の会計に関する指針、中小企業の会計に関する基本要領が作成され
今後の活用が期待されています。

♠中小企業会計指針とは

公認会計士の監査を受ける大きな会社以外の中小企業を対象とした会計処
理の基準が中小企業の会計に関する指針（略称：中小企業会計指針）です。

会社法により計算書類の作成は中小企業にも義務づけられており、公正な
る会計慣行に準拠すべきであることも大企業と同じです。しかし、中小企業
が大企業と同じレベルで会計処理をし、決算書を作成することは容易ではあ

りません。

　従来は、法人税法を遵守することのみで事実上の中小企業会計が行われてきました。ただ、法人税法は課税という観点から規定されていますので決算情報の開示という面に関しては公正なる会計慣行に委ねた形になっています。近年、中小企業も決算情報を開示することにより、資金調達を積極的に進めていこうという動きが中小企業庁・金融機関を中心に拡大しています。

　そこで、中小企業が遵守可能で継続して実践していける簡易な会計基準を目指して策定されたのが中小企業会計指針です。

♠中小企業会計指針とリース取引

　中小企業会計指針は2005年に公表され、ほぼ毎年改正されています。リース取引については、2008年改正ではじめて各論の中で明文化され、最新の2019年版では、以下のような記載になっています。

(1)　リース取引開始時の会計処理

　所有権移転外ファイナンス・リース取引にかかる借手は、通常の売買取引にかかる方法に準じて会計処理を行う。ただし、通常の賃貸借取引にかかる方法に準じて会計処理を行うことができる。

　なお、法人税法上は、すべての所有権移転外リース取引は売買として取り扱われる。

(2)　減価償却

　リース資産の償却年数は、リース期間によることを原則とし、償却方法は、定額法、級数法、生産高比例法等から企業の実態に応じたものを選択適用する。

　なお、リース期間を減価償却限度額の計算の基礎とする法人税法上のリース期間定額法によることも可能である。また、賃借人がリース料（賃借料）として経理をした場合においても、その金額は償却費として経理をしたものとされることに留意する。

(3)　リース料支払時の会計処理

　期中のリース料支払時に、支出する現金預金を元本と支払利息の支払いに区分する。なお、リース期間の利息相当額は、リース取引開始時のリース料総額と、リース資産の計上価額の差額とする。

注記　所有権移転外ファイナンス・リース取引にかかる借手は、通常の賃貸借取引にかかる方法に準じて会計処理を行った場合には、未経過リース料を注記する。ただし、重要性がないリース取引については、注記を省略することができる。

Q13 リース会計基準が必要なのはなぜ

Answer Point

♤ 1994 年にリース会計基準が導入されましたが、所有権移転外ファイナンス・リースについては、賃貸借処理を継続する会社が多くありました。

♤ 2007 年の会計基準改正では、法人税法も併せて改正され、税法との乖離が解消されました。

♠ 1994 年のリース会計基準導入の経緯は

リース取引の会計処理として長らく賃貸借処理がなされてきました。これは、リースのファイナンスという側面から生ずる経済的実態を表していなかったため 1994 年に導入されたリース会計基準ではファイナンス・リースについては売買処理が原則とされました。

これは、次の(1)(2)のような要請からでした。

(1) リース債務の存在が示されない

リース契約では、契約期間に支払われるリース料総額について実質的には支払義務が生じます。つまり、未経過の契約期間についてのリース料も実質的には確定債務であり、これについての情報が開示されないという問題がありました。

(2) 比較可能性の確保

購入の場合と比べ、リース契約は得られる便益も陳腐化などのリスクも同様の効果が得られるはずです。リース資産について貸借対照表に計上されず、購入の場合と異なる財務情報が作成されてしまいます。

このようなことから、ファイナンス・リースについては、売買処理を原則とするよう 1994 年にリース会計基準が導入されました。しかし、所有権移転外ファイナンス・リースについて、例外処理として賃貸借処理を認めたため、リース会計基準導入前と同様に賃貸借処理を行う会社がほとんどでした。

その理由は、所有権移転外ファイナンス・リースについての法人税の取扱いが賃貸借処理を前提としたものであったことにあります。

後述するように、リース取引の法人税法上のメリットを生かすためには、法人税法に沿った処理が求められていたのです。

♠ 2007 年改正の経緯は

2007 年改正のリース会計基準は、1994 年のリース会計基準導入後の実態をふまえ、リース会計導入の必要性を再度実効性あるものとして改訂されたものです。あわせて、法人税法でも所有権移転外ファイナンス・リースについて売買があったものとみなして取り扱うこととなりました。

会計基準での変更点は、所有権移転外ファイナンス・リースについて賃貸借処理すなわち例外処理を廃止するというものであり、これ以外の点では1994 年に導入されたリース会計基準と基本的に変わりません。

このことにより、前述したようなリース会計基準導入時の要請が実現されることになります。リース債務の開示と比較可能性の確保という点では、所有権移転外ファイナンス・リースについて売買処理をすることで満足されます。また、借手側のリース資産や貸手側のリース債権が貸借対照表に表示されるようになるため、減損会計や金融商品会計との関係も整理されました。

♠ 税法との乖離が解消された

1994 年のリース会計基準導入時に所有権移転外ファイナンス・リースについて賃貸借処理を継続する会社が多かった最大の理由は、法人税法との関係でした。

わが国の法人税法は確定決算主義をとっており、株主総会で確定した会社の決算をもとに税務上必要な調整をするという考え方をします。

この調整は、会社の会計処理が税法の基準と異なる場合に会社の処理を基準に行われます。例えば、税法の基準を超えて減価償却費が計上されることがあったとします。このようなことは、会社の見積耐用年数が税法の予定する年数よりも短いというような場合に生じます。

そこで、税法は個々の会社の見積りに基づく計算結果を尊重しつつ、一方で課税の公平という命題を満足させるため、会社の計算結果を基礎として税金計算で税法基準と同じ結果になるように調整するわけです。

しかし、これとは逆に会社の決算としては費用を計上せずに、税務上のメリットを調整計算で取り入れるということは認めていません。

すなわち、所有権移転外ファイナンス・リースを売買処理しながら、税務計算だけを賃貸借処理することができなかったというのが、ほとんどの会社が例外処理を選択した理由です。

この点で、税法との乖離が解消されたため、売買処理が多数派となり、情報開示が進むと考えられました。

Q14 リース取引税制とリース会計基準との改正の関係は

Answer Point

☘ 2007年度のリース会計基準の改正を契機にリース取引税制も改正されました。

☘ 2007年度のリース会計基準とリース取引税制では、適用開始時期が異なります。

♠リース会計基準の改正を契機にリース取引税制も改正

2007年度のリース会計基準の改正により、2008年4月1日以降開始事業年度に契約した所有権移転外ファイナンス・リース取引については、従来の賃貸借処理は認められず、売買処理で処理されることになりました。

これを受けて法人税法も、2007年度の税制改正により、リース取引はリース資産の引渡し時に売買があったとされ、売買処理されることになりました（法法64条の2）。

これにより、2008年4月1日以降に締結する所有権移転外ファイナンス・リースについて、法人税法に基づく処理は売買処理が行われることになり、契約時の処理においては、ファイナンス・リース、オペレーティング・リースを問わず、法人税法上の処理とリース会計上の処理は同一処理を行うことになります。

♠会計処理と税務処理が一致し申告調整も不要に

リース会計基準上、2007年度の改正以前は、所有権移転外ファイナンス・リース取引は売買処理が原則とされ、例外的に注記を条件に賃貸借処理が認められていました。しかし、実態は本来、基準となるべき企業会計が、バランスシートの回転率や税法に誘導される影響か、例外的処理である賃貸借処理が多く採用されていました。

これは、リース債務を負債の部に計上することによるバランスシート上の回転率の悪化を回避するため、また、会計処理と税務処理の不一致から起こる申告調整を避けるため、税法上の処理を優先できるものについては優先してきたという理由があげられています（税務の逆基準性）。

そのような状況の中、この2007年度税制改正は、企業会計基準委員会に

よるリース会計基準の改正を踏まえて行われたものであり、会計処理と税務処理が一致し、申告調整も不要になりました。

【図表20　2007年度改正前のリース取引税制と会計基準】

取引の分類		リース取引税制	リース会計基準
ファイナンス・リース取引	所有権移転	売買処理	売買処理
	所有権移転外	賃貸借処理	原則：売買処理 例外：賃貸借処理
オペレーティング・リース取引		賃貸借処理	賃貸借処理

【図表21　2007年度改正後のリース取引税制と会計基準】

取引の分類		リース取引税制	リース会計基準
ファイナンス・リース取引	所有権移転	売買処理	売買処理
	所有権移転外	売買処理	売買処理
オペレーティング・リース取引		賃貸借処理	賃貸借処理

♠適用開始時期の相違は

　法人税法のリース取引税制とリース会計基準では、2008年4月1日以降に開始する事業年度において契約したリース契約より、新基準の適用開始としました。

　しかし、図表22のとおり、リース会計基準では、2008年3月31日以前のリース契約についても修正することが前提となっているとともに、新規のリース契約においても、2007年4月1日以降開始する事業年度から適用することも可能となっています。

　リース会計基準における早期適用に基づき処理した場合、あるいは、現有するリース取引について新基準を適用し、売買処理にかかる方法に準じた処理に変更した場合には、両者の処理に差異が生じることになります。

　この場合は、その差異に基づき税務申告書上において、申告調整を行うことが必要になりました。

【図表22　適用開始時期の違い】

	2008年4月1日以降開始事業年度	2008年4月1日以降開始事業年度（早期適用）
リース取引税制	原則適用する	適用不可
リース会計基準	原則適用する	適用することも可能*

注：四半期決算の場合、2008年4月1日開始連結会計年度および事業年度。

Q15 ファイナンス・リース契約の法的位置づけは

Answer Point

♤ユーザーUの採り得る手段は、法的には、①サプライヤーS と「売買契約」を締結して代金を支払って買い取る、②サプライヤーSと「賃貸借契約」を締結して賃料を支払って借りる、③ユーザーUリース会社との三者で「リース契約」を締結してリース料を支払って使用する、の3つが考えられます。

♠目的の違う三者が絡むと契約は複雑になる

ファイナンスリース契約（以下、単にリース契約といいます）を締結すると、当事者の法的立場はどのようになるのでしょうか。基本的な法律知識を確認してみましょう。

まず、前提として、当事者としては、ユーザーU・サプライヤーS・リーサー（リース会社）Lに登場してもらいましょう（図表23）。

【図表23　ユーザーU・サプライヤーS・リース会社Lの三者】

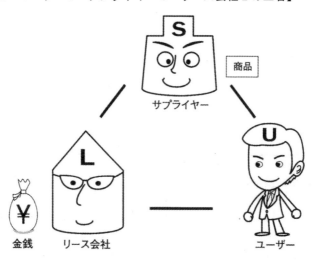

ユーザーUは、自分の商売のため、サプライヤーSの商品を使用したいと考えているとします。ユーザーUの採り得る手段は、法的には、

(1)　サプライヤーSと売買契約（民法555）を締結して代金を支払って買

い取る（図表24）

(2) サプライヤーSと賃貸借契約を締結して賃料を支払って借りる（図表25）

(3) ユーザーU・リース会社L・サプライヤーSの三者でリース契約を締結してリース料を支払って使用する（図表26）

の3つが考えられます。

(1)を選択すると、ユーザーUとしては、売買の資金を調達しなければなりませんが、法律関係は、サプライヤーSが売主、ユーザーUが買主という簡明なものとなり、後述するような、(a)所有権の争いや(b)契約不適合責任（民法562条1項、民法563条1項，2稿、民法564条1項）の問題も、契約外のものは民法や商法で処理することとなります（図表24）。

【図表24　売買契約のしくみ】

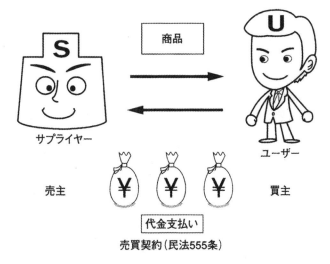

（a）所有権は通常代金支払いのときにSからUへ移転する。
（b）契約不適合期間（いわゆる保証期間）は1年。

(2)を選択すると、ユーザーUとしては、売買の資金を調達する必要はありません。

さらに、原則的には、サプライヤーSには、民法の規定により修繕義務が課せられますから（民法606条1項）、ユーザーUはサプライヤーSに対して故障の際に修繕するよう請求できることとなります。

しかし、サプライヤーSがメーカーである場合は、サプライヤーS自体が貸主となることはあまり考えられません（図表25）。

【図表25　賃貸借契約のしくみ】

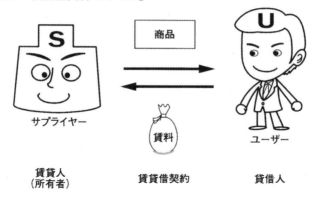

賃貸人　　　　　　　賃貸借契約　　　　　貸借人
（所有者）

　(3)を選択すると、ユーザー U としては、リース会社 L にサプライヤー S から商品を買い受けてもらい（サプライヤー S を売主、リース会社 L を買主とする売買契約を締結）、L からその商品を借り受ける（リース会社 L を貸主、ユーザー U を借主とする賃貸借契約を締結）、という法的形式となります（図表26）。

【図表26　リース契約のしくみ】

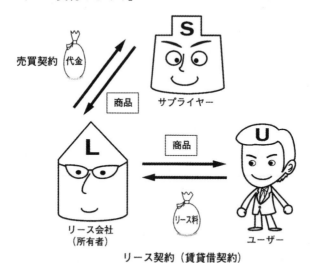

リース契約（賃貸借契約）

◆契約締結は法的にはユーザー U・サプライヤー S・リース会社 L の自由

　以上の３つの方法が考えられるとして、どの契約を締結するかは、法的にはユーザー U・サプライヤー S・リース会社 L の自由です。

Q16 リース契約の特徴は

Answer Point

♤ リース契約は、図表27にあるように、三者間の契約となっているものの、法律に「リース契約」という契約が真正面から定義されているものではありません。

♤ 商品が無事ユーザーに到着しない場合の法律関係については、すべて3者間での契約によることとなりますので、契約書の作成がさらに必要となってくるのです。

♠ 「リース契約」という名の契約は法文上存在しない

　リース契約は、図表27にあるように、三者間の契約となっているものの、法律に「リース契約」という契約が真正面から定義されているものではありません。

　したがって、法律の条文に「リース契約」という項目があがっているものではないのです（図表27）。

【図表27　リース契約】

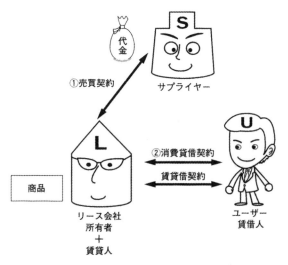

では、法律的にはどのように考えるべきでしょうか。

リース lease（英語で「賃貸借」の意）とある以上、賃貸借契約に類似す

るものの、賃貸借の目的物は、リーサーＬがサプライヤーＳからわざわざ売買により取得し、かつ、「リース料」の名の下に、金融の機能を持つわけですから、単なるＬとＵとの賃貸借契約（図表27）というわけにもいかないのですが、法律の条文がない以上、この契約は、ユーザーＵ・サプライヤーＳ・リース会社Ｌの三者の自由な契約によるしかないのです。

♠契約書の作成で事後の紛争を未然に防止

　契約では、事後の紛争を避けるため、契約書を作成することが必要であることは、一般常識的にも当然ですが、契約書がなければ、法的には、図表27にあるように、売買契約、賃貸借契約、消費貸借契約の３つの契約の組み合わさったものということになります。

　すなわち、まず、①サプライヤーＳとリース会社Ｌとの間では、ユーザーＵの指図によって目的物が決定したうえで、その目的物（商品）の売買契約を行います。よって、サプライヤーＳは、リース会社Ｌに対して商品の引渡義務を負担し、リース会社ＬはサプライヤーＳに対して商品に対する売買代金支払義務を負担します（民法555条）。

　そこで、契約書がなければ、売買契約の締結により、その商品の所有権はリース会社に移転することになります（ただし、公益社団法人リース事業協会作成の標準契約書では、商品の所有権は商品の引渡しと同時に移転するとの特約が定められている）。

　次に②リース会社ＬとユーザーＵとの間では、当該商品の賃貸借契約が締結されることとなります。よって、リース会社Ｌは、当該商品の引渡義務、および使用収益させる義務を負い、ユーザーＵはリース会社Ｌに対して賃料を支払う義務を負います（民法601条）。

　上記サプライヤーＳとリース会社Ｌ間の売買契約を全く無視した場合、この賃貸借契約は、通常ファイナンスリース lease とは区別され、レンタル rental という呼ばれることになります（レンタカーを想像してみてください）。

　ところで、①サプライヤーＳとリース会社Ｌの間の売買契約と②リース会社ＬとユーザーＵとの賃貸借契約とが全く別個であるとすると、①の目的物をユーザーＵが指定したことや、商品のメンテナンスや契約不適合についてのトラブルに関して誰が解決するのかなどについて、民法では解決のつかない問題が発生してきます。

　これは、リースの実態が、上記①②の契約のように、サプライヤーＳとリース会社Ｌ、リース会社ＬとユーザーＵとの問題に分けて考えられるもので

はなく、あたかも、サプライヤー S からユーザー U へ売買がなされ、リース会社 L からユーザー U へ金融がなされている（消費貸借契約。民法 578 条）ものだからです（図表 28）。

　よって、上記の形式①②と図表 28 の実態（金融的性格）を併せて考えて、リース契約として、ユーザー U・サプライヤー S・リース会社 L の三者による契約を、書面によって行うことが重要です。

【図表 28　消費貸借契約のしくみ】

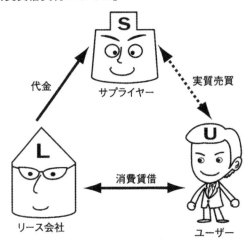

　したがって、リース契約について、意思表示の合致のみで契約が成立する「諾成契約」なのか、商品の引渡しを待って初めて契約が成立する「要物契約」なのか、という商品が無事ユーザーに到着しない場合の法律関係については、すべて三者間での契約によることとなりますので、契約書の作成がさらに必要となってくるのです。

♠リース契約に似ているクレジット契約

　リース契約に似ているものとして、クレジット契約（信販）があります。

　クレジットカードをお持ちの方は、図表 28 をみて、構造が似ていることに気づかれるかもしれません。

　これは、図表 28 でいうと、ユーザー U（ここでは買主）がサプライヤー S（ここでは売主）から商品の売買や役務を受けた場合に、ユーザー L（ここでは信販会社）から代金を立て替えてもらい、この立て替えた金額を後日ユーザー U からリース会社 L に対し、一括で、または分割で支払う契約をいいます。この場合、割賦販売法が適用され得ることとなります。

Q17 リース標準契約書使用にあたって注意することは

Answer Point

♤契約書を作成するにあたっては、三者が対等な立場で、締結の交渉に当たるべきです。

♤標準契約書では、サプライヤーSはリース契約の当事者となっていないことに注意が必要です。

♤標準契約書は、リース事業を行うリース会社との立場で書かれていますので、注意が必要となります。

♠リース標準契約書は一例に過ぎない

　契約書の作成が必要であることは、前項で述べたとおりですが、作成自体は、他の売買契約書と同様、三者の合意があれば、いかなる事項についての合意を記載しても構いませんし、どのような様式でも構いません。

　皆さんがユーザーUとしてリース契約を締結する場合、多くはリース会社LがリーサーとしてリースА契約の当事者となるでしょうから、リース会社が加盟する公益社団法人リース事業協会が作成する図表31の「リース標準契約書（以下、標準契約書と略称します）を使用して、または、これに準じた契約書を使用して行われることが多いと思われます。

　この標準契約書は、公益社団法人リース事業協会が作成するものの、他に国や地方公共団体が認可したよぅなものではなく、同団体の標準と思われる条項を予め提示したものに過ぎません。

　したがって、このとおり契約しなければならないとか、逆に、このとおり契約しなければリース契約といえないというものではありませんので、契約を締結し、契約書を作成するにあたっては、三者が対等な立場で、締結の交渉に当たるべきです。

　また、標準契約書を見れば明らかなとおり、サプライヤーSはリース契約の当事者となっていないことにも注意が必要です。

♠リース事業を行うリーサーLの立場で書かれている標準契約書

　さらにいえば、図表31の標準契約書は、同団体、すなわちリース事業を行うリーサーLの立場で書かれていますので、以下の点に注意が必要とな

ります（図表29）。

【図表29　標準契約書】

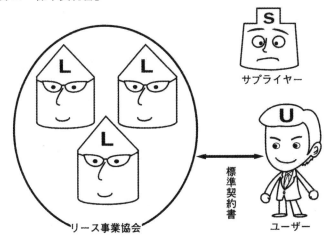

サプライヤー

標準契約書

リース事業協会

ユーザー

　すなわち、①契約が解除できないという点（標準契約書2条）については
ユーザーにとって不利な条項ですし、②物件の引渡しについてリース会社が
関与しないという点（標準契約書3条）については、物件引渡トラブルにつ
いては、ユーザーUは、サプライヤーSと解決する義務を負うこととなって、
ユーザーUにとって不利な条項です。

　③物件の修繕義務は、民法上リース会社Lにあるはずであるのに（民法
606条1項）、ユーザーUに課せられています（標準契約書4条2項）。

　④物件の所有権は、リース会社Lにありますが（標準契約書8条）、物件
の所有権侵害については、通常の賃貸借契約よりも厳しい保全措置がなされ
ています（標準契約書9条、10条）。

　これは、リース会社Lのリース料保全のためです。③費用負担について
は、固定資産税等所有者として当然の費用以外の費用については、原則とし
てユーザーUの負担となっています（標準契約書13条）。

　⑥売主であるサプライヤーSが負担すべき契約不適合責任（民法562条1
項、563条1項，2項、564条）については、リース会社Lは原則として関与
しません（標準契約書16条）。すべてサプライヤーSとユーザーUとの関係で
処理しないといけません。

　⑦物件使用に起因する損害もすべてユーザー負担です（標準契約書17条）。

　⑧物件の減失、損傷についてもユーザーU負担となります（標準契約書
18条）（図表30）。

【図表 30　標準契約書の契約事項】

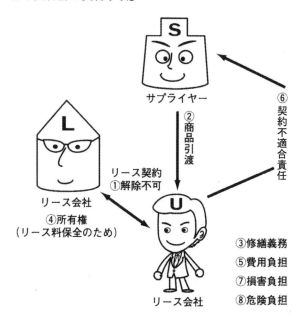

♦リース契約に法律上の定めがない以上は三者で自由に定めるべき

　これらの定めは、リース会社Ｌ側からみれば、リース契約が単なる金融の手段としてのシステムであることを確認したものに過ぎないというものでしょう（図表 30 参照）。

　実際に商品のトラブル等について、ユーザーＵがリース会社Ｌに苦情やクレームを述べた場合に、リース会社Ｌが全く行動してくれないことが多いのですが、これは、金融の実質を強調しているものだと思われます。

　しかし、既に述べたとおり、リース契約には、法律上の明確な定めがない以上、三者で自由に定めるべきで（私的自治の原則）、商品のトラブルがあった場合でも、リース会社Ｌに対してリース料の支払いを停止することを認める条項を定めることも、法的には可能です。

　よって、上記①ないし③について、個別に交渉すべきであると思います。そのような条項を盛り込まなかった場合でも、例えば、リース会社ＬとサプライヤーＳとが系列会社であったり（「○○リース株式会社」）、提携関係にあったようなときは、筆者としては、ユーザーＵの利益を守るため、リース料の支払いを停止できる場合があると考えます。

【図表 31　リース標準契約書（抜粋）】

（社団法人リース事業協会作成。1997 年（平成 9 年）3 月改訂・2000 年（平成 12 年）2 月一部改訂）

リース標準契約書

賃借人（乙）	賃貸人（甲）
住所	東京都千代田区平河町 2 丁目 6 番 2 号
	ランディック平河町ビル
	ヒラカワリース株式会社
氏名　　　　　　　　㊞	代表取締役　平河太郎　　　㊞
連帯保証人	連帯保証人
住　所	住　所
氏　名　　　　　　　㊞	氏　名　　　　　　　㊞

　上記の者は下記のとおり契約します。この契約の成立を証するため本書 2 通を作成し、甲、乙が各 1 通を保持します。

（リース契約の趣旨）

第 1 条

①甲は、乙が指定する別表(1)記載の売主（以下「売主」という。）から、乙が指定する別表(2)記載の物件（ソフトウエア付きの場合はソフトウエアを含む。以下同じ。以下「物件」という。）を買受けて乙にリース（賃貸）し、乙はこれを借受けます。

②この契約は、この契約に定める場合を除き解除することはできません。

（物件の引渡し）

第 2 条

①物件は、売主から別表(3)記載の場所に搬入されるものとし、乙は物件が搬入されたときから引渡しのときまで善良な管理者の注意をもって、乙の負担で売主のために物件を保管します。

②乙は、搬入された物件について直ちに乙の負担で検査を行い、瑕疵のないことを確認したとき、借受日を記載した物件借受証［注 1］を甲に発行するものとし、この借受日をもって甲から乙に物件が引渡されたものとします。

　［注 1］物件受領書、物件受取書、検収完了証書等の用語も使用されるが、ここでは「物件借受証」とした。

③物件の規格、仕様、品質、性能その他に瑕疵があったときは、乙は直ちにこれを甲に書面で通知し、売主との間でこれを解決した後、物件借受証［注 1］を甲に発行するものとします。

④乙が物件の引渡しを不当に拒んだり、遅らせたりしたときは、甲からの催告を要しないで通知のみで、この契約を解除されても、乙は異議がないものとします。この場合、売主からの請求があったときは、、乙はその請求の当否について売主との間で解決します。

（物件の使用・保存）

第3条

①乙は、前条による物件の引渡しを受けたときから別表(3)記載の場所において物件を使用できます。この場合、乙は、法令等を遵守し善良な管理者の注意をもって、業務のために通常の用法に従って使用します。

②乙は、物件が常時正常な使用状態及び十分に機能する状態を保つように保守、点検及び整備を行うものとし、物件が損傷したときは、その原因いかんを問わず修繕し修復を行い、その一切の費用を負担します。

この場合、甲は何らの責任も負いません。

（リース期間）

第4条　リース期間は別表(4)記載のとおりとし、物件借受証記載の借受日より起算します。

（リース料）

第5条　乙は、甲に対して別表(5)記載のリース料を同表記載の期日に同表記載の方法で支払います。

（前払リース料）

第6条

①乙は、この契約に基づく乙の債務履行を担保するため、甲に対して別表(6)記載のとおり、前払リース料を支払います。

②前払リース料は、最終月から遡って別表(6)記載の月数分のリース料及びその消費税及び地方消費税（以下「消費税等」という。）額に、その支払日が到来する都度、充当されるものとし、前払リース料には利息を付さないものとします。

③乙が第19条第1項各号の1つにでも該当したときは、甲は前項の規定にかかわらず、かつ、事前の意思表示を要しないで、前払リース料をもって乙に対するすべての債権の全部または一部に充当することができます。

④乙は、前払リース料の支払をもって、甲に対する一切の支払義務を免れることはできません。

（物件の所有権標識）

第7条

①甲は、甲が物件の所有権を有する旨の標識（以下「甲の所有権標識」という。）を物件に貼付することができるものとし、また、乙は、甲から要求があったときは、物件に甲の所有権標識を貼付します。

②乙は、リース期間中に、物件に貼付された甲の所有権標識を維持します。

（物件の所有権侵害の禁止等）

第8条

①乙は、物件を第三者に譲渡したり、担保に差入れるなど甲の所有権を侵害する行為をしません。

②乙は、甲の事前の書面による承諾を得ない限り、次の行為をしません。

　1．物件を他の不動産または動産に付着させること。

　2．物件の改造、加工、模様替えなどによりその原状を変更すること。

　3．物件を第三者に転貸すること。

　4．物件の占有を移転し、また別表(3)の記載の場所から物件を移動すること。

　5．この契約に基づく乙の権利または地位を第三者に譲渡すること。

③物件に付着した動産の所有権は、甲が書面により乙の所有権を認めた場合を除き、すべて無償で甲に帰属します。

④第2項において、甲の承諾を得て物件と不動産に付着させる場合は、乙は、事前に不動産の所有者等から物件がその不動産に附合しない旨の書面を、また、物件を不動産から離脱させるときに不動産に生ずる損傷について、甲に対して何らの修補または損害賠償請求を行わない旨の書面を提出させます。

⑤第三者が物件について権利を主張し、保全処分または強制執行等により甲の所有権を侵害するおそれがあるときは、乙は、この契約書等を提示し、物件が甲の所有であることを主張かつ証明して、その侵害防止に努めるとともに、直ちにその事情を甲に通知します。

（物件の点検等）

第9条　甲または甲の指定した者が、物件の現状、稼動及び保管状況を点検または調査することを求めたときは、乙は、これに応じます。

（営業状況の報告）

第10条　乙は、甲から要求があったときは、その事業の状況を説明し、毎決算期の計算書類その他甲の指定する関係書類を甲に提出します。

（通知事項）

第11条　乙または連帯保証人は、次の各号の一つにでも該当するときは、その旨を遅滞なく書面により甲に通知します。

　1．名称または商号を変更したとき。

　2．住所を移転したとき

　3．代表者を変更したとき

　4．事業の内容に重要な変更があったとき

　5．第19条第1項第3号から第5号までの事実が発生し、またはそのおそれがあるとき。

（費用負担等）

第12条

①乙は、この契約の締結に関する費用及びこの契約に基づく乙の債務履行に関する一切の費用を負担します。

②甲は、固定資産税を納付するものとし、リース期間中に固定資産税が増額された場合には、乙はその増額分を甲の請求に従い甲に支払います。

③乙は、この契約の成立日の税率に基づいて計算した別表(5)及び(6)［注2］記載の消費税相当額を負担するものとし、消費税等が増額された場合には、その増額分を甲の請求に従い、甲に支払います。

　［注2］第21条（再リース）で第2案を採用する場合には「別表(5)および(6)」が「別表(5)(6)及び(11)」となる。

④乙は、固定資産税及び消費税等以外で物件の取得、所有、保管、使用及びこの契約に基づく取引に課され、または課されることのある諸税相当額を名義人のいかんにかかわらず負担します。

⑤甲が前項記載の諸税を納めることとなったときは、その納付の前後を問わず、乙は、これを甲の請求に従い甲に支払います。

（相殺禁止）

第13条　乙は、この契約に基づく債務を、甲または甲の承継人に対する債権をもって相殺することはできません。

（物件の保険）

第14条

①甲は、リース期間中、物件に別表(7)記載の保険をつけます。

②物件に係る保険事故が発生したときは、乙は直ちにその旨を甲に通知するとともに、保険金受取りに必要な一切の書類を遅滞なく甲に提出します。

③前項の保険事故に基づいて甲に保険金が支払われたときは、甲及び乙は次の各号の定めに従います。

　　1．物件が修理可能の場合には、甲は、乙が第3条第2項の規定に従って物件を修繕し修復した場合に限って、保険金相当額を乙に支払います。

　　2．物件が滅失し、また、毀損して修復不能の場合には、乙は、甲に支払われた保険金を限度として、物件に係る第17条第1項の債務の弁済を免れます。

（物件の瑕疵等）

第15条

①天災地変、戦争その他の不可抗力、運送中の事故、労働争議、法令等の改廃、売主の都合及び甲の故意または重大な過失が認められない事由によって、物件の引渡しが遅延し、また不能になったときは、甲は、一切の責任を負いません。

②物件の規格、仕様、品質、性能その他に隠れた瑕疵があった場合並びに物件の選択または決定に際して乙に錯誤があった場合においても、甲は、一切の責任を負いません。

③前二項の場合、乙は売主に対し直接請求を行い、売主との間で解決するものとします。また、乙が甲に対し書面で請求し、甲が譲渡可能であると認めてこれを承諾するときは、甲の売主に対する請求権を乙に譲渡する手続をとるなどにより、甲は、乙の売主への直接請求に協力するものとします。

④第2項の隠れた瑕疵並びに錯誤があった場合において、乙が甲に対してリース料の全部［注3］その他のこの契約に基づく一切の債務を履行したときは、甲は売主に対する買主の地位を譲渡する手続をとるものとします。

　　ただし、前項及び本項の場合、甲は、売主の履行能力並びに請求権の譲渡に係る諸権利の存否を担保しません。

　　［注3］ここでは「リース料の全部（A方式）」としたが、B方式採用の場合には「規定損害金」、C方式の場合には「損害賠償として残存リース料相当額」となる。

⑤乙は、第3項に基づいて、売主に対して権利を行使する場合においても、リース料の支払その他この契約に基づく債務の弁済を免れることはできません。

（物件使用に起因する損害）

第16条

①物件自体または物件の設置、保管及び使用によって、第三者が損害を受けたときは、その原因のいかんに問わず、乙の責任と負担で解決します。また、乙及び乙の従業員が損害を受けた場合も同様とします。

②前項において、甲が損害の賠償をした場合、乙は甲が支払った賠償額を甲に支払います。

③物件が第三者の特許権、実用新案権、商標権、意匠権または著作権その他知的財

産権に抵触することによって生じた損害及び紛争について、甲は一切の責任を負いません。

（物件の滅失・毀損）

第17条

①物件の引渡しからその返還までに、盗難、火災、風水害、地震その他甲乙いずれの責任にもよらない事由により生じた物件の滅失、毀損その他の一切の危険はすべて乙の負担とし、物件が修復不能となったときは、乙は直ちに別表(8)記載の損害賠償金を甲に支払います。

②前項の支払いがなされたとき、この契約は終了します。

（権利の移転等）

第18条

①甲は、この契約に基づく権利を第三者に担保に入れ、または譲渡することができます。

②甲は、物件の所有権をこの契約に基づく甲の地位とともに、第三者に担保に入れ、または譲渡することができるものとし、乙はこれについてあらかじめ承諾します。

③甲は、この契約により権利を守り、若しくは回復するため、または第三者より異議若しくは苦情の申立てを受けたため、やむを得ず必要な措置をとったときは、物件搬出費用、弁護士報酬等一切の費用を乙に請求できます。

［A方式］

（契約違反・期限の失効）

第19条

①乙が、次の各号の一つにでも該当したときは、甲は、催告を要しないで通知のみで、(A)リース料及びその他費用の全部または一部の即時弁済の請求、(B)物件の引揚げまたは返還の請求、(C)リース契約の解除と損害賠償の請求、の行為の全部または一部を行うことができます。

　１．リース料の支払を１回でも怠ったとき。

　２．この契約の条項の一つにでも違反したとき

　３．小切手若しくは手形の不渡りを１回でも発生させたときその他支払いを停止したとき。

　４．仮差押さえ、仮処分、強制執行、競売の申立て若しくは諸税の滞納処分または保全差押えを受け、または整理、再生、破産、会社更生若しくは特別清算の申立てがあったとき。

　５．事業を廃止または解散し、若しくは官公庁からの業務停止等業務継続不能の処分をうけたとき。

　６．経営が悪化し、若しくはそのおそれがあると認められる相当の理由があるとき。

　７．連帯保証人が第３号から第５号までの一つにでも該当した場合において、甲が相当と認められる保証人を追加しなかったとき。

②甲によって前項(A)、(B)の行為がとられた場合でも、乙は、この契約に基づくその他の義務を免れることはできません。

［B方式］

（契約違反）

第19条

①乙が、次の各号の一つにでも該当したときは、甲は、催告を要しないで通知のみでこの契約を解除できます。

　1．リース料の支払いを1回でも怠ったとき。

　2．この契約の条項の一つにでも違反したとき

　3．小切手若しくは手形の不渡りを1回でも発生させたときその他支払いを停止したとき

　4．仮差押え、仮処分、強制執行、競売の申立て若しくは諸税の滞納処分または保全差押えを受け、または整理、再生、破産、会社更生若しくは特別清算の申立てがあったとき。

　5．事業を廃止または解散し、若しくは官公庁からの業務停止等業務継続不能の処分をうけたとき。

　6．経営が悪化し、若しくはそのおそれがあると認められる相当の理由があるとき。

　7．連帯保証人が第3号から第5号までの一つにでも該当した場合において、甲が相当と認められる保証人を追加しなかったとき。

②前項の規定によりこの契約が解除されたときは、乙は第22条第1項の規定に基づき、直ちに物件を甲に返還するとともに、別表(9)記載の規定損害金を甲に支払います。

［C方式］

（契約違反・期限の失効）

第19条

①乙が、次の各号の一つにでも該当したときは、乙は、甲からの通知及び催告を要しないで、当然にこの契約に基づく期限の利益を失うものとし、残存リース料金額を直ちに甲に支払います。

　1、リース料の支払いを1回でも怠ったとき。

　2、この契約の条項の一つにでも違反したとき。

　3、小切手若しくは手形の不渡りを1回でも発生させたときその他支払いを停止したとき。

　4、仮差押え、仮処分、強制執行、競売の申立て若しくは諸税の滞納処分または保全差押えを受け、または整理、再生、破産、会社更生若しくは特別清算の申立てがあったとき。

　5、事業を廃止または解散し、若しくは官公庁からの業務停止等業務継続不能の処分を受けたとき。

　6、経営が悪化し、若しくはそのおそれがあると認あられる相当の理由があるとき。

　7、連帯保証人が第3号から第5号までの一つにでも該当した場合において、甲が相当と認める保証人を追加しなかったとき。

②乙が甲に対して直ちに前項の支払いをしないときは、甲は、催告を要しないで通知のみで、この契約を解除することができます。

③前項の規定に基づき、甲がこの契約を解除したときは、乙は、第22条第1項の規定に基づいて物件を甲に返還するとともに、損害賠償として残存リース料相当額

を直ちに甲に支払います。

④前項の場合、甲が物件の返還を不能と判断したときは、乙は甲の請求により損害賠償として、別表(9)記載の損害賠償金を直ちに甲に支払います。

（遅延損害金）

第20条　乙は、第5条のリース料、その他この契約に基づく金銭の支払いを怠ったとき、または甲が乙のために費用を立替払いした場合の立替金償還を怠ったときには、支払うべき金額に対して支払期日または立替払日の翌日からその完済に至るまで、別表(10)記載の割合による遅延損害金を甲に支払います。

〔第1案〕

（再リース）

第21条　乙が、リース期間が満了する2か月前〔注4〕までに甲に対して予告した場合には、甲と乙は協議して物件について新たなリース契約を締結できます。

〔注4〕ここでは、例示として「2か月前」とした。

〔第2案〕

（再リース）

第21条　リース期間が満了する2か月前〔注4〕までに乙から甲に対して申出があり、甲がこれを承諾したときは、甲と乙は、別表(11)記載の再リース料及び別表(12)記載の再リース規定損害金をもって、その他はこの契約と同一条件でこの契約の満了日の翌日から更に1年間更新できるものとし、以後についても同様とします。

（物件の返還・清算）

第22条

①この契約がリース期間の満了または解除により終了したとき、若しくは第19条第1項によって甲から物件の返還の請求があったときは〔注5〕、乙は、物件の通常の損耗及び第8条第3項によって甲が認めたものを除き、直ちに乙の負担で物件を原状に回復したうえ、甲の指定する場所に返還します。

〔注5〕ここではA方式を示しているが、B、C方式の場合には、「若しくは第19条第1項によって甲から物件の返還の請求があったときは」を削除する。

②物件の返還が遅延した場合に、甲から要求があったときは、乙は返還完了まで、遅延日数に応じてリース料相当額の損害金を甲に支払うとともに、この契約の定めに従います。

③乙が物件の返還を遅延した場合において、甲または甲の指定する者による所在場所からの物件の引揚げについて、乙は、これを妨害したり拒んだりしません。

④リース期間の満了以外の事由により、物件が返還され、かつ、第19条第1項(A)のリース料及びその他費用の全部〔注6〕が支払われたときは、その金額を限度として、甲の選択により、物件を相当の基準に従って甲が評価した金額または相当の基準に従って処分した金額から、その評価または処分に要した一切の費用及び甲が相当の基準に従って評価した満了時の見込残存価額を差引いた金額を乙に返還します。

〔注6〕ここでは、A方式を示しているが、B方式の場合には「第19条第2項の

規定損害金」、С方式の場合には「第19条第3項の損害賠償として残存リース料相当額」となる。

（連帯保証人）

第23条

①連帯保証人は、この契約及び第21条の新たなリース契約〔注7〕に基づく乙の甲に対する一切の債務を保証し、乙と連帯して、債務履行の責任を負います。

　〔注7〕ここでは「新たなリース契約」とし、第21条で第1案を採用した場合を示しているが、第2案を採用する場合には「更新後のリース契約」となる。

②連帯保証人がこの契約による債務の一部を弁済したときは、連帯保証人は甲の書面による事前の承諾を得たときに限り代位権を行使できます。

③連帯保証人は、甲がその都合によって他の保証または担保を変更若しくは解除しても、免責の主張及び損害賠償の請求をしません。

（弁済の充当）

第24条　この契約に基づく乙の弁済が債務金額を消滅させるに足りないときは、甲は、甲が適当と認める順序及び方法により充当することができ、乙は、その充当に対して異議を述べません。

（特約）

第25条

①別表⒀〔注8〕記載の特約は、この契約の他の条項に優先して適用されます。

　〔注8〕ここでは「別表⒀」とし、第21条で第2案を採用した場合を示しているが、第1案を採用する場合には「別表⑪」となる。

②この契約と異なる合意は、別表⒀〔注8〕に記載するか、別に書面で甲と乙とが合意しなければ効力はないものとします。

（合意管轄）

第26条　甲、乙及び連帯保証人は、この契約について訴訟の必要が生じたときは、甲の本店を管轄する地方裁判所のみを第一審の専属管轄裁判所とすることに合意します。

（通知の効力）

第27条　第19条の通知その他この契約に関し甲が乙または連帯保証人に対して発した書面であって、この契約書記載または第11条により通知を受けた乙または連帯保証人の住所あてに差し出された書面は、通常到達すべきときに到達したものとみなし、乙は付着または延着によって生じた損害または不利益を甲に対して主張することはできません。

（公正証書）

第28条　乙及び連帯保証人は、甲から請求があったときは、乙の費用負担でこの契約を強制執行認諾条項を付した公正証書とします。

（以下略）

Answer Point

♤契約が締結されなかったのですから、契約が締結されたこと
を前提とする損害賠償請求（契約責任の追及。民法415条）
は、論理的にできません。

♤一般民事事件と同様、契約関係に準じるものとして、契約責任類似の責任
を問うことができるとするのが判例・実務です。

♠契約の成立は損害賠償額を左右する

　リース契約が成立するのはいつか、という問題については、もちろん当事
者間に特約があればその特約によりますが、通常は、リース会社Lとユーザー
Uが契約を締結した時点、ということになります。このことは、図表31の
標準契約書によっても、当然の前提となっています。

　ところで、リース契約の成立過程で、一方の都合により契約が成就しなかっ
た場合、損害賠償の請求はできるでしょうか。

　例えば、ユーザーとなるべきUがリース契約を締結しようとリース会社L
と交渉していたところ、リース会社の都合で、契約が締結できなかった場合
です。

　この場合、契約が締結されなかったのですから、契約が締結されたことを
前提とする損害賠償請求（契約責任の追及。民法415条）は、論理的にはで
きません。したがって例えば、契約が成立したはずであることを前提に、こ
れによって、ユーザーが商売を始められたとして、営業利益（これを履行利
益といいます）を補償せよ、というような請求権は発生しません。

♠一切請求することはできないのか

　それでは、一切請求することはできないのでしょうか。

　この点については、一般民事事件と同様、契約関係に準じるものとして、
契約責任類似の責任を問うことができるとするのが判例・実務です。

　しかしながら、その損害賠償額は、契約責任（上記の履行利益）と異なり、
信頼利益（例えば、契約締結がなされたのであれば出費がなされなかったよ
うな、交通費などの必要費）に限られます。

Q19 契約成立後にリース目的物件が到達しないときの対応は

Answer Point

♤契約が成立後にリース目的物件が到達しない場合、特約がない限り、ユーザーUは、リース会社Lに対して、目的物たる商品の引渡しを催告でき、引渡しがなされるまでの間、履行遅滞として、損害賠償（営業利益等履行利益）の請求が可能です。

♠誰も法的責任は負いたくない

契約が成立後にリース目的物件が到達しない場合、特約がない限り、ユーザーUは、リース会社Lに対して、目的物たる商品の引渡しを催告でき、引渡しがなされるまでの間、履行遅滞として、損害賠償（営業利益等履行利益）の請求が可能です。

なぜなら、Q15で検討したとおり、リース会社LとユーザーUの間は、法的には賃貸借契約（民法601条）ですから、賃貸借契約の債務不履行（民法412条、415条）となっているからです（図表24）。

しかしながら、リース会社Lとしては、サプライヤーSの不手際により、引渡しの責任や損害賠償責任を負うことは、避けたいと考えるのが通常でしょう。

なぜなら、リース会社Lとしては、リース契約の実質は金融であり、かつ、目的物たる商品やメーカーたるサプライヤーSも、ユーザーUの選定にかかることが多いから、サプライヤーSの信用についてのリスクは負いたくないからです。

♠責任を公平に分担するためには契約内容を熟知する必要がある

そこで、図表31の標準契約書は、リース会社Lの上記リスクについて、原則として関知しないこととなっており（標準契約書3条）、逆に、サプライヤーSに対するユーザーUの損害賠償請求権をリース会社Lに譲渡できる条項をおいているのみです（標準契約書16条）。

これは、リース会社Lは、上記リスクを負わないのに（標準契約書3条）、ユーザーUのサプライヤーSに対する損害賠償請求権を取得して金銭賠償をサプライヤーSから受けられるという、リース会社Lの利益のみ保護し

たものといえます。

　これらのことは、ユーザーＵの利益から考えると、リース会社Ｌとの対比で不利といえますから、サプライヤーＳの信用について不安がある場合は、契約にあたって注意を要するところです。

　また、①サプライヤーＳがリース会社Ｌと関連会社（資本関係があったり、商号が類似しているような場合）であった場合や、②サプライヤーＳとリース会社Ｌが提携関係にあったり、③リース会社ＬがサプライヤーＳの紹介にかかるような場合は、図表31の標準契約書３条や16条にあたる部分を削除するよう、交渉すべきであると考えます。

◆削除や訂正があったときは

　削除や訂正がなされれば、契約が成立後、リース目的物件が到達しない場合にも、ユーザーＵは、リース会社Ｌに対して、目的物たる商品の引渡しを催告でき、引渡しがなされるまでの間、履行遅滞として、損害賠償（営業利益等履行利益）の請求が可能となります。

　この場合、リース会社Ｌに対して物件引渡しの催告を請求し、かつ損害賠償の催告を内容証明郵便等の書面で行うことをお勧めします（Q21の内容証明郵便の例を参考にしてください）。

　別の業者に依頼するなど、契約を解消することを考慮する場合は、債務不履行を理由として、契約の解除（民法541条,542条）を行うことも検討してください。

◆契約交渉は対等の立場で行うべし

　契約書は、事後の紛争の未然防止に効果があります。リース期間が満了するまで、リース物件が正常に稼動し、サプライヤーＳやリース会社Ｌが健全に経営を続けていれば、契約書は紙くず同然のものとなるでしょう。

　ただ、経営を行ううえで、リスクは常に考えて行うべきものです。

　リース契約で中心的要素は、リース物件とリース料であり、それ以外の契約内容では詳細な検討を重ねずに決断することも多いでしょう。

　しかし、リース物件の稼動状況次第で業績が左右することも往々にしてありますから、事前にリース契約の内容を熟知し、不都合な点は互いに対等な立場から交渉を行って、万が一契約条項の解釈に疑義が生じた場合は、徹底的に議論をしたうえで、契約内容を明確なものにすることをお勧めします。

Q20 リース目的物件が壊れていたため目的を達成できないときの対応は

Answer Point

♤ リース料の支払いを拒むためには、図表31の標準契約書16
　条・18条のような契約書を作成しないよう注意し、リース
　会社Lに対して、賃貸借契約の貸主責任として①②の責任お
　よび保守・修繕義務の追及をすべきです。

♠ 壊れていることを確認し、事実を相手に通知する

　リース物件が壊れているようなことは、十分予想されることですが、どの
ように解決されるのでしょうか。

　Q19と同様、標準契約書（図表31）のような特約がなされているかど
うかによって異なりますので、ケースを分けて考えてみます。

　通常、標準契約書のような特約がなされていますので、その場合は、リー
ス会社Lは、ユーザーUに対し、①物件の契約不適合責任（当初から壊れて
いたことによる損害賠償責任。民法562条〜564条）、②危険負担（契約
成立後不可抗力により壊れてしまったときの責任）を、負わないこととなっ
ています（標準契約書16条、18条）。

　したがって、この場合、①②の責任を、サプライヤーSに追及するしかあ
りません。もっとも、リース会社Lには何らの責任がありませんから、ユー
ザーUはリース会社Lに対し、リース料の支払いを拒めないこととなります
ので、注意してください（図表32）。

　よって、この場合、現実の対応としては、サプライヤーSに対して①②の
責任を追及する旨の書面を、内容証明郵便等の方法で送付し、訴訟に備える
こととなります。

　ユーザーUIは、リース会社Lに対して、リース契約自体を解除（民法
541条、542条）することを主張することも考えられますが、標準契約書
第2条（この契約は、この契約に定める場合を除き、解除することはできま
せん）からすると、解除の主張が裁判で認められる可能性は低いと言わざる
を得ません。

　保守修構費についても、リース会社Lには追及できず、サプライヤーSに
対して行うべきことになります。

これらは法的にみれば、実質的にリース契約は、サプライヤーＳとユーザーＵとの売買契約であるため、サプライヤーＳの責任は売買契約の売主としてのものであることから、①②の責任は当然の帰結であることになります（図表32）。

【図表32　リース物件が壊れたとき】

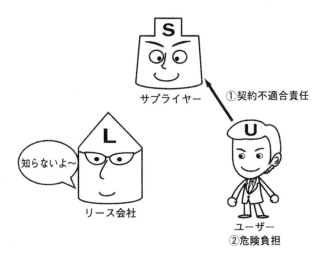

サプライヤー

①契約不適合責任

知らないよ〜

リース会社

Ｕ

ユーザー
②危険負担

　営業補償についても、売主に過失があれば債務不履行責任として認められるでしょう（民法415条、416条）。

♠リース物件が使えないのにリース料を払い続けるのか

　ユーザーＵとしては、リース料の支払いを拒みたいと考えるのが通常で、このことこそが常識に適う結果でしょう。

　なぜなら、ユーザーＵとすれば、リース物件とリース料は対価関係にあると考えるからです（図表27）。

　しかしながら、図表31の標準契約書16条・18条と同様の合意がある以上、リース料の支払いを拒む手立てはありません（図表32）。

　この点、私見ではリース契約を全体と考えて、リース料の支払いを拒めるような解釈や立法を行うべきと考えます（図表27）。

　翻って考えると、ユーザーＵが①契約不適合責任、②危険負担責任を追及することによって、リース料の支払いを拒むためには、標準契約書16条・18条のような契約書を作成しないよう注意します。

　そしてリース会社Ｌに対して、賃貸借契約における貸主の責任として①②の責任および保守・修繕義務の追及をすべきであると思います。

Answer Point

♧①リース会社Lに上記「不測の損害」が生じない場合、②リース会社Lに契約違反がある場合には、解除を認めてよいことになります。

♧契約違反があるときは、ユーザーUのほうから解除の通知をすることとなります。この場合、事後の証拠のため、内容証明郵便等の書面で行うことをお勧めします。

♠契約を解除できる場合もある

Q17で述べたとおり、標準契約書ではリース契約の解除ができないこととなっています（標準契約書3条）。

これは、リース料が単なる賃料（賃貸借契約における対価）ではなく、リース期間の事務管理費その他の経費をすべて含むから、途中解約がなされると、リース会社Lに不測の損害が生じるからであるとされています。

そうすると、①リース会社Lに上記「不測の損害」が生じない場合、および②リース会社Lに契約違反がある場合には、解除を認めてよいことになります。

まず①については、リース会社Lの損害をすべてカバーできる程度に清算できる場合には解除を認めてよいこととなります。

その場合、リース物件の所有権は、リース会社Lにありますから、リース物件については引き揚げたうえ、他に売却などしてもらって、清算してもらえるよう交渉してください。

②については、契約違反がありますので、ユーザーUのほうから解除の通知をすることとなります。この場合、事後の証拠のため、内容証明郵便等の書面で行うことをお勧めします。

♠内容証明郵便は決して難しいものではない

Q20やQ21の場合に限らず、紛争の複雑化を防止したり当事者がどの時点でどのような主張をしていたのかを証明する手段として、実務上、「内容証明郵便」での通知を行っています。

通常の郵便では、たとえコピーをとっていても、本当にそのとき・その内容で郵便を出したのかどうかの証明ができません。

　裁判における証拠としても蓋然性は認められても確実なものとは評価されない傾向にあります。

　この点、内容証明郵便は、その名のとおり、副本を郵便局が保管していますので、いつ・どのような内容の郵便を送付したのかが明確となり、裁判における証拠としても有効に活用されています。

　内容証明郵便と聞くと、一見複雑そうに聞こえますが、中身は何ら難しいことを書く必要もなく、上記の例ですと、いつ壊れていることを発見したのか、いつの時点で契約の解除を申し出たのか、発送する者の名前・発送の相手方の名前等がわかればよいことになります。

　なお、縦横の字数制限は、例えばＡ４縦書きなら、句読点を含め、横20字・縦26字です。

【図表33　契約違反に伴う解約通知の例】

令和〇〇年〇〇月〇日

〇〇市〇〇町〇－〇－〇
株式会社Ｌ御中
代表取締役Ｌ１殿

〇〇市〇〇町〇―〇―〇
通知人　株式会社Ｕ
代表取締役　　Ｕ１

御通知書

　冠省、貴殿との間で令和〇〇年〇月〇日締結した下記リース物件に関するリース取引契約に関し、次のとおり御通知申し上げます。

　上記契約締結後に貴殿が行った〇〇の行為は契約書記載第〇条に著しく違反するものであります。

　当方と致しましても、今後貴殿との間で本契約を維持することは不可能であると判断したため、本書をもって本契約を解除致します。なお、解約に伴う清算手続については追ってご連絡致します。

草々

リース物件の表示
〇〇〇〇〇〇〇

Q22 再リースの法的位置づけは

Answer Point

♤再リース契約の法的位置づけについても、契約の具体的内容についてリース会社LとユーザーUが合意をしていれば、公序良俗に反しない限り、有効な契約として成立します。

♠同じ物件を借りているのにリースと再リースでは法的位置づけが異なる

　リース契約は、通常、リース会社LがサプライヤーSから買い取った価格に手数料等を加えたものをもとにリース期間を定めて、ユーザーUがリース料を支払う契約です。

　したがって、リース契約は、原則として、契約時に定めたリース期間の満了によって終了します。そして、終了後もリース物件の所有権は、原則としてリース会社Lにあります。

　リース期間の満了は、リース会社Lからみれば、サプライヤーSから物件を購入したときに支出した資金の回収が完了したことを意味し、反面、ユーザーUからみれば、当初計画したリース物件を用いた経済的効果を達成したことを意味します。

　しかし、ユーザーUは、引き続き慣れ親しんだリース物件を使用して経済活動を行いたいと思うことも多くあります。

　また、リース会社Lとしても、自動車のように中古市場が確立されている物件を除いて、期間の経過により価値が下落していることから、他に売却することも容易ではなく、ユーザーUからリース物件を返還してもうらよりは、引き続きユーザーUに使用してもらい、リース料を徴収するほうが効率がよいといえます。

　そこで、当初のリース契約の締結時において、再リースについての合意もされるのが一般的です（標準契約書22条）。

　ここで注意すべきことは、リース契約と同様に、法文上「再リース契約」という項目がないということです。

　そして、この「再リース契約」の法的位置づけについても、リース会社LがサプライヤーSと売買契約によって支出した資金の全額を回収したか否かによって、賃貸借（レンタル）と同等の評価ができるようになったのか、そ

れとも、部分的に金融（ファイナンス）の性質が残るのか、という議論が生じています。

しかし、上記のいずれの見解をとろうとも、契約の具体的内容についてリース会社LとユーザーUが合意をしていれば、公序良俗に反しない限り、有効な契約として成立します。

♠今こそユーザーの有利な契約にするチャンス

再リース契約の特徴としては、再リース契約時に既にリース会社Lは自らが投下した資本のすべてか大半を回収しており、リース契約の特徴である金融的側面は弱体化しているということです。

標準契約書にも再リース契約の内容については、当初のリース契約時に再リースに関する内容を決めるか、あるいは、再契約時にリース会社LとユーザーUが協議することとなっています（標準契約書21条。図表34）。

一般的には、①再契約期間を1年と定め、②リース料は当初のリース料の10分の1ないしは12分の1に設定、③規定損害金の額を未経過期間の再リース料相当額と定め、④損害保険の付保は省略する、という特約を定めることが多いとされます。

上記以外の契約内容は、当初のリース契約のまま据え置きとされる傾向がありますが、前述のとおり、金融的な側面が弱まり、賃貸借（レンタル）の性質が強くなっている再リース契約においては、その他の契約内容についても、個別に見直す必要があります。

特に、リース会社Lの危険負担や契約不適合責任の免除などは、再考の余地があるでしょう。

【図表34　標準契約書の再リース契約条項】

〔第1案〕
（再リース）
第21条　乙が、リース期間が満了する2か月前〔注4〕までに甲に対して予告した場合には、甲と乙は協議して物件について新たなリース契約を締結できます。
〔注4〕ここでは、例示として「2か月前」とした。
〔第2案〕
（再リース）
第21条　リース期間が満了する2か月前〔注4〕までに乙から甲に対して申出があり、甲がこれを承諾したときは、甲と乙は、別表⑾記載の再リース料及び別表⑿記載の再リース規定損害金をもって、その他はこの契約と同一条件でこの契約の満了日の翌日から更に1年間更新できるものとし、以後についても同様とします。

Q23 ユーザー・リース会社・サプライヤーが破産・倒産したときの対応は

Answer Point

♤ リース会社 L が破産したことにより、リース会社 L の残リース料債権は、破産管財人が行使することになります。この場合、ユーザー U は、法的にみれば、残リース料を一括して支払う義務はありません

♤ リース会社 L が破産したことにより、リース契約が解除されることはありません。

♤ サプライヤー S が破産しても、リース会社が代金を支払っている以上、法律関係には影響を与えません。よって、リース契約は継続します。

♠ユーザーが破産したときは

ユーザー U が支払いを停止することにより、リース会社 L は、リース契約を破産管財人に対して解除できます。ユーザー U の破産管財人が解除できるかについては、諸説あるものの、通常破産管財人はリース物件を引き続き使用することはしないことから、解除できるとしてもあまり実益はありません。

解除がなされると、リース会社 L は、残リース料を破産債権として届け出て（通常、残リース料一括となります）、破産財団から配当を受けることもできます。

また、リース会社 L はリース物件について所有権を有していることから（標準契約書 8 条）、破産法上破産管財人に対して取戻権を行使しリース物件を引き揚げることもでき、引き揚げたリース物件を自由に売却して残リース料の弁済に充てることができます（図表 35）。

この際、ユーザー U の財産の管理権は、原則としてすべて破産管財人に移転しますから、ユーザー U の意向は反映されないことが多く、破産管財人がもっぱら債権者のために行動することとなります。

したがって、ユーザー U としては、破産に至った場合は、破産管財人の指示に従って行動する義務を負います。仮に、破産管財人の意思に反して、例えば、リース物件を他人に譲渡したような場合は、所有権がリース会社 L にある以上、横領罪となり（刑法 252 条 1 項）、破産管財人や債権者から告

訴を受けたり、刑罰を科せられる場合もあります。

【図表35 ユーザーの破産】

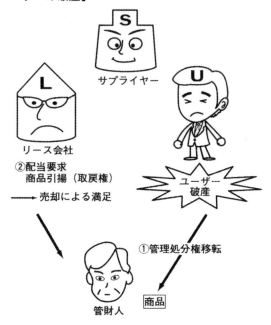

サプライヤー

リース会社
②配当要求
　商品引揚（取戻権）
　──→ 売却による満足

ユーザー
破産

①管理処分権移転

管財人　商品

♠リース会社が破産したときは

　リース会社Ｌが破産したことにより、リース契約が解除されることはありません。リース会社Ｌには通常何らの法的義務は残っていないからです。

　リース会社Ｌが破産したことにより、リース会社Ｌの残リース料債権は、破産管財人が行使することになります。この場合、ユーザーＵは、法的にみれば、残リース料を一括して支払う義務はありません。

　破産管財人は、多少減額して残リース料を一括支払いすることを要求することとなりますが、法的には義務はありませんので、相当程度減額して納得しない限り、もともとの約定どおり支払って結構です（図表36）。

　この場合、リース物件の所有権は、リース会社Ｌに帰属しますから、なお、破産管財人が管理処分することとなります。

　しかし、上記のとおり、ユーザーＵにはリース会社Ｌの破産によって不利益を受ける理由がないことから、引渡請求があっても、これに応じる義務もありません。この場合、破産管財人は事務処理を進めたいことから、相当程度譲歩すると思われますので、リース物件を安価で買い取ることも考えてください。

Q
23

ユーザー・リース会社・サプライヤーが破産・倒産したときの対応は

69

【図表 36　リース会社の破産】

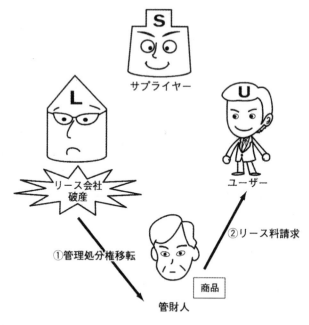

♠サプライヤーが破産したときは

　サプライヤー S が破産しても、リース会社 L が代金を支払っている以上、法律関係には影響を与えません。よって、リース契約は継続します。

　リース契約における債権債務関係には影響がありません（図表 37）。

　リース契約とは別に、サプライヤー S とユーザー U との間で、いわゆる保守契約等がなされていることがありますが、保守契約はどうなるのでしょうか。

　保守契約は、通常、委任または請負契約ですから（民法 643 条、民法 632 条）、サプライヤー S が破産した場合には、事業自体が解体されますので、この契約を履行することが極めて難しくなります。

　このような場合、破産管財人としては、通常、解除をすることになります（民法 651 条、破産法 53 条、54 条）。

　破産管財人が解除した場合でも、ユーザー U としては、既に発生している保守料を支払わなければなりませんが、ユーザー U に損害賠償請求権が発生していたような場合には、相殺の意思表示を破産管財人に行うことによって、保守料の支払いを拒むことも考えられますので（破産法 67 条 1 項）、弁護士に相談してみてください。

【図表37　サプライヤーの破産】

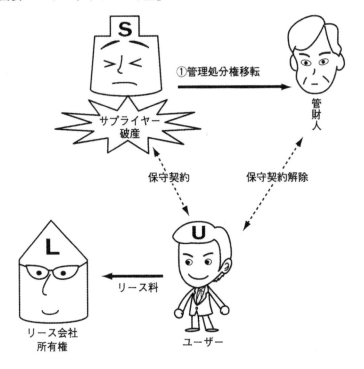

①管理処分権移転

管財人

サプライヤー
破産

保守契約　　　保守契約解除

L

リース料

U

リース会社
所有権

ユーザー

♠ユーザーが破産・倒産したときの保証人の義務は

　ユーザーＵが破産した場合の保証人Ｈの責任は、ユーザーが破産したときと同様です。

　よって、ユーザーＵは、残リース料を一括して支払う義務を負担することとなります（図表38）。

　また、ユーザーＵはリース物件を引き渡す義務を負いますが、保証人Ｈもこれを負うのかについては、争いのあるところです。

　特に、ユーザーＵが勝手にリース物件を処分してしまったような場合に、リース会社から損害賠償請求をなされた場合に、保証人Ｈがこの損害賠償義務を負うかについて、トラブルが生じます。

　この点については、保証人Ｈは、通常、ユーザーＵがリース会社Ｌに対して負う一切の義務を保証していると考えるので、保証人Ｈはやはり、リース会社からの損害賠償請求に応じなければなりません。

　ただし、その場合の損害賠償の額は、破産手続が開始した当時のリース物件の時価であって、時期にもよりますが、リース物件の当初の価格より、相

当程度低いものとなるでしょうし、残リース料の支払いとの兼ね合いもありますので、リース会社Lと交渉すべきでしょう。

【図表38　ユーザーが破産・倒産したときの保証人の義務】

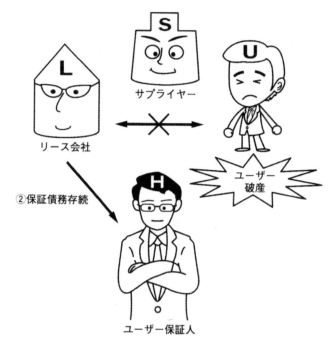

♠保証人の責任は

　保証人とは、主たる債務者が債務を弁済しない場合に、主たる債務者に代わってこれを弁済する義務を負うものをいいます。さらに、連帯保証人の場合（通常、実務ではほとんどの保証人が連帯保証人です）、債権者は、主たる債務者が債務を弁済しない場合には、主たる債務者に対して請求する前に、連帯保証人に対して請求することができます。

　主たる債務者が破産した場合には、（連帯）保証人になった人は、よく「主たる債務者が破産しているので、（連帯）保証人は支払わなくてよい」と主張することがありますが、法的には誤りです。

　むしろ、債権者としては、主たる債務者が破産に至るなど、信用状態が低くなった場合に備えて、（連帯）保証人を立てることを要求しているのです。

　したがって、（連帯）保証をするときは、主たる債務者と同じ重い責任を負担することを十分理解して行ってください。

*A*nswer Point

♧標準契約書には、M＆Aの事象が生じた場合の措置が記載されていないため、今後は契約の締結段階において、あらかじめ定めておくことも必要となるでしょう。

♧たとえ何らの法的な影響を及ぼさない場合でも、変更が生じた場合は契約の当事者に変更した旨の通知はすべきでしょう。

♠M＆Aが生じたときの措置が標準契約書にはないのが問題

近年、M＆A（Mergers and Acquisitions、企業の合併買収）は、大企業のみならず、中小企業の間でも頻繁に行われるようになっています。

リース契約の各当事者が買収の対象となるような場合、法律関係はどうなるのでしょうか。

標準契約書には、リース会社Lの権利移転に関する規定があり（標準契約書18条）、その反面、ユーザーUは物件の譲渡・担保に差し入れる行為の禁止など多くの制限がかけられています（標準契約書8条）。

しかし、M＆Aの事象が生じた場合の措置が記載されていないためその取扱いが問題となります。

この点、契約書に記載がない以上、最終的には当事者の意思表示の合致により決定されることとなるため、今後は契約の締結段階において、あらかじめ定めておくことも必要となるでしょう。

♠M＆Aが生じたときの基本的考え方は

図表39は、M＆Aが生じた場合の基本的考え方です。注意すべき点は、リース契約が賃貸借契約の性質を有していることから、当事者の変更は賃貸借契約における賃貸人もしくは賃借人の変更に準じた取扱いが行われるということです。

特に、賃借人（ユーザーU）がその権利を譲渡した場合、民法第612条1項の規定により、賃貸人（リース会社L）の承諾が必要とされます。

その他、たとえリース契約自体に影響を及ぼさない場合においても、契約の相手方に対して事前に変更の旨の通知はすべきでしょう。

【図表39　M＆Aが生じたときの基本的考え方】

M＆Aパターン		リース契約への効果	参考条文
❶株式交換	サプライヤーS・リース会社L・ユーザーUが株式交換もしくは株式移転によって他の会社の子会社になった場合。	株主構成が変動するだけであるため、対外的契約関係に変化は生じない。 ⇒リース契約関係も存続する。	会21 ㉛㉜、769Ⅰ、774Ⅰ
❷株式移転			
❸合併	サプライヤーS・リース会社L・ユーザーUが新設合併・吸収合併に伴って消滅会社となり、リース物件を設立会社・存続会社が使用する場合。	消滅会社の権利義務を包括的に承継する。 ⇒リース契約関係も設立会社・存続会社との関係で存続する。	会21 ㉗㉘、750Ⅰ、752Ⅰ、754Ⅰ、756Ⅰ
❹会社分割	サプライヤーS・リース会社L・ユーザーUが新設分割を行い、設立会社がリース物件の権利義務関係を主張する場合。	新設分割計画の定めに従って権利義務を承継する。 ⇒リース物件の使用権に関する事項を分割計画に盛り込んだ場合は、設立会社との関係でリース契約関係が存続する。	会21 ㉚、764Ⅰ、766Ⅰ
	サプライヤーS・リース会社L・ユーザーUが吸収分割を行い、承継会社がリース物件の権利義務関係を主張する場合。	吸収分割契約書の定めに従って権利義務を承継する。 ⇒リース物件の使用権に関する事項を分割計画に盛り込んだ場合は、承継会社との関係でリース契約関係か存続する。	会21 ㉙、759Ⅰ、761Ⅰ
❺事業譲渡	サプライヤーS・リース会社L・ユーザーUがリース物件を用いて行う事業を譲渡する、もしくは、譲り受ける場合。	法律上の性質は「債権譲渡」であり、譲渡は自由とされる（対抗するには譲渡の旨を債務者に通知することが必要）。 ただし、標準契約書によれば、リース会社は自由に譲渡できるが、ユーザーが譲渡する場合は、リース会社の許可必要とされる。	民法466、467、会467
❻組織変更	サプライヤーS・リース会社L・ユーザーUが、株式会社を持分会社へ、もしくは持分会社を株式会社へ組織変更する場合	組織が変更されても対外的契約関係に影響はない。 ⇒リース契約主体としての変更が生じないため、リース契約は存続する。	会21 ㉖、745Ⅰ、747Ⅰ

Q 25 所有権移転ファイナンス・リース取引の会計処理は

*A*nswer Point

♤所有権移転ファイナンス・リース取引は、リース契約上の諸
　条件からリース物件の所有権が借手に移転すると認められる
　リース取引をいいます。

♤そのため、借手はリース取引開始日に、通常の売買取引にかかる方法に準
　じた会計処理を行う必要があります。

♠利息相当額は利息法により配分

　所有権移転ファイナンス・リース取引は、固定資産の購入とリース債務の
返済という両面がありますので、その債務返済という側面からリース債務残
高に対して、一定の利率となるように利息相当額（リース料総額－リース物
件購入価額）を、リース期間にわたり、原則として利息法により配分します。

　ただし、リース物件購入価額は、貸手の購入価額等が明らかな場合には当
該金額により、明らかでない場合にはリース料総額の現在価値と見積現金購
入価額とのいずれか低い金額となります。

　なお、割安購入選択権がある場合には、その行使価額をリース料総額に含
めます。

　具体的には、取引開始日に、リース物件とこれにかかる債務を、リース資
産およびリース債務として計上し、リース料の支払いがなされるごとにリー
ス債務の返済部分と支払利息部分を区分計算して会計処理していきます。

　リース資産については、購入した資産と同様に減価償却計算をし、減価償
却費を計上します。リース料の最終支払完了時にリース債務はゼロになりま
す。

　割安購入選択権がある場合には、これを行使した時点でリース債務はゼロ
になります。購入権を行使した場合には、所有権は借手に移転しますのでそ
の後は、自己の所有する資産として減価償却計算を継続していきます。

♠所有権移転ファイナンス・リース取引の会計処理例は

　X1年4月1日より、図表40のリース取引を行うこととなりました。なお、
判定の結果、所有権移転ファイナンス・リース取引と判定されました。

Q
25
所有権移転ファイナンス・リース取引の会計処理は

75

【図表40　所有権移転ファイナンス・リース取引の例】

❶前提条件　①所有権移転条項　　　　　　　なし
　　　　　　②割安購入選択権（行使予定）　1,487千円
　　　　　　③リース物件は特別仕様ではない。
　　　　　　④（解約不能）リース期間　　　5年
　　　　　　⑤借手の現金購入価額　　　　　64,500千円
　　　　　　⑥リース料　　　　　　　　　　年額14,400千円（1年毎後払い）
　　　　　　⑦リース物件の経済的耐用年数　8年
　　　　　　⑧リース取引開始日　　　　　　X1年4月1日
　　　　　　⑨リース料総額　　　　　　　　73,487千円
　　　　　　　　　　　　　　　　　　　　　（＝14,400千円×5年＋1,487）

❷利息法で適用される利率（r）

$$\frac{14,400}{(1+r)}+\frac{14,400}{(1+r)^2}+\frac{14,400}{(1+r)^3}+\frac{14,400}{(1+r)^4}+\frac{14,400}{(1+r)^5}=64,500$$

r＝3.782%

❸リース債権回収スケジュール

		期首元本	回収合計	利息分	元本分	期末元本
1	X2年3月31日	64,500	14,400	2,870	11,530	52,970
2	X3年3月31日	52,970	14,400	2,357	12,043	40,927
3	X4年3月31日	40,927	14,400	1,821	12,579	28,348
4	X5年3月31日	28,349	14,400	1,262	13,138	15,210
5	X6年3月31日	15,210	14,400	677	13,723	1,487
5	X6年3月31日	1,487	1,487	0	1,487	0
			73,487	8,987	64,500	

♠リース資産の計上価額の求め方は

　割安選択購入権は行使される予定ですから、リース料総額に含めます。

　リース料総額73,487千円を借手の追加借入利率である4％で現在価値に割り引くと65,328千円になります。

　これは、借手の見積現金購入価額よりも大きいため、見積購入価額64,500千円がリース資産の計上価額となります。

　減価償却費の計算については、購入の場合と同様に計算します。

　これにより、仕訳を示すと、図表41のようになります。

【図表41　仕訳例】

❶X1年4月1日（リース取引開始日）
　リース資産及びリース債務を計上します。
　（借）リース資産　　　　　　　64,500　　（貸）リース債務　　　　　　　　64,500

X2年3月31日（第1回支払日）
①リース料の支払い（利息部分は区分計算します）
（借）リース債務　　　　　11,530　（貸）現預金　　　　　14,400
（借）支払利息　　　　　　2,870
②減価償却費の計上
（借）減価償却費　　　　　7,256　（貸）減価償却累計額　　7,256

❷X3年3月31日（第2回支払日）
①リース料の支払い
（借）リース債務　　　　　12,043　（貸）現預金　　　　　14,400
（借）支払利息　　　　　　2,357
②減価償却費の計上
（借）減価償却費　　　　　7,256　（貸）減価償却累計額　　7,256
　以後同様の処理を行います。

❸X6年3月31日（最終回支払日、購入権の行使）
①リース料の支払い
（借）リース債務　　　　　13,723　（貸）現預金　　　　　14,400
（借）支払利息　　　　　　 677
②減価償却費の計上
（借）減価償却費　　　　　7,256　（貸）減価償却累計額　　7,256
③割安購入選択権行使
（借）リース債務　　　　　1,487　（貸）現預金　　　　　　1,487

リース契約が終了し、購入選択権の行使により所有権は借手に移転します。
この後は、自己所有の資産として減価償却を続けていくことになります。

　基本的には、購入した場合と同じような会計処理をしていきます。リース資産は自己所有の資産と同じく固定資産として計上します。リース債務は、借入金と同様に返済義務が確定したものとして債務計上します。

　リース料の支払いには、リース債務の返済にあたる部分と支払利息にあたる部分が混在していますが、会計上はこれを区分して処理します。つまり、リース料は費用として処理せずに、その一部分だけを支払利息として費用計上します。

　費用としては、リース資産の減価償却という形で計上としていきます。つまり、通常の固定資産購入と同様に減価償却計算を行い、減価償却費として費用化していくことになります。

　要するに、所有権移転ファイナンス・リースの会計処理は、借入による固定資産の購入とほとんど同じ内容であり、勘定科目名だけがリース取引によることを示すように変わるだけということになります。

Q26 所有権移転外ファイナンス・リース取引の会計処理は

Answer Point

♧基本的には、リース資産を取得したものとして会計処理します。

♧利息相当額の配分方法は、利息法を原則としますが、リース期間に定額を配分する方法も、簡便的処理として認められています。

◆利息相当額の配分方法は利息法と定額法

所有権移転外ファイナンス・リース取引は、ファイナンス・リース取引ではありますが、リース物件の所有権が借手に移転するとは認められないリース取引をいいます。

以前は、売買処理が原則で、例外として賃貸借処理が認められていましたが、2007年の改正で、例外が廃止されました。

また、所有権移転ファイナンス・リース取引とは異なり、利息相当額の配分方法は利息法を原則としますが、リース期間に定額を配分する方法も簡便的処理として認められています。

◆所有権移転外ファイナンス・リース取引例についてみると

X1年4月1日より、図表42のリース取引を行うこととなりました。

なお、判定の結果、所有権移転外ファイナンス・リース取引と判定されました。

【図表42 所有権移転外ファイナンス・リース取引の例】

❶前提条件	①所有権移転条項	なし
	②割安購入選択権	なし
	③リース物件は特別仕様ではない。	
	④（解約不能）リース期間	5年
	⑤借手の現金購入価額	63,000千円
	⑥リース料	年額14,400千円（1年毎後払い）
	⑦リース物件の経済的耐用年数	8年
	⑧リース取引開始日	X1年4月1日
	⑨リース料総額	72,000千円

❷利息法で適用される利率（r）

$$\frac{14,400}{(1+r)} + \frac{14,400}{(1+r)^2} + \frac{14,400}{(1+r)^3} + \frac{14,400}{(1+r)^4} + \frac{14,400}{(1+r)^5} = 63,000$$

r ＝ 4.623%

❸リース債権回収スケジュール

		期首元本	回収合計	利息分	元本分	期末元本
1	X 2 年 3 月31日	63,000	14,400	2,912	11,488	51,512
2	X 3 年 3 月31日	51,512	14,400	2,382	12,018	39,494
3	X 4 年 3 月31日	39,494	14,400	1,826	12,574	26,920
4	X 5 年 3 月31日	26,920	14,400	1,244	13,156	13,764
5	X 6 年 3 月31日	13,764	14,400	636	13,764	0
			72,000	9,000	63,000	

♠利息法というのは

リース取引では、通常、リース期間にわたって毎月（毎年）同額の金額を支払っていきます。賃貸借処理では、全額、契約に基づく賃貸料（リース料）の一括経費計上で問題はありませんでした。

しかし、売買処理の場合は、同額でも取得価額相当部分（元本相当部分）と利息相当部分は、費用としての内容が異なります。すなわち、元本部分は、当該資産を所有することによる減価償却費的な意味合いがあるのに対して、利息部分は、本来元本部分を全額支払いしていたら発生しなかったであろう経過利息を意味しています。

このため、元本部分が減少するにつれて、利息相当部分は減少していきます。これを利息法といいます。

ファイナンス・リース取引において売買処理を行うということは、固定資産の元本部分の延払い的な意味合いを強くもっていることから、毎月（毎年）の定額のリース料の中から利息相当部分を控除し、その残額を元本の回収部分とみています。

♠リース資産の計上価額の求め方は

リース料総額 72,000 千円を借手の追加借入利率である 4 ％で現在価値に割り引くと 64,105 千円になります。

これは、借手の見積現金購入価額よりも大きいため、見積購入価額

63,000 千円がリース資産の計上価額となります。

　減価償却費の計算については、リース期間 5 年を耐用年数、残存価額をゼロとして定額法を適用します。

　これにより、仕訳を示すと、図表 43 のようになります。

【図表 43　仕訳処理例】

```
❶Ｘ１年４月１日（リース取引開始日）
　①リース資産及びリース債務を計上します。
　　（借）リース資産　　　　　　63,000　（貸）リース債務　　　　　　63,000
　　　Ｘ２年３月31日（第１回支払日）
　②リース料の支払い（利息部分は区分計算します）
　　（借）リース債務　　　　　　11,488　（貸）現預金　　　　　　　　14,400
　　（借）支払利息　　　　　　　 2,912
　③減価償却費の計上
　　（借）減価償却費　　　　　　12,600　（貸）減価償却累計額　　　　12,600

❷Ｘ３年３月31日（第２回支払日）
　①リース料の支払い
　　（借）リース債務　　　　　　12,018　（貸）現預金　　　　　　　　14,400
　　（借）支払利息　　　　　　　 2,382
　②減価償却費の計上
　　（借）減価償却費　　　　　　12,600　（貸）減価償却累計額　　　　12,600

　　　以後、同様の処理を行います。

❸Ｘ６年３月31日（最終回支払日）
　①リース料の支払い
　　（借）リース債務　　　　　　13,764　（貸）現預金　　　　　　　　14,400
　　（借）支払利息　　　　　　　　 636
　②減価償却費の計上
　　（借）減価償却費　　　　　　12,600　（貸）減価償却累計額　　　　12,600
　　　リース期間終了、対象物件返還
　　（借）減価償却累計額　　　　63,000　（貸）リース資産　　　　　　63,000
```

　リース取引において、リース資産およびリース債務が同時に計上されますが、通常の固定資産取得の後払い契約を行った場合と同様です。

　すなわち、リース資産は、リース取引の売買処理より取得した資産を意味します。したがって、減価償却資産として減価償却されることになります。

　一方、リース債務は、リース契約により支払いをしなければならない債務の総額のうち、元本部分のみを示します。

　このため、リース料を支払いのつど、その期間に該当する支払利息を計上することになります。

*A*nswer Point

♤資産売却時の損益について繰り延べることが必要な場合があります。

♤ファイナンス・リース取引に該当するかどうかの判定に注意してください。

♠セール・アンド・リースバック取引というのは

　セール・アンド・リースバック取引とは、借手が自己の所有する資産を貸手に売却し、改めてこれをリース契約によって借り受けることをいいます。

　このような取引をすることで、借手は資産を従来どおり利用しながら、資産総額を圧縮し、売却代金によって資金調達が可能です。資産の簿価によっては売却益を計上できることもあります。

　資産の売買契約とリース契約は別の契約ですが、セール・アンド・リースバックの名称が示すように、資産の売却とリース取引は一連の取引として意図されたものです。

　こうした一連の取引を全体として評価すれば、譲渡担保による資金調達に類似しています。このようなことから、資産の譲渡による損益の取扱いが会計上問題になります。

♠リース取引の判定にあたっての留意点は

　上に述べたような資産売却損益の取扱いについては、その後のリース取引が売買処理すべきものか、賃貸借処理すべきものかによって変わってきます。

　リース会計基準には、セール・アンド・リースバック取引についてなにも言及されていませんが、実務指針では、次のような留意点が示されています。

　まずは、リースバック取引がファイナンス・リースかオペレーティング・リースかを判定します。この判定は、通常どおりファイナンス・リースの判定基準に照らして行いますが、その際に、経済的耐用年数については、リースバック時点の実情を考慮して見積もった予測利用期間を用います。

　これは、もともと借手が所有し使用していたわけですから、単なる中古資産としてではなく、購入時期や使用状況等を考慮して算定することが合理的

であり、また、それが可能であるからです。

次に、リース物件の見積購入価額には、実際の売額を用います。

さらに、重要な設備などがセール・アンド・リースバック取引の対象となっている場合には、契約の内容を形式的に当てはめるのではなく、ファイナンス・リース取引に該当するかどうかを実態に即して判断する必要があります。

♠判定結果と会計処理は

リースバック取引がオペレーティング・リースに該当すれば、特に注意することはありません。資産の売却に伴って発生した損益については、そのまま売却時の損益として処理しその後のオペレーティング・リース取引については、賃貸借処理を通常どおり行います。

リースバック取引がファイナンス・リース取引に該当する場合には、注意が必要です。まず、資産売却時の損益は、売却時の損益とせずに繰延処理をして、リース資産の減価償却費の割合に応じて期間配分していきます。

ここで、例外が１つあります。資産売却に際して売却損が生じた場合に、その原因が市場価額等の下落により帳簿価額を下回ることとなったことによる場合には、売却損を繰り延べずに売却時の損失として処理するということです。

これ以外の点については、通常のファイナンス・リース取引として会計処理、注記を行います。

♠セール・アンド・リースバックの変形取引のときは

セール・アンド・リースバックの変形として、借手が自己の所有する土地・建物などについてリース会社の売却し、これをリースバックにより借り受けて、第三者にほぼ同一条件でリースする場合もあります。

会社が自己所有のビルを売却後リースバックを受けて、他の会社にリースするといった取引です。このような場合には、取引の実態を慎重に判断する必要がありますが、第三者とのリース契約がファイナンス・リースに該当するものであって、その取引実態から売却損益が実現していると認められる場合には、そのまま売買処理が可能になります。

その際に、リース債権とリース債務は両建てで計上しますが、減価償却費や売上高などの損益に関する科目については処理の必要はありません。

Q28 中途解約のときの会計処理は

Answer Point

♧中途解約は契約上できないことになっていますが、例外があります。

♧中途解約となるのは、リース料の不払い等のトラブルになったケースのほかは、リース契約期間中に対象物件を新型に入れ替えるという場合、カーリース等での全損事故や盗難による場合があります。

♠中途解約をするケースは

　レンタルなどの短期契約を除き、リース契約と呼ばれているものほとんどは中途解約不能であり、解約する場合には違約金が発生します。

　この違約金についても、通常は解約することが不利なように設定されていますので、契約条件どおりにリース契約の内容が履行されている限り、中途解約には至りません。

　中途解約となるのは、リース料の不払い等のトラブルになったケースのほかは、リース契約期間中に対象物件を新型に入れ替えるという場合、カーリース等での全損事故や盗難による場合があります。

　解約に伴い、借手は規定の損害金を貸手に支払い、リース対象物件を貸手に返却します。

♠借手の債務不履行によるときは

　借手の財政状態の悪化に伴いリース料の支払いが滞った場合には、貸手が強制的に契約を解除してリース物件を返却させることになります。

　この場合には、規定の解約損害金以外にも滞納分のリース料も債権として請求することになりますが、回収できない可能性も考慮して処理する必要があります。

　つまり、貸手は解約損害金に加え、滞留している過去の経過分リース料の回収可能性を検討し、必要であれば引当金の計上をすることになります。

　さらに、返却を受けたリース物件についても、リース物件として他の借手にリースすることが可能かうか、リース物件の返却時の状態、同様の物件の市場での相場などを考慮して評価減の必要性を検討します。

【図表44　借手の債務不履行のとき】

項　目	説　明
①賃貸借処理のケース	借手は、規定損害金の請求を受けたときにリース解約損等の勘定科目で費用計上します。貸手は、規定損害金の請求時に規定損害金収入等の勘定科目で売上計上します。 　借手の財政状態が悪化している場合には、未回収のリース料も含めて貸倒引当金の設定が必要になります。 　リース対象物件の返還を受けたときには、リース資産の除却処理をします。その後、売却したときには、売却代金との差額をリース資産売却損などの勘定科目で売上原価に計上します。 　売却代金の一部を借手に返還する契約になっているときには、未回収の債権と相殺します。
②売買処理のケース	借手は、未経過分のリース債務残高を減少させ、同時に規定損害金の金額をリース解約損などの勘定科目で計上します。リース資産については、除却処理をします。 　貸手は、損害金請求時に規定損害金の額を規定損害金収入などの勘定科目で売上計上するとともに、未経過のリース債権残高を売上原価に計上します。 　借手の財政状態が悪化している場合には、未回収のリース料も含めて貸倒引当金の設定が必要になります。これらの債権に基づきリース物件の返還を受けた場合には売却し、債権に充当します。

♦双方の合意に基づき中途解約をするときは

　リース契約の期間中に新型の設備に入れ替える場合などは、貸手と借手双方にメリットがあるため中途解約禁止の契約であっても合意により解除することが可能です。

　また、カーリースなどで、盗難にあったり、全損事故があったりすると契約継続が不能になるためやむをえず解除することになります。

　貸手および借手の会計処理は、貸倒引当金の設定等不良債権についての処理以外は、債務不履行による場合と同じです。

　新型の設備に入れ替える場合などは、中途解約によって生じる損害金やリース債務の未経過残高などについても、借手と貸手が協議のうえ、処理条件を決定していきます。

　貸手にとっても、新規のリース契約がとれるわけですから、旧契約の解除にあたって譲歩する余地はあるはずです。法的には当事者双方の合意による契約解除ですから、その条件は改めて交渉して決定していくことになります。

Q29 リース物件に改良や修繕を加えたときは

Answer Point

♤リース物件に改良や修繕を加えたときは、基本的に自己所有
の場合と同じです。

♤耐用年数については注意が必要です。

♠リース物件を修繕したときは

リース物件を契約期間中に修繕や改良が必要になる場合や、リース契約の
条件によっては、借手側が修繕義務を負う場合もあります。

修繕の場合には、リース資産の価値が向上するわけではないため、支出額
をそのまま修繕費として費用に計上します。

これについては、自己所有の資産を修繕した場合と同様です。

♠リース資産に改良を加えたときは

借手がリース資産を使用していると改良が必要になる場合があります。借
手の立場からすると、リース資産は契約期間にわたって長期使用をするわけ
ですから、使い勝手がよいように改良をすれば、契約期間中ずっとその効果
を享受できるわけです。

したがって、残存契約期間が十分長い場合には、資金を投入して改良する
ことに意味があることになります。改良によって機能が向上したり、使用可
能期間が延長したりする効果があれば、その効果は借手がすべて享受します。

このことから、リース取引の会計処理が賃貸借処理であっても当該支出部
分は、借手が固定資産として計上します。すなわち、改良に要した資本的支
出部分だけを本体とは別に管理し、減価償却していくことになります。その
際の勘定科目はその資産が自己所有であった場合と同じ科目を使用します。

注意が必要なのは、耐用年数です。リース資産に資本的支出をした場合に
は、税務上その資本的支出部分もリース資産となりますので、耐用年数は、
本体部分の残存リース期間に再リース期間を加えた年数などの合理的な見積
もりによって決定します。

また、改良を加えたリース資産を返還した場合に、その資本的支出部分に
ついて未償却残高があれば、除却することも忘れないようにしてください。

Q30 重要性が乏しいときの借手側の取扱いは

Answer Point

♤ リース資産総額の基準により重要性が乏しいと認められる場合には、簡便的な処理が認められます。

♤ 個々のリース資産に重要性が乏しいと認められる場合には、オペレーティング・リース取引に準じた処理が認められます。

♤ オペレーティング・リースで重要性が乏しいと認められる場合には、注記を省略することができます。

♠ 所有権移転ファイナンス・リース取引のときは

所有権移転ファイナンス・リース取引では、個々のリース資産により重要性が乏しいかどうかが判断されます。

そして、個々のリース資産に重要性が乏しいと認められる場合には、簡便的な処理として、オペレーティング・リース取引の会計処理に準じて、通常の賃貸借取引として会計処理することができます。

♠ 個々のリース資産の重要性の判断基準は

所有権移転ファイナンス・リース取引で個々のリース資産に重要性が乏しいと認められる場合とは、図表45の①か②のどちらかを満たす場合です。

【図表45 個々のリース資産の重要性の判断基準】

個々のリース資産の重要性の判断基準	①重要性が乏しい減価償却資産について、一定の基準に従い、購入時に費用処理する方法が採用されている場合で、リース料総額が、この基準により定められた金額以下のリース取引（ただし、リース料総額には利息相当額が含まれていますので、その基準額は当該企業が減価償却資産の処理について採用している基準額より利息相当額だけ高めに設定することができます。また、通常この基準額は、通常取引される単位ごとに適用されますので、リース契約に複数の単位のリース物件が含まれる場合には、単位ごとに適用できます）。
	②リース期間が1年以内のリース取引

♠所有権移転外ファイナンス・リース取引のときは

　所有権移転外ファイナンス・リース取引の場合には、重要性の判断基準が個々のリース資産とともに、リース資産総額による基準（図表46）がありますが、各々の判断基準で認められる簡便的処理は異なります。

【図表46　所有権移転外ファイナンス・リース取引の判定基準】

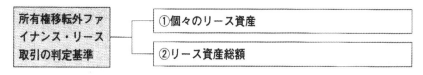

♠個々のリース資産の重要性の判断基準は

　所有権移転外ファイナンス・リース取引で個々のリース資産に重要性が乏しいと認められる場合とは、図表47のいずれかに該当する場合です。

　そして、個々のリース資産に重要性が乏しいと認められる場合には、簡便的な処理として、オペレーティング・リース取引の会計処理に準じて、通常の賃貸借取引として会計処理することができます。

【図表47　個々のリース資産に重要性が乏しいと認められる取引】

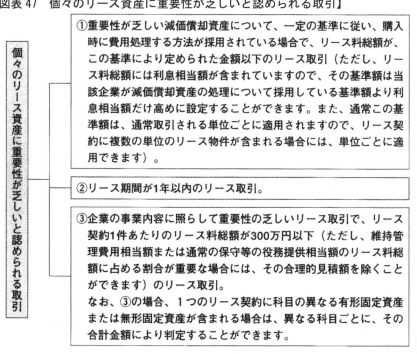

♠リース資産総額の重要性の判断基準・簡便処理は

所有権移転外ファイナンス・リース取引でリース資産総額に重要性が乏しいと認められる場合とは、未経過リース料の期末残高が、当該期末残高、有形固定資産および無形固定資産の期末残高の合計額に占める割合が10%未満である場合をいいます。

ただし、通常の賃貸借取引にかかる方法に準じて会計処理を行うこととしたものや、利息相当額を利息法により各期に配分しているリース資産にかかるものは除きます。

そして、リース資産総額に重要性が乏しいと認められる場合には、図表61のいずれかの方法を適用することができます。

♠リース資産総額の重要性の判断基準は

リース資産総額に重要性が乏しいと認められる場合とは、未経過リース料の期末残高が、当該期末残高、有形固定資産および無形固定資産の期末残高の合計額に占める割合が10%未満である場合をいいます。

ただし、通常の賃貸借取引にかかる方法に準じて会計処理を行うこととしたものや、利息相当額を利息法により各期に配分しているリース資産にかかるものは除きます。

$$\frac{\text{未経過リース料の期末残高}}{(\text{未経過リース料の期末残高} + \text{有形固定資産の期末残高} + \text{無形固定資産の期末残高})} < 10\%$$

【図表48　リース資産総額に重要性が乏しいときに適用する方法】

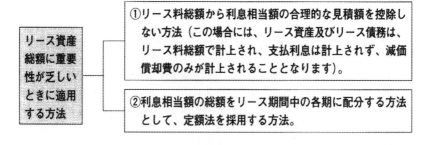

リース資産総額に重要性が乏しいときに適用する方法

①リース料総額から利息相当額の合理的な見積額を控除しない方法（この場合には、リース資産及びリース債務は、リース料総額で計上され、支払利息は計上されず、減価償却費のみが計上されることとなります）。

②利息相当額の総額をリース期間中の各期に配分する方法として、定額法を採用する方法。

♠重要性が乏しいときの借手側の取扱いをまとめると

重要性が乏しいときの借手側の取扱いをまとめると、図表49のとおりです。

【図表 49　個々のリース資産基準とリース資産総額基準】

個々のリース資産の基準		リース資産総額の基準	
判定基準	簡便的処理	判定基準	簡便的処理
・基準額以下の取引 　or ・リース期間1年以内 ・契約1件あたり300万円以下	賃貸借処理	未経過リース料期末残高10％未満（未経過リース料残高＋有形・無形固定資産期末残高と比較）	利息相当額控除しない 　or 定額法による利息配分

♠借手のオペレーティング・リース取引のときは

　オペレーティング・リース取引のうち解約不能のものにかかる未経過リース料は、貸借対照表日後1年以内のリース期間にかかるものと、貸借対照表日後1年を超えるリース期間にかかるものとに区分して注記する必要があります。

　ただし、重要性が乏しいものについては、注記を省略できます。

♠オペレーティング・リース取引の重要性の判断基準は

　重要性が乏しい場合とは、図表50のいずれかに該当する場合をいいます。

【図表 50　オペレーティング・リース取引の重要性の判断基準】

オペレーティング・リース取引の重要性の判断基準

- ①個々のリース物件のリース料総額が、会社の費用化基準以内のリース取引。
- ②リース取引開始日からのリース期間が1年以内のリース取引。
- ③契約上数か月程度の事前予告をもって解約できるものと定められているリース契約で、その予告した解約日以上のリース料の支払いを要しないリース取引における事前解約予告期間（すなわち、解約不能期間）にかかる部分のリース料。
- ④企業の事業内容に照らして重要性の乏しいリース取引でリース契約1件あたりのリース料総額（維持管理費用相当額または通常の保守等の役務提供相当額のリース料総額に占める割合が重要な場合は、その合理的見積額を除くことができます）が300万円以下のリース取引（1つのリース契約に科目の異なる有形固定資産または無形固定資産が含まれている場合は、異なる科目ごとに、その合計金額により判断することができます）。

【図表51　重要性の判定フローチャート】

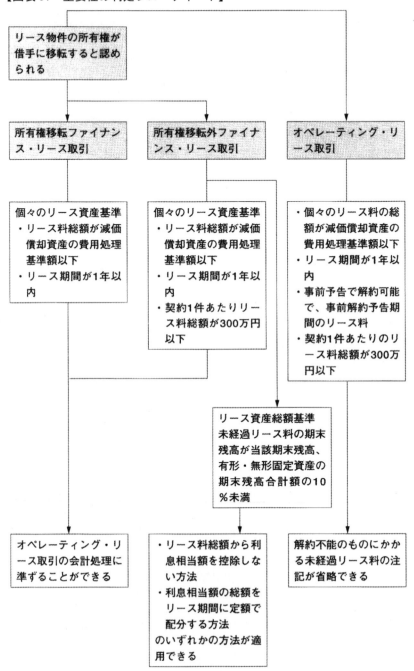

リース物件の所有権が借手に移転すると認められる

所有権移転ファイナンス・リース取引

所有権移転外ファイナンス・リース取引

オペレーティング・リース取引

個々のリース資産基準
・リース料総額が減価償却資産の費用処理基準額以下
・リース期間が1年以内

個々のリース資産基準
・リース料総額が減価償却資産の費用処理基準額以下
・リース期間が1年以内
・契約1件あたりリース料総額が300万円以下

・個々のリース料の総額が減価償却資産の費用処理基準額以下
・リース期間が1年以内
・事前予告で解約可能で、事前解約予告期間のリース料
・契約1件あたりのリース料総額が300万円以下

リース資産総額基準
未経過リース料の期末残高が当該期末残高、有形・無形固定資産の期末残高合計額の10％未満

オペレーティング・リース取引の会計処理に準ずることができる

・リース料総額から利息相当額を控除しない方法
・利息相当額の総額をリース期間に定額で配分する方法
のいずれかの方法が適用できる

解約不能のものにかかる未経過リース料の注記が省略できる

Q31 借手側のリース取引の開示は

Answer Point

♤財務諸表等規則等は、財務諸表作成のために採用した重要な会計処理の方針および手続と表示方法の開示を要請しています。

♤また、金融商品取引法で求められる注記は、会社法上での記載を要しませんが、別途計算書類に規定を設ける必要のある資産については、注記を要請しています。

♠金融商品取引法で求められる開示は

投資者への情報提供のために必要な企業情報を公表することを規定した金融商品取引法は、貸借対照表、損益計算書その他の財務計算に関する書類を内閣府令で定める用語、様式および作成方法により作成することを求めています。

この内閣府令に該当するのが、「財務諸表等の用語、様式及び作成方法に関する規則（財務諸表等規則）」です。

財務諸表等規則等は、財務諸表作成のために採用した重要な会計処理の方針および手続と表示方法の開示を要請しています。

リース取引の処理方法については、所有権移転外ファイナンス・リースが売買処理によるか賃貸借処理によるかを図表52のように注記します。

【図表52　リース取引の処理方法の注記例】

> 例）リース取引の処理方法
> リース物件の所有権が借主に移転すると認められるもの以外のファイナンスリース取引については、通常の賃貸借処理にかかる方法に準じた会計処理によっている。

また、所有権移転外ファイナンス・リース取引について売買処理を採った場合、リース資産の減価償却方法についても、図表53のように注記しておく必要があります。

【図表53　固定資産の減価償却の方法の注記例】

> 例）固定資産の減価償却の方法
> リース資産については、リース期間を耐用年数とし、残存価額を零とする定額法によっている。

♠会社法で求められる開示は

2006年の会社法施行と同時に、会社の計算に関する事項について定めた法務省令、「会社計算規則」も施行されました。

ここでも、財務諸表等規則と同じように、重要な会計処理の方針や手続、表示方法の開示を求めています。

ファイナンス・リース取引について、売買処理を行う場合には、この取引にかかる資産、負債、そして損益が貸借対照表や損益計算書に計上されます。このため、リース会計基準は会社法上の計算書類にも影響します。

また、金融商品取引法で求められる注記は、会社法での記載を要しませんが、別途計算書類に規定を設ける必要のある資産についての注記を要請しています。

重要な会計方針の開示、すなわち、リース取引について売買処理か賃貸借処理が、また、固定資産の減価償却の方法については、金融商品取引法上での注記と同じ内容による注記が求められています。

♠リースにより使用する固定資産に関する注記は

ファイナンス・リース取引について、通常の売買取引にかかる方法に準じて会計処理を行っていない場合、リース物件に関する注記として、①当該事業年度の末日における取得価額相当額、②当該事業年度の末日における減価償却累計額、③当該事業年度の末日における未経過リース料相当額、④以上3つのほか、当該リース物件にかかる重要な事項、についての項目が求められています（図表54）。

【図表54 所有権移転外ファイナンス・リース取引に関しての注記例】

<例> （単位：百万円）

リース物件の所有権が借主に移転すると認められるもの以外のファイナンス・リース取引
（借主側）

1．リース物件の取得価額相当額、減価償却累計額相当額及び期末残高相当額

	取得価額 相 当 額	減価償却累計額 相 当 額	期末残高 相 当 額
電気事業固定資産	91,310	37,380	53,930
その他の資産	24,890	13,390	11,500
合 計	116,200	50,770	65,430

なお、取得価額相当額は、未経過リース料期末残高が有形固定資産の期末残高

③ 借手をめぐる会計処理ルール

等に占める割合が低いため、支払利子込み法により算定している。

2．未経過リース料期末残高相当額

　　1年内　　　　　22,710
　　1年超　　　　　42,720
　　合　計　　　　　65,430

　　なお、未経過リース料期末残高相当額は、未経過リース料期末残高が有形固定資産の期末残高等に占める割合が低いため、支払利子込法により算定している。

3．支払リース料、減価償却費相当額

　　支払リース料　　　24,940
　　減価償却費相当額　24,940

4．減価償却費相当額の算定方法

　　リース期間を耐用年数とし、残存価額を零とする定額法によっている。

♠注記を省略できる要件は

　ファイナンス・リース取引、オペレーティング・ス取引ともに、重要性が乏しいと認められる場合は、注記を省略することができます。

　重要性の判定基準は、図表 55 の 5 つです。

【図表 55　重要性の判定基準】

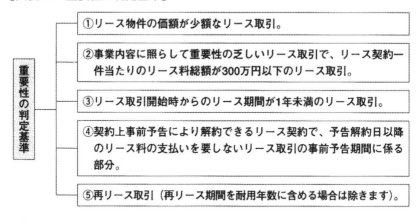

重要性の判定基準

①リース物件の価額が少額なリース取引。

②事業内容に照らして重要性の乏しいリース取引で、リース契約一件当たりのリース料総額が300万円以下のリース取引。

③リース取引開始時からのリース期間が1年未満のリース取引。

④契約上事前予告により解約できるリース契約で、予告解約日以降のリース料の支払いを要しないリース取引の事前予告期間に係る部分。

⑤再リース取引（再リース期間を耐用年数に含める場合は除きます）。

♠オペレーティング・リース取引に関する開示は

　賃貸借処理するオペレーティング・リース取引について、解約不能な取引の場合は、潜在的な債権、債務を開示するために、解約不能期間にわたる未経過リース料残高を注記しなくてはなりません。

　注記は、ファイナシス・リース取引と同様、支払期間に応じて 1 年内と 1 年超に分けて行います（図表 56）。

【図表56　未経過リース料期末残高相当額の注記例】

例）未経過リース料期末残高相当額	
1年内	24百万円
1年超	72百万円
合　計	96百万円

♠ファイナンス・リース取引の開示は

　所有権移転外ファイナンス・リースについては売買処理しか認められず、図表57の表示・注記が求められます。

【図表57　ファイナンス・リース取引の開示】

開示	説　　　明
①表示	リース資産については、原則、有形固定資産、無形固定資産の別に一括してリース資産とし表示します。有形固定資産、無形固定資産に属する科目に含めることもできます。 　リース債務については、1年基準で表示します。支払期限が1年以内に到来するものは流動負債に属するものとし、1年を超えて到来するものについては固定負債に属するものとします。
②注記	リース資産の内容（種類等）と減価償却の方法を注記します。ただし、重要性が乏しいものについては注記を要しません。 　重要性の判断は、リース比率が10％未満かどうかによります。 $$リース比率＝\frac{未経過リース料期末残高}{未経過リース料期末残高＋有形固定資産期末残高＋無形固定資産期末残高}$$ 　改正前の基準では、ファイナンス・リース取引について売買処理する場合に、こうした注記は必要ありませんでしたが、新会計基準では、注記が必要とされます。 　なお、リース資産の内容についての注記は、科目ごとではなく、主な資産の種類等を記載するのみでよいとされています。

♠オペレーティング・リース取引の開示は

　中途解約ができないオペレーティング・リースについては、会計基準改正前と同様に、1年内のリース期間にかかる未経過リース料および1年超のリース期間にかかる未経過リース料について注記が必要とされます。

　なお、リース期間が20年の不動産についてのリースで、解約不能期間が10年の場合は、10年分の未経過リース料を注記することになります。

　また、ここでも重要性が乏しいリース取引については注記を要しません。重要性の判定については、Q30を参照してください。

Q32 所有権移転ファイナンス・リース取引の会計処理は

Answer Point

♤所有権移転ファイナンス・リース取引は、リース契約上の諸
条件からリース物件の所有権が借手に移転すると認められる
リース取引をいいます。

♤貸手はリース取引開始日に、通常の売買取引にかかる方法に準じた会計処
理を行う必要があります。

♤具体的な処理方法としては、図表58の3つの方法が認められていますが、
選択した方法は継続して適用しなければなりません。

♠通常の売買取引にかかる方法に準じた処理が必要

所有権移転ファイナンス・リース取引は、リース契約上の諸条件からリース物件の所有権が借手に移転すると認められるリース取引をいいます。

そのため、貸手はリース取引開始日に、通常の売買取引にかかる方法に準じた会計処理を行うこととされています。

所有権移転ファイナンス・リース取引は、固定資産の売却とリース債権の回収という両面がありますので、その債権回収という側面からリース債権残高に対して、一定の利益率となるように利息相当額（リース料総額－リース物件購入価額）を、リース期間にわたり利息法により配分する必要があります。

ただし、割安購入選択権がある場合には、その行使価額をリース料総額に含めます。

なお、貸手としてのリース取引には、重要性の乏しいと認められる場合の取扱いの規定において、利息相当額をリース期間に定額を配分する方法は認められていません。

♠会計処理は3つの方法がある

具体的な処理方法としては、図表58の3つの方法が認められていますが、選択した方法は継続して適用しなければなりません。

また、第1法と第2法は、割賦販売取引では一般的な方法ですので、割賦販売を行っている企業は、その取引との整合性を考慮しなければなりません。

【図表 58　３つの処理方法】

①リース取引開始日に売上高と売上原価を計上する方法。

②リース料受取時に売上高と売上原価を計上する方法。

③売上高を計上せずに利息相当額を各期へ配分する方法。

♠３つの処理方法について設例でみると

　X１年４月１日より、図表 59 のリース取引を行うこととなりました。

　なお、判定の結果、所有権移転ファイナンス・リース取引と判定されました。

【図表 59　リース取引の前提条件】

❶前提条件　①所有権移転条項　　　　　なし
　　　　　　②割安購入選択権　　　　　1,000千円
　　　　　　③リース物件は特別仕様ではない。
　　　　　　④（解約不能）リース期間　　５年
　　　　　　⑤貸手の現金購入価額　　　48,000千円
　　　　　　⑥リース料　　　　　　　　年額12,000千円（１年毎後払い）
　　　　　　⑦リース物件の経済的耐用年数　８年
　　　　　　⑧リース取引開始日　　　　X１年４月１日
　　　　　　⑨リース料総額　　　　　　61,000千円
　　　　　　　　　　　　　　　　　　　（＝12,000×５年＋1,000）

❷利息法で適用される利率（ｒ）

$$\frac{12,000}{(1+r)}+\frac{12,000}{(1+r)^2}+\frac{12,000}{(1+r)^3}+\frac{12,000}{(1+r)^4}+\frac{13,000}{(1+r)^5}=48,000$$

$r = 8.463\%$

		期首元本	回収合計	利息分	元本分	期末元本
						48,000
1	X２年３月31日	48,000	12,000	4,062	7,938	40,062
2	X３年３月31日	40,062	12,000	3,390	8,610	31,452
3	X４年３月31日	31,452	12,000	2,662	9,338	22,114
4	X５年３月31日	22,114	12,000	1,871	10,129	11,985
5	X６年３月31日	11,985	13,000	1,015	11,985	0
			61,000	13,000	48,000	

♠リース取引の会計処理方法は

リース取引（図表 59）の会計処理方法は、図表 60 のとおりです。

【図表 60　リース取引の会計処理方法】

❶第1法　リース取引開始日に売上高と売上原価を計上する方法
 ①X1年4月1日（リース取引開始日）
  （借）リース債権　　　　　　61,000　（貸）売上高　　　　　　　61,000
  （借）売上原価　　　　　　　48,000　（貸）現金・預金　　　　　48,000
 ②X2年3月31日
  （借）現金・預金　　　　　　12,000　（貸）リース債権　　　　　12,000
  （借）繰延リース利益繰入　 8,938（※）（貸）繰延リース利益　　　　8,938
       （※）8′938＝3,390＋2,662＋1,871＋1,015
 ③X3年3月31日
  （借）現金・預金　　　　　　12,000　（貸）リース債権　　　　　12,000
  （借）繰延リース利益　　　　 3,390　（貸）繰延リース利益戻入　　3,390
  以後同様の処理を行います。
 ④X6年3月31日（借手が割安購入選択権行使）
  （借）現金・預金　　　　　　 1,000　（貸）リース債権　　　　　 1,000

❷第2法　リース料受取時に売上高と売上原価を計上する方法
 ①X1年4月1日（リース取引開始日）
  （借）リース債権　　　　　　48,000　（貸）現金・預金　　　　　48,000
 ②X2年3月31日
  （借）現金・預金　　　　　　12,000　（貸）売上高　　　　　　　12,000
  （借）売上原価　　　　　　　 7,938　（貸）リース債権　　　　　 7,938
  以後同様の処理を行います。
 ③X6年3月31日（借手が割安購入選択権行使）
  （借）現金・預金　　　　　　 1,000　（貸）売上高　　　　　　　 1,000
  （借）売上原価　　　　　　　 1,000　（貸）リース債権　　　　　 1,000

❸第3法　売上高を計上せずに利息相当額を各期へ配分する方法
 ①X1年4月1日（リース取引開始日）
  （借）リース債権　　　　　　48,000　（貸）現金・預金　　　　　48,000
 ②X2年3月31日
  （借）現金・預金　　　　　　12,000　（貸）リース債権　　　　　 7,938
  　　　　　　　　　　　　　　　　　　（貸）受取利息　　　　　　 4,062
  以後同様の処理を行います。
 ③X6年3月31日（借手が割安購入選択権行使）
  （借）現金・預金　　　　　　 1,000　（貸）リース債権　　　　　 1,000

Q33 所有権移転外ファイナンス・リース取引の会計処理は

Answer Point

♧所有権移転外ファイナンス・リース取引は、リース物件の所有権が借手に移転することは認められないリース取引をいいます。

♧所有権移転ファイナンス・リース取引とは異なり、利息相当額の配分方法は利息法を原則としますが、リース期間に定額を配分する方法も簡便的処理として認められています。

♧具体的な処理方法は、図表61の3つの方法が認められていますが、所有権移転ファイナンス・リース取引同様に継続適用が求められています。

♠ 2007 年の改正で賃貸借処理が廃止されました

　所有権移転外ファイナンス・リース取引は、ファイナンス・リース取引ではありますが、所有権移転条項や割安購入選択権がなく、また特別仕様物件でもないため、リース物件の所有権が借手に移転するとは認められないリース取引をいいます。

　従前は、売買処理が原則で、例外として賃貸借処理が認められていましたが、2007 年に例外が廃止されました。

♠利息相当額の配分方法は利息法が原則で定額法は簡便的処理

　また、所有権移転ファイナンス・リース取引とは異なり、利息相当額の配分方法が利息法を原則としますが、重要性等の一定要件を満たすことを条件にリース期間に定額を配分する方法も簡便的処理として認められています。

♠会計処理は3つの処理方法がある

　原則による場合の具体的な処理方法は、売上高・売上原価を計上する2種類の方法と受取利息を計上する方法の3つの方法（図表61）が認められていますが、所有権移転ファイナンス・リース取引同様に継続適用が求められています。

　したがって、処理方法を変更する場合には、合理的な理由がある場合に限られます。

[4] 貸手をめぐる会計処理ルール

98

【図表61　３つの処理方法】

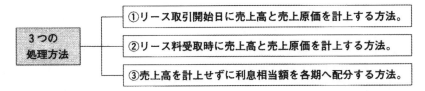

３つの 処理方法	①リース取引開始日に売上高と売上原価を計上する方法。
	②リース料受取時に売上高と売上原価を計上する方法。
	③売上高を計上せずに利息相当額を各期へ配分する方法。

♠３つの処理方法について設例でみると

　Ｘ１年４月１日より、図表62の前提条件のもとにリース取引を行うこととなりました。

　なお、所有権移転条項がなく、割安購入選択権もなく、また特別仕様物件でもないことから、所有権移転外ファイナンス・リース取引と判定されました。

【図表62　リース取引の前提条件】

❶前提条件　①所有権移転条項　　　　　　なし
　　　　　　②割安購入選択権　　　　　　なし
　　　　　　③リース物件は特別仕様ではない。
　　　　　　④（解約不能）リース期間　　５年
　　　　　　⑤貸手の現金購入価額　　　　48,000千円
　　　　　　⑥リース料　　　　　　　　　年額12,000千円（１年毎後払い）
　　　　　　⑦リース物件の経済的耐用年数　８年
　　　　　　⑧リース取引開始日　　　　　Ｘ１年４月１日
　　　　　　⑨リース料総額　　　　　　　60,000千円（＝12,000×５年）

❷利息法で適用される利率（ｒ）

$$\frac{12,000}{(1+r)}+\frac{12,000}{(1+r)^2}+\frac{12,000}{(1+r)^3}+\frac{12,000}{(1+r)^4}+\frac{12,000}{(1+r)^5}=48,000$$

$r = 7.931\%$

❸リース債権回収スケジュール

		期首元本	回収合計	利息分	元本分	期末元本
						48,000
1	Ｘ２年３月31日	48,000	12,000	3,807	8,193	39,807
2	Ｘ３年３月31日	39,807	12,000	3,157	8,843	30,964
3	Ｘ４年３月31日	30,964	12,000	2,456	9,544	21,420
4	Ｘ５年３月31日	21,420	12,000	1,699	10,301	11,119
5	Ｘ６年３月31日	11,119	12,000	881	11,119	0
			60,000	12,000	48,000	

♠リース取引の会計処理は

リース取引（図表62）の会計処理は、図表63のとおりです。

【図表63　リース取引の会計処理】

❶第1法　リース取引開始日に売上高と売上原価を計上する方法

①X1年4月1日（リース取引開始日）

（借）リース投資資産	60,000	（貸）売上高	60,000
（借）売上原価	48,000	（貸）現金・預金	48,000

②X2年3月31日

（借）現金・預金	12,000	（貸）リース投資資産	12,000
（借）繰延リース利益繰入	8,193（※）	（貸）繰延リース利益	8,193

（※）8,193＝3,157＋2,456＋1,699＋881

③X3年3月31日

（借）現金・預金	12,000	（貸）リース投資資産	12,000
（借）繰延リース利益	3,157	（貸）繰延リース利益戻入	3,157

以後、同様の処理を行います。

❷第2法　リース料受取時に売上高と売上原価を計上する方法

①X1年4月1日（リース取引開始日）

（借）リース投資資産	48,000	（貸）現金・預金	48,000

②X2年3月31日

（借）現金・預金	12,000	（貸）売上高	12,000
（借）売上原価	8,193	（貸）リース投資資産	8,193

以後、同様の処理を行います。

❸第3法　売上高を計上せずに利息相当額を各期へ配分する方法

①X1年4月1日（リース取引開始日）

（借）リース投資資産	48,000	（貸）現金・預金	48,000

②X2年3月31日

（借）現金・預金	12,000	（貸）リース投資資産	8,193
		（貸）受取利息	3,807

以後、同様の処理を行います。

♠簡便的処理を採用したときの処理方法は

簡便的処理を採用した場合の処理方法も3つの方法が認められており、具体的な処理方法は、図表64のとおりです。

【図表64　簡便的処理を採用したときの3つの処理方法】

簡便的処理を採用したときの3つの処理方法

①リース取引開始日に売上高と売上原価を計上する方法。

②リース料受取時に売上高と売上原価を計上する方法。

③売上高を計上せずに利息相当額を各期へ配分する方法。

♠簡便法での３つの処理方法についてみると

簡便法での３つの処理方法についてみると、図表 65 のとおりです。

【図表 65　簡便法での３つの処理方法例】

簡便的な方法では、利息相当額をリース期間に定額で配分するため、リース債権回収スケジュールは、次表のとおりとなります。

		期首元本	回収合計	利息分	元本分	期末元本
						48,000
1	X 2 年 3 月31日	48,000	12,000	2,400	9,600	38,400
2	X 3 年 3 月31日	38,400	12,000	2,400	9,600	28,800
3	X 4 年 3 月31日	28,800	12,000	2,400	9,600	19,200
4	X 5 年 3 月31日	19,200	12,000	2,400	9,600	9,600
5	X 6 年 3 月31日	9,600	12,000	2,400	9,600	0
			60,000	12,000	48,000	

各期の利息相当分2,400＝（60,000－48,000）÷5年

❶第１法　リース取引開始日に売上高と売上原価を計上する方法
　①X1年4月1日（リース取引開始日）
　（借）リース投資資産　　　　60,000　　（貸）売上高　　　　　　　　60,000
　（借）売上原価　　　　　　　48,000　　（貸）現金・預金　　　　　　48,000
　②X 2 年 3 月31日
　（借）現金・預金　　　　　　12,000　　（貸）リース投資資産　　　　12,000
　（借）繰延リース利益繰入　9,600（※）（貸）繰延リース利益　　　　 9,600
　　　（※）9,600＝2,400＋2,400＋2,400＋2,400
　③X 3 年 3 月31日
　（借）現金・預金　　　　　　12,000　　（貸）リース投資資　　　　　12,000
　（借）繰延リース利益　　　　 1,200　　（貸）繰延リース利益戻入　　 1,200
　　以後同様の処理を行います。
❷第２法　リース料受取時に売上高と売上原価を計上する方法
　①X 1 年 4 月 1 日（リース取引開始日）
　（借）リース投資資産　　　　48,000　　（貸）現金・預金　　　　　　48,000
　②X 2 年 3 月31日
　（借）現金・預金　　　　　　12,000　　（貸）売上高　　　　　　　　12,000
　（借）売上原価　　　　　　　 9,600　　（貸）リース投資資産　　　　 9,600
　　以後同様の処理を行います。
❸第３法　売上高を計上せずに利息相当額を各期へ配分する方法
　①X 1 年 4 月 1 日（リース取引開始日）
　（借）リース投資資産　　　　48,000　　（貸）現金・預金　　　　　　48,000
　②X 2 年 3 月31日
　（借）現金・預金　　　　　　12,000　　（貸）リース投資資産　　　　 9,600
　　　　　　　　　　　　　　　　　　　　（貸）受取利息　　　　　　　 2,400
　　以後同様の処理を行います。

Q34 セール・アンド・リースバック取引の会計処理は

Answer Point

♧ セール・アンド・リースバック取引とは、借手が所有する国定資産を貸手に売却するとともに、貸手から当該資産のリースを受ける取引のことをいいます。

♧ 経済的耐用年数についてはリースバック時のリース物件の性能、規格、陳腐化の状況等を考慮して見積った経済的使用可能期間を使用します。

♧ 具体的な処理方法は、図表66の3つの方法が認められていますが、所有権移転ファイナンス・リース取引同様に継続適用が求められています。

♠ セール・アンド・リースバック取引というのは

セール・アンド・リースバック取引とは、借手が所有する固定資産を貸手に売却するとともに、貸手から当該資産のリースを受ける取引のことをいいます。

したがって、借手はまず、売買契約による固定資産の所有権移転の対価として売却代金を受領します。しかし、この契約では、売手が借手となり、買手が貸手となりますので、固定資産の移転はありませんので、引き続き資産を使用できます。

そして、直ちにリース契約を行い、リース料を支払っていくこととなります。

♠ 経済的耐用年数は見積った経済的使用可能期間を使用

貸手の会計処理は、通常のリース取引と同じですが、ファイナンス・リース取引であるかどうかの判定では、経済的耐用年数についてはリースバック時のリース物件の性能、規格、陳腐化の状況等を考慮して見積った経済的使用可能期間を使用します。

また、借手の見積現金購入価額については、実際売却価額を使用します。

♠ 会計処理方法は3種類

具体的な会計処理方法は、ファイナンス・リース取引であると判定された場合には、図表66の3つの方法が認められています。

【図表66　3つの処理方法】

```
┌────────┐   ┌─────────────────────────────────────────────┐
│ 3つの  │───┤①リース取引開始日に売上高と売上原価を計上する方法。│
│処理方法│   ├─────────────────────────────────────────────┤
│        │───┤②リース料受取時に売上高と売上原価を計上する方法。  │
│        │   ├─────────────────────────────────────────────┤
│        │───┤③売上高を計上せずに利息相当額を各期へ配分する方法。│
└────────┘   └─────────────────────────────────────────────┘
```

♠3つの会計処理方法について設例でみると

　Ｘ１年４月１日自己所有の固定資産のセール・アンド・リースバック取引を開始しました。

　なお、判定の結果、所有権移転外ファイナンス・リース取引と判定されました。

【図表67　リース取引の前提条件】

❶前提条件

①所有権移転条項	なし
②割安購入選択権	なし
③リース物件は特別仕様ではない。	
④（解約不能）リース期間	5年
⑤売却価額	170,000千円
⑥リース料	年額40,769千円（1年毎前払い）
⑦リースバック時の経済的耐用年数	5年
⑧貸手の計算利子率	10%
⑨リース取引開始日（契約日）	Ｘ１年４月１日
⑩リース料総額	203,845千円
	（＝40,769千円×5年))

❷年間リース料（Y）

$$Y + \frac{Y}{(1+0.1)} + \frac{Y}{(1+0.1)^2} + \frac{Y}{(1+0.1)^3} + \frac{Y}{(1+0.1)^4} = 170,000$$

$$Y = 40,769千円$$

❸リース投資資産回収スケジュール

		期首元本	回収合計	利息分	元本分	期末元本
1	Ｘ１年４月１日	170,000	40,769	0	40,769	129,231
2	Ｘ２年４月１日	129,231	40,769	12,923	27,846	101,385
3	Ｘ３年４月１日	101,385	40,769	10,139	30,630	70,755
4	Ｘ４年４月１日	70,755	40,769	7,076	33,693	37,062
5	Ｘ５年４月１日	37,062	40,769	3,707	37,062	0
			203,845	33,845	170,000	

♠リース取引の会計処理方法は

リース取引（図表67）の会計処理方法は、図表68のとおりです。

【図表68　リース取引の会計処理方法】

❶第1法　リース取引開始日に売上高と売上原価を計上する方法
　①Ｘ1年4月1日（リース取引開始日）
　　（借）リース投資資産　　　203,845　　（貸）売上高　　　　　　　203,845
　　（借）売上原価　　　　　　170,000　　（貸）現金・預金　　　　　170,000
　　（借）現金・預金　　　　　 40,769　　（貸）リース投資資産　　　 40,769
　②Ｘ2年3月31日
　　（借）繰延リース利益繰入　20,922（※）（貸）繰延リース利益　　　 20,922
　　　　（※）20,922＝10,139＋7,076＋3,707
　③Ｘ2年4月1日
　　（借）現金・預金　　　　　 40,769　　（貸）リース投資資産　　　 40,769
　　以後同様の処理を行います。
❷第2法　リース料受取時に売上高と売上原価を計上する方法
　①Ｘ1年4月1日（リース取引開始日）
　　（借）リース投資資産　　　170,000　　（貸）現金・預金　　　　　170,000
　　（借）現金・預金　　　　　 40,769　　（貸）売上高　　　　　　　 40,769
　　（借）売上原価　　　　　　 40,769　　（貸）リース投資資産　　　 40,769
　②Ｘ2年3月31日
　　（借）売掛金　　　　　　　 40,769　　（貸）売上高　　　　　　　 40,769
　　（借）売上原価　　　　　　 27,846　　（貸）リース投資資産　　　 27,846
　③Ｘ2年4月1日
　　（借）現金・預金　　　　　 40,769　　（貸）売掛金　　　　　　　 40,769
　　以後、同様の処理を行います。
❸第3法　売上高を計上せずに利息相当額を各期へ配分する方法
　①Ｘ1年4月1日（リース取引開始日）
　　（借）リース投資資産　　　170,000　　（貸）現金・預金　　　　　170,000
　　（借）現金・預金　　　　　 40,769　　（貸）リース投資資産　　　 40,769
　②Ｘ2年3月31日
　　（借）未収入金　　　　　　 12,923　　（貸）受取利息　　　　　　 12,923
　③Ｘ2年4月1日
　　（借）現金・預金　　　　　 40,769　　（貸）リース投資資産　　　 27,846
　　　　　　　　　　　　　　　　　　　　（貸）未収入金　　　　　　 12,923
　　以後、同様の処理を行います。

♠不動産流動化とセール・アンド・リースバック取引の活用

　不動産流動化は、不動産を第三者に売却し、固定資産となっている不動産を使用可能な資金とすることですが、経営上必要な不動産の場合には、売却後も継続使用する必要があります。

　そこで、セール・アンド・リースバック取引を活用して、経営上必要な不動産の流動化を行うケースがあります。

Q35　リース期間終了時に見積残存価額があるときは

Answer Point

♤リース期間終了により、借手からリース物件の返却を受けた
場合は、貸手は返却を受けたリース物件を見積残存価額で
リース投資資産からその後の保有目的に応じた科目（貯蔵品
や国定資産等）に振り替えます。

♠保有目的に応じた科目に振り替える

　リース期間が満了すると、貸手は借手にリース物件に対して、再リースを
実行するかどうかについての意思を確認します。

　これに対して借手は、リース物件を返却するか、もしくは再リース契約に
より継続して使用するかの決定を行います。

　貸手はこの決定に応じて、リース物件の売却、廃棄、再リースの処理を行
うこととなります。

　再リースとは、当初の契約リース期間満了後にそのリース物件を継続して
使用することをいいます。また、わが国では再リースの契約期間は１年間と
するものが通常でありますし、再リース料については、少額であることが一
般的です。

　リース期間終了により、借手からリース物件の返却を受けた場合は、貸手
は返却を受けたリース物件を見積残存価額でリース投資資産からその後の保
有目的に応じた科目（貯蔵品や固定資産等）に振り替えます。

　また、当該リース物件を処分した場合には、処分価額と帳簿価額との差額
を処分損益として計上します。

♠再リース期間を解約不能期間に含めないときの再リース料の扱いは

　再リース期間を解約不能期間に含めない場合の再リース料は、発生時（再
リース契約確定時）の収益に計上し、リース投資資産から振り替えた固定資
産については、再リース開始時点の見積再リース期間にわたり減価償却計算
を行います。

　この場合の固定資産の取得価額は、リース投資資産から振り替えた金額と
なります。

Q
35

リ
ー
ス
期
間
終
了
時
に
見
積
残
存
価
額
が
あ
る
と
き
は

♠３つの会計処理について計算例でみると

X１年４月１日より、図表 69 のリース取引を行うこととなりました。

なお、判定の結果、所有権移転外ファイナンス・リース取引と判定されました。

ただし、リース期間終了後は再リース契約をせずに当該リース物件の返却を受けるものとします。

【図表 69　リース取引の前提条件】

❶前提条件　①所有権移転条項　　　　　　なし
　　　　　　②割安購入選択権　　　　　　なし
　　　　　　③リース物件は特別仕様ではない。
　　　　　　④（解約不能）リース期間　　５年
　　　　　　⑤貸手の現金購入価額　　　　48,000千円
　　　　　　⑥貸手の見積残存価額　　　　4,000千円
　　　　　　⑦リース料　　　　　　　　　年額12,000千円（１年毎後払い）
　　　　　　⑧リース物件の経済的耐用年数　８年
　　　　　　⑨リース取引開始日　　　　　X１年４月１日
　　　　　　⑩リース料総額　　　　　　　64,000千円
　　　　　　　　　　　　　　　　　　　　　（＝12,000×５年＋4,000）

❷利息法で適用される利率（r）

$$\frac{12,000}{(1+r)}+\frac{12,000}{(1+r)^2}+\frac{12,000}{(1+r)^3}+\frac{12,000}{(1+r)^4}+\frac{16,000}{(1+r)^5}=48,000$$

$$r = 9.979\%$$

❸リース投資資産回収スケジュール

		期首元本	回収合計	利息分	元本分	期末元本
						48,000
1	X２年３月31日	48,000	12,000	4,790	7,210	40,790
2	X３年３月31日	40,790	12,000	4,070	7,930	32,860
3	X４年３月31日	32,860	12,000	3,279	8,721	24,139
4	X５年３月31日	24,139	12,000	2,409	9,591	14,548
5	X６年３月31日	14,548	16,000	1,452	14,548	0
			64,000	16,000	48,000	

♠リース取引の会計処理方法は

リース取引（図表 69）の会計処理方法は、リース取引開始日に売上高と売上原価を計上する方法、リース料受取時に売上高と売上原価を計上する方法等がありますが、その具体的処理は、図表 70 のとおりです。

【図表 70　リース取引の会計処理方法】

❶第1法　リース取引開始日に売上高と売上原価を計上する方法
　①X1年4月1日（リース取引開始日）
　　（借）リース投資資産　　　60,000　　（貸）売上高　　　　　　60,000（※1）
　　（借）売上原価　　　　　　48,000　　（貸）現金・預金　　　　48,000
　　（借）リース投資資産　　　 4,000　　（貸）売上原価　　　　　 4,000（※2）
　　　　　　　　　　　　（※1）売上高はリース料総額
　　　　　　　　　　　　（※2）売上原価は購入価額より見積残存価額を除く
　②X2年3月31日
　　（借）現金・預金　　　　　12,000　　（貸）リース投資資産　　12,000
　　（借）繰延リース利益繰入 11,210（※3）（貸）繰延リース利益　　11,210
　　　　　（※3）11,210＝4,070＋3,279＋2,409＋1,452
　③X3年3月31日
　　（借）現金・預金　　　　　12,000　　（貸）リース投資資産　　12,000
　　（借）繰延リース利益　　　 4,070　　（貸）繰延リース利益戻入　 4,070
　　以後、同様の処理を行います。
　④X6年3月31日（最終リース料の受取りとリース物件の返却）
　　（借）現金・預金　　　　　12,000　　（貸）リース投資資産　　12,000
　　（借）繰延リース利益　　　 1,452　　（貸）繰延リース利益戻入　 1,452
　　（借）貯蔵品　　　　　　　 4,000　　（貸）リース投資資産　　 4,000
　　見積残存価額により貯蔵品（または固定資産等）へ振り替えます。

❷第2法　リース料受取時に売上高と売上原価を計上する方法
　①X1年4月1日（リース取引開始日）
　　（借）リース投資資産　　　48,000　　（貸）現金・預金　　　　48,000
　②X2年3月31日
　　（借）現金・預金　　　　　12,000　　（貸）売上高　　　　　　12,000
　　（借）売上原価　　　　　　 7,210　　（貸）リース投資資産　　 7,210
　　以後同様の処理を行います。
　③X6年3月31日（最終リース料の受取りとリース物件の返却）
　　（借）現金・預金　　　　　12,000　　（貸）売上高　　　　　　12,000
　　（借）売上原価　　　　　　10,548　　（貸）リース投資資産　　10,548
　　（借）貯蔵品　　　　　　　 4,000　　（貸）リース投資資産　　 4,000

❸第3法　売上高を計上せずに利息相当額を各期へ配分する方法
　①X1年4月1日（リース取引開始日）
　　（借）リース投資資産　　　48,000　　（貸）現金・預金　　　　48,000
　②X2年3月31日
　　（借）現金・預金　　　　　12,000　　（貸）リース投資資産　　 7,210
　　　　　　　　　　　　　　　　　　　　（貸）受取利息　　　　　 4,790
　　以後同様の処理を行います。
　③X6年3月31日（最終リース料の受取りとリース物件の返却）
　　（借）現金・預金　　　　　12,000　　（貸）リース投資資産　　10,548
　　　　　　　　　　　　　　　　　　　　（貸）受取利息　　　　　 1,452
　　（借）貯蔵品　　　　　　　 4,000　　（貸）リース投資資産　　 4,000

Q36 中途解約したときの会計処理は

Answer Point

♧リース契約の中途解約に伴い規定損害金を受け取る場合には、中途解約したリース投資資産の残高と規定損害金として受け取る金額の差額が損益となるように処理します。

♠リース投資資産残高と規定損害金との差額が損益となる

リース契約が中途解約され、これに伴い規定損害金を受け取る場合には、中途解約したリース投資資産の残高と規定損害金として受け取る金額の差額が損益となるように処理します。

♠具体的な会計処理方法は2種類

具体的な会計処理方法は、図表71のとおりです。

【図表71 中途解約の会計処理方法】

中途解約の会計処理方法	①第1法（リース取引開始日に売上高と売上原価を計上する方法）または第3法（売上高を計上せずに利息相当額を各期へ配分する方法）を採用している場合。 規定損害金と中途解約時のリース投資資産残高（中途解約時点での見積残存価額控除後）との差額を収益として計上します。
	②第2法（リース料受取時に売上高と売上原価を計上する方法）を採用している場合。 規定損害金については、売上高として処理し、中途解約時のリース投資資産残高（中途解約時点での見積残存価額控除後）を売上原価として計上します。

なお、図表71の①②において、所有権移転ファイナンス・リース取引の場合には、リース投資資産をリース債権に読み替えます。

♠会計処理例でみてみると

X1年4月1日より、図表72のリース取引を行いましたが、X4年3月31日をもって中途解約となりました。

なお、判定の結果、所有権移転外ファイナンス・リース取引と判定されま

した。

【図表 72 　中途解約の会計処理の前提条件】

❶前提条件　①所有権移転条項　　　　　　　　なし
　　　　　　②割安購入選択権　　　　　　　　なし
　　　　　　③リース物件は特別仕様ではない。
　　　　　　④（解約不能）リース期間　　　　５年
　　　　　　⑤貸手の現金購入価額　　　　　　48,000千円
　　　　　　⑥リース料　　　　　　　　　　　年額12,000千円（１年毎後払い）
　　　　　　⑦リース物件の経済的耐用年数　　８年
　　　　　　⑧規定損害金　　　　　　　　　　23,000千円
　　　　　　　（Ｘ４年３月31日中途解約）
　　　　　　⑨リース取引開始日　　　　　　　Ｘ１年４月１日
　　　　　　⑩リース料総額　　　　　　　　　60,000千円（＝12,000×５年）

❷利息法で適用される利率（ｒ）

$$\frac{12,000}{(1+r)}+\frac{12,000}{(1+r)^2}+\frac{12,000}{(1+r)^3}+\frac{12,000}{(1+r)^4}+\frac{12,000}{(1+r)^5}=48,000$$

$r = 7.931\%$

❸リース投資資産回収スケジュール

		期首元本	回収合計	利息分	元本分	期末元本
						48,000
1	Ｘ２年３月31日	48,000	12,000	3,807	8,193	39,807
2	Ｘ３年３月31日	39,807	12,000	3,157	8,843	30,964
3	Ｘ４年３月31日	30,964	12,000	2,456	9,544	21,420
4	Ｘ５年３月31日	21,420	12,000	1,699	10,301	11,119
5	Ｘ６年３月31日	11,119	12,000	881	11,119	0
			60,000	12,000	48,000	

♠中途解約の会計処理方法は

　中途解約（図表72）の会計処理方法は、図表73のとおりです。

【図表 73 　中途解約の会計処理方法】

❶第１法　リース取引開始日に売上高と売上原価を計上する方法
　①Ｘ４年３月31日（リース料受取り）
　　（借）現金・預金　　　　12,000　　（貸）リース投資資産　　　　12,000
　　（借）繰延リース利益　　 2,456　　（貸）繰延リース利益　　　　 2,456
　②Ｘ４年３月31日（規定損害金の受取り）
　　（借）現金・預金　　　　23,000　　（貸）リース投資資産　　24,000（※１）

（借）繰延リース利益	2,580（※2）	（貸）リース解約益		1,580

（※1）24,000＝12,000×2回

（※2）2,580＝1,699＋881

❷第2法　リース料受取時に売上高と売上原価を計上する方法

　①Ｘ4年3月31日（リース料受取り）

（借）現金・預金	12,000	（貸）売上高		12,000
（借）売上原価	9,544	（貸）リース投資資産		9,544

　②Ｘ4年3月31日（規定損害金の受取り）

（借）現金・預金	23,000	（貸）売上高		23,000
（借）売上原価	21,420	（貸）リース投資資産		21,420

❸第3法　売上高を計上せずに利息相当額を各期へ配分する方法

　①Ｘ4年3月31日（リース料受取り）

（借）現金・預金	12,000	（貸）リース投資資産		9,544
		（貸）受取利息		2,456

　②Ｘ4年3月31日（規定損害金の受取り）

（借）現金・預金	23,000	（貸）リース投資資産		21,420
		（貸）リース解約益		1,580

♠リース期間中の中途解約は原則禁止

　リース契約の特徴として、リース期間中の借手からの一方的な解約禁止があります。

　借手からの中途解約を認めていない理由として、リース取引が金融的な性質をもっていることがあげられます。

　リース取引は、借手の要望に応じて、様々な種類・物件を貸手が購入し、原則として特定の借手を対象として行われます。その中には、自動車のように汎用性の高いものもありますが、借手の注文により特別仕様となっている機械等のように汎用性の低いものも扱っています。

　中途解約による中古物件の転売は、自動車等のように中古市場が充実しているものを除き大変困難であり、借手からの一方的な解約は物件の返却を受けたとしても、貸手はその物件購入に要した資金や利益を回収することができなくなるリスクを負うこととなります。

　そこで、貸手は特定の借手が選択した物件を借手に代わって購入し、賃貸しているという実態（リース取引の金融的性質）のもとに借手から、その購入資金と利益を確保するために、リース期間中の中途解約を原則禁止しています。

　したがって、借手からの中途解約では、残存リース期間に基づくリース料相当額を規定損害金として借手に請求することとなります。

Q37 借手や第三者による残価保証があるときの会計処理は

Answer Point

♤会計処理上では、リース契約において残価保証がある場合には、残価保証額をリース料総額に含めることとなります。

♠残価保証はリース終了後の処分価額を保証

残価保証とは、リース契約でリース期間終了時にリース物件の処分価額が契約によって決定された金額に満たない場合、借手（または第三者）がその不足額を貸手に保証することをいいます。

したがって、残価保証があり、リース期間終了時点で不足額が発生した場合には、当該金額の債権が発生することとなります。

♠残価保証額はリース料総額に含める

会計処理を行うための計算では、リース契約において残価保証がある場合には、残価保証額を通常のリース料に加算した金額をもってリース料総額とすることとなります。

♠会計処理例でみてみると

Ｘ１年４月１日より、図表74のリース取引を行うこととなりました。

なお、判定の結果、所有権移転外ファイナンス・リース取引と判定されました。

【図表74　残価保証があるときの会計処理の前提条件】

❶前提条件	①所有権移転条項	なし
	②割安購入選択権	なし
	③リース物件は特別仕様ではない。	
	④（解約不能）リース期間	5年
	⑤貸手の現金購入価額	53,000千円
	⑥借手の残価保証額	5,000千円
	（リース終了時に2,000千円で処分された）	
	⑦リース料	年額12,000千円（1年毎前払い）
	⑧リース物件の経済的耐用年数	6年

⑨リース取引開始日　　　　　　　　Ｘ１年４月１日
　　　⑩リース料総額　　　　　　　　　　65,000千円
　　　　　　　　　　　　　　　　　　（＝12,000×５年＋5,000）

❷利息法で適用される利率（ｒ）

$$12,000+\frac{12,000}{(1+r)}+\frac{12,000}{(1+r)^2}+\frac{12,000}{(1+r)^3}+\frac{12,000}{(1+r)^4}+\frac{5,000}{(1+r)^5}=53,000$$

$$r = 10.149\%$$

❸リース投資資産回収スケジュール

		期首元本	回収合計	利息分	元本分	期末元本
						53,000
1	Ｘ１年４月１日	53,000	12,000		12,000	41,000
2	Ｘ２年４月１日	41,000	12,000	4,161	7,839	33,161
3	Ｘ３年４月１日	33,161	12,000	3,365	8,635	24,526
4	Ｘ４年４月１日	24,526	12,000	2,489	9,511	15,015
5	Ｘ５年４月１日	15,015	12,000	1,524	10,476	4,539
6	Ｘ６年３月31日	4,539	5,000	461	4,539	0
			65,000	12,000	53,000	

♠残価保証があるときの会計処理は

　図表74の残価保証があるときの会計処理は、図表75のとおりです。

【図表75　残価保証があるときの会計処理】

❶第１法　リース取引開始日に売上高と売上原価を計上する方法
　①Ｘ１年４月１日（リース取引開始日）
　　（借）リース投資資産　　　　　65,000　　（貸）売上高　　　　　　　　　65,000
　　（借）売上原価　　　　　　　　53,000　　（貸）現金・預金　　　　　　　53,000
　　（借）現金・預金　　　　　　　12,000　　（貸）リース投資資産　　　　　12,000
　②Ｘ２年３月31日
　　（借）売掛金　　　　　　　　　12,000　　（貸）リース投資資産　　　　　12,000
　　（借）繰延リース利益繰入　7,839（※１）（貸）繰延リース利益　　　　　 7,839
　　　（※１）7,839＝3,365＋2,489＋1,524＋461
　③Ｘ３年３月31日
　　（借）売掛金　　　　　　　　　12,000　　（貸）リース投資資産　　　　　12,000
　　（借）繰延リース利益　　　　　 3,365　　（貸）繰延リース利益戻入　　　 3,365
　　以後同様の処理を行います。

　④Ｘ６年３月31日（リース期間終了）

（借）貯蔵品　　　　　　　　5,000　（貸）リース投資資産　　　5,000
（借）繰延リース利益　　　　　461　（貸）繰延リース利益戻入　　461
⑤X6年3月31日（リース物件処分額確定）
（借）売掛金　　　　3,000（※2）（貸）貯蔵品　　　　　　　5,000
（借）売掛金　　　　2,000（※3）
　　　（※2）貸手（または第三者）に対する残価保証差額
　　　（※3）リース物件売却先に対する債権
❷第2法　リース料受取時に売上高と売上原価を計上する方法
①X1年4月1日（リース取引開始日）
（借）リース投資資産　　　53,000　（貸）現金・預金　　　　　53,000
（借）現金・預金　　　　　12,000　（貸）売上高　　　　　　　12,000
（借）売上原価　　　　　　12,000　（貸）リース投資資産　　　12,000
②X2年3月31日
（借）売掛金　　　　　　　12,000　（貸）売上高　　　　　　　12,000
（借）売上原価　　　　　　 7,839　（貸）リース投資資産　　　 7,839
以後同様の処理を行います。

③X6年3月31日（リース期間終了）
（借）貯蔵品　　　　　　　 5,000　（貸）売上高　　　　　　　 5,000
（借）売上原価　　　　　　 4,539　（貸）リース投資資産　　　 4,539
④X6年3月31日（リース物件処分額確定）
（借）売掛金　　　　3,000（※1）（貸）貯蔵品　　　　　　　5,000
（借）売掛金　　　　2,000（※2）
　　　（※1）貸手（または第三者）に対する残価保証差額
　　　（※2）リース物件売却先に対する債権
❸第3法　売上高を計上せずに利息相当額を各期へ配分する方法
①X1年4月1日（リース取引開始日）
（借）リース投資資産　　　53,000　（貸）現金・預金　　　　　53,000
（借）現金・預金　　　　　12,000　（貸）リース投資資産　　　12,000
②X2年3月31日
（借）売掛金　　　　　　　12,000　（貸）リース投資資産　　　 7,839
　　　　　　　　　　　　　　　　　（貸）受取利息　　　　　　 4,161
以後同様の処理を行います。

③X6年3月31日（リース期間終了）
（借）貯蔵品　　　　　　　 5,000　（貸）リース投資資産　　　 4,539
　　　　　　　　　　　　　　　　　（貸）受取利息　　　　　　　461
④X6年3月31日（リース物件処分額確定）
（借）売掛金　　　　3,000（※1）（貸）貯蔵品　　　　　　　5,000
（借）売掛金　　　　2,000（※2）
　　　（※1）貸手（または第三者）に対する残価保証差額
　　　（※2）リース物件売却先に対する債権

Q38 維持管理費用相当額の会計処理は

*A*nswer Point

♤維持管理費用相当額とは、通常リース料に含まれており、リース物件の維持管理にかかる固定資産税、保険料その他の諸費用のことをいいます。

♤会計処理方法としては、原則はリース料総額から控除して、収益として計上する方法と貸手の固定資産税や保険料等の実際支払額から控除する方法があります。

♠原則はリース料総額から維持管理費用相当額を控除

維持管理費用相当額とは、通常リース料に含まれており、リース物件の維持管理にかかる国定資産税、保険料その他の諸費用のことをいいます。

処理方法としては、原則はリース料総額から控除して、収益として計上する方法と貸手の固定資産税や保険料等の実際支払額から控除する方法があります。

♠維持管理費用相当額の控除科目は

維持管理費用相当額を実際支払額の控除として計上する方法を採用する場合には、固定資産税（租税公課）や保険料（支払保険料）等の実際支払額の控除額として処理します。

ただし、ここでは売上原価から控除することとしています。

♠重要性が乏しい場合はリース料総額に含めることも可能

ただし、維持管理費用相当額がリース料に占める割合に重要性が乏しい場合には、リース料総額から控除しないことも認められます。

♠通常の保守等の役務提供相当額の処理は維持管理費用相当額に準ずる

通常の保守等の役務提供相当額が、リース料総額または受取リース料に含まれる場合、維持管理費用相当額に準じて会計処理を行います。

リース料総額または受取リース料と区分して会計処理する場合、通常の保守等の役務提供相当額部分は、収益として計上します。

ただし、維持管理費用相当額同様に重要性が乏しい場合には、リース料総額から控除しないことも認められます。

　なお、通常の保守とは、自動車やコピー機などにかかるメンテナンスのことをいいます。

♠維持管理費用相当額の会計処理についてみると

　X1年4月1日より、図表76のリース取引を行うこととなりました。

　なお、判定の結果、所有権移転外ファイナンス・リース取引と判定されました。

　処理方法として、リース料受取時に売上高と売上原価を計上する第2法を採用しています。

【図表76　維持管理費用相当額の会計処理の前提条件】

❶前提条件
①所有権移転条項	なし	
②割安購入選択権	なし	
③リース物件は特別仕様ではない。		
④（解約不能）リース期間	5年	
⑤貸手の現金購入価額	48,000千円	
⑥リース料	年額12,000千円（1年毎後払い）	
⑦維持管理費用相当額	6,000千円	
⑧リース物件の経済的耐用年数	8年	
⑨借手の減価償却方法	定額法	
⑩借手の追加借入利子率	8%	
⑪リース取引開始日	X1年4月1日	
⑫リース料総額	66,000千円	
	（＝12,000×5年＋6,000）	

❷利息法で適用される利率（r）

$$\frac{13,200-1,200}{(1+r)}+\frac{13,200-1,200}{(1+r)^2}+\frac{13,200-1,200}{(1+r)^3}+\frac{13,200-1,200}{(1+r)^4}+\frac{13,200-1,200}{(1+r)^5}$$
$$= 48,000$$
$$r = 7.931\%$$

❸リース投資資産回収スケジュール

		期首元本	回収合計	維持管理費	利息分	元本分	期末元本
							48,000
1	X2年3月31日	48,000	13,200	1,200	3,807	8,193	39,807
2	X3年3月31日	39,807	13,200	1,200	3,157	8,843	30,964
3	X4年3月31日	30,964	13,200	1,200	2,456	9,544	21,420
4	X5年3月31日	21,420	13,200	1,200	1,699	10,301	11,119
5	X6年3月31日	11,119	13,200	1,200	881	11,119	0
			66,000	6,000	12,000	48,000	

Q
38
維持管理費用相当額の会計処理は

♠維持管理費用相当額の会計処理方法は

図表76の維持管理費用相当額の会計処理方法は、図表77のとおりです。

【図表77　維持管理費用相当額の会計処理方法】

```
第2法　リース料受取時に売上高と売上原価を計上する方法
❶維持管理費用相当額を収益として計上する方法
　①X1年4月1日（リース取引開始日）
　　（借）リース投資資産　　　48,000　　（貸）現金・預金　　　　　48,000
　②X2年3月31日
　　（借）現金・預金　　　　　13,200　　（貸）売上高　　　　　　　12,000
　　　　　　　　　　　　　　　　　　　　（貸）売上高　　　　　1,200（※）
　　（借）売上原価　　　　　　 8,193　　（貸）リース投資資産　　　 8,193
　　　　　　　　　　　　　　　　　　　　　　（※）維持管理費用相当額分

　③×3年3月31日
　　（借）現金・預金　　　　　13,200　　（貸）売上高　　　　　　　12,000
　　　　　　　　　　　　　　　　　　　　（貸）売上高　　　　　1,200（※）
　　（借）売上原価　　　　　　 8,843　　（貸）リース投資資産　　　 8,843
　　　　　　　　　　　　　　　　　　　　　　（※）維持管理費用相当額分

　　以後同様の処理を行います。


❷維持管理費用相当額を実際支払額の控除として計上する方法
　①X1年4月1日（リース取引開始日）
　　（借）リース投資資産　　　48,000　　（貸）現金・預金　　　　　48,000
　②X2年3月31日
　　（借）現金・預金　　　　　13,200　　（貸）売上高　　　　　　　12,000
　　　　　　　　　　　　　　　　　　　　（貸）売上原価　　　　1,200（※）
　　（借）売上原価　　　　　　 8,193　　（貸）リース投資資産　　　 8,193
　　　　　　　　　　　　　　　　　　　　　　（※）維持管理費用相当額分

　③×3年3月31日
　　（借）現金・預金　　　　　13,200　　（貸）売上高　　　　　　　12,000
　　　　　　　　　　　　　　　　　　　　（貸）売上原価　　　　1,200（※）
　　（借）売上原価　　　　　　 8,843　　（貸）リース投資資産　　　 8,843
　　　　　　　　　　　　　　　　　　　　　　（※）維持管理費用相当額分

　　以後同様の処理を行います。
```

♠維持管理費用相当額を収益としても控除としても利益は同じ

維持管理費用相当額を収益として計上する方法による場合と、実際支払額の控除とする場合も、利益額としては影響ありません。

図表77の例でいえば、毎年の維持管理費用相当額1,200千円分の売上が増加するか、売上原価が減少するかの違いとなります。

しかし、売上高利益率を考えた場合には、影響を受けることとなります。

Q39 貸手の製作価額（購入価額）と借手への販売価額に差があるときは

Answer Point

♤差額は、原則として販売益として処理し、販売基準や割賦基準により処理することとなります。

♠原則は差額を販売益として認識する

製品または商品を販売することを主たる事業としている企業が、同時に貸手として同一製品（商品）をリース取引の対象としている場合、貸手における製作価額（現金購入価額）と借手に対する現金販売価額に差が生じます。

つまり、通常のリース取引は、外部から購入した価額に利息相当額のみを含めた金額をリース料総額としますが、売買を行っている企業では、その製品（商品）を外部に提供する段階で、すでに販売益が計上されており、リース物件とする場合には、その上に利息相当額を加算した金額がリース料総額となります。

したがって、この差額をリース物件の販売益として扱うか、リース取引の利息相当額に含めてリース期間に配分するかが問題となります。

♠原則とされる処理方法は2種類

貸手の製作価額（現金購入価額）と借手に対する現金販売価額の差額は、原則は販売益として処理し、販売基準や割賦基準により処理することとなります（図表78）。

しかし、販売益がリース料に占める割合に重要性が乏しい場合には、販売益を利息相当額に含めて処理することが認められています。

また、当該差額を販売益として割賦基準により処理する場合には、結果的には販売益がリース期間に配分されてしまい、利息相当額に含める場合と利益額に大きな差は生じないため、利息相当額に含めて処理することができます。

なお、販売基準とは、販売した時点をもって売上を計上する基準をいい、割賦基準とは、販売代金の回収や回収期限の到来をもって売上等の収益を計上する基準です。

【図表 78　会計処理方法】

	処理の方法	利益計上期間
原則	販売基準	販売時に一括計上
	割賦基準	リース期間に配分
例外	利息相当額に含める	

♠会計処理例でみてみると

X 1 年 4 月 1 日より、図表 79 のリース取引を行うこととなりました。

なお、判定の結果、所有権移転外ファイナンス・リース取引と判定されました。

処理方法として、リース料受取時に売上高と売上原価を計上する第 2 法を採用しています。

【図表 79　会計処理例】

❶前提条件　①所有権移転条項　　　　　　なし
　　　　　　②割安購入選択権　　　　　　なし
　　　　　　③リース物件は特別仕様ではない。
　　　　　　④（解約不能）リース期間　　5 年
　　　　　　⑤貸手の現金購入価額　　　　46,800千円
　　　　　　⑥借手に対する現金販売価額　48,000千円
　　　　　　⑦リース料　　　　　　　　　年額12,000千円（1 年毎後払い）
　　　　　　⑧リース物件の経済的耐用年数　8 年
　　　　　　⑨リース取引開始日　　　　　X 1 年 4 月 1 日
　　　　　　⑩リース料総額　　　　　　　60,000千円（＝12,000×5 年）

❷利息法で適用される利率（ r ）

$$\frac{12,000}{(1+r)}+\frac{12,000}{(1+r)^2}+\frac{12,000}{(1+r)^3}+\frac{12,000}{(1+r)^4}+\frac{12,000}{(1+r)^5}=48,000$$

r = 7.931%

❸リース投資資産回収スケジュール

		期首元本	回収合計	利息分	元本分	期末元本
						48,000
1	X 2 年 3 月31日	48,000	12,000	3,807	8,193	39,807
2	X 3 年 3 月31日	39,807	12,000	3,157	8,843	30,964
3	X 4 年 3 月31日	30,964	12,000	2,456	9,544	21,420
4	X 5 年 3 月31日	21,420	12,000	1,699	10,301	11,119
5	X 6 年 3 月31日	11,119	12,000	881	11,119	0
			60,000	12,000	48,000	

♠リース取引の会計処理方法は

図表79のリース取引の会計処理方法は、図表80のとおりです。

【図表80　貸手の製作価額を借手への販売価額に差があるときの会計処理法】

```
第2法　リース料受取時に売上高と売上原価を計上する方法
❶販売益を販売基準で計上する場合
　①X1年4月1日（リース取引開始日）
　　（借）リース投資資産　　48,000　　（貸）現金・預金　　　　46,800
　　　　　　　　　　　　　　　　　　　　　　　販売益　　　　　 1,200（※）
　②X2年3月31日　　　　　　　　　　　　 （※）1,200＝48,000－46,800
　　（借）現金・預金　　　　12,000　　（貸）売上高　　　　　　12,000
　　（借）売上原価　　　　　 8,193　　（貸）リース投資資産　　 8,193
　③X3年3月31日
　　（借）現金・預金　　　　12,000　　（貸）売上高　　　　　　12,000
　　（借）売上原価　　　　　 8,843　　（貸）リース投資資産　　 8,843
　以後、同様の処理を行います。


❷販売益を割賦基準で計上する場合
　①X1年4月1日（リース取引開始日）
　　（借）リース投資資産　　48,000　　（貸）現金・預金　　　　46,800
　　　　　　　　　　　　　　　　　　　　　　　繰延販売利益　　 1,200（※）
　②X2年3月31日　　　　　　　　　　　　 （※）1,200＝48,000－46,800
　　（借）現金・預金　　　　12,000　　（貸）売上高　　　　　　12,000
　　（借）売上原価　　　　　 8,193　　（貸）リース投資資産　　 8,193
　　（借）繰延販売利益　　　　 240　　（貸）販売益　　　　　　　240（※）
　③X3年3月31日　　　　　　　　　　　　　　（※）240＝1,200÷5年
　　（借）現金・預金　　　　12,000　　（貸）売上高　　　　　　12,000
　　（借）売上原価　　　　　 8,843　　（貸）リース投資資産　　 8,843
　　（借）繰延販売利益　　　　 240　　（貸）販売益　　　　　　　240
　以後、同様の処理を行います。
```

♠販売益に重要性が乏しい場合や販売益を割賦基準で処理しているときの簡
便的な処理は

　販売益に重要性が乏しい場合や販売益を割賦基準で処理しているときは、
借手に対する現金販売価額を考慮せず、貸手の製作価額（購入価額）と借手
への販売価額との差額（販売益）も利息相当額に含めることが認められてい
ます。

　この場合の具体的な処理方法の具体例は、図表81のとおりです。

【図表81　簡便的な会計処理例】

❶前提条件図表93と同じ。

❷利息法で適用される利率（r）

$$\frac{12,000}{(1+r)}+\frac{12,000}{(1+r)^2}+\frac{12,000}{(1+r)^3}+\frac{12,000}{(1+r)^4}+\frac{12,000}{(1+r)^5} = 46,800$$

r = 8.898%

❸リース投資資産回収スケジュール

		期首元本	回収合計	利息分	元本分	期末元本
						46,800
1	X2年3月31日	46,800	12,000	4,164	7,836	38,964
2	X3年3月31日	38,964	12,000	3,467	8,533	30,431
3	X4年3月31日	30,431	12,000	2,708	9,292	21,139
4	X5年3月31日	21,139	12,000	1,881	10,119	11,020
5	X6年3月31日	11,020	12,000	980	11,020	0
			60,000	13,200	46,800	

❹　第2法　リース料受取時に売上高と売上原価を計上する方法

①X1年4月1日（リース取引開始日）

（借）リース投資資産　　46,800　　（貸）現金・預金　　　　　46,800

②X2年3月31日

（借）現金・預金　　　　12,000　　（貸）売上高　　　　　　　12,000

（借）売上原価　　　　　7,836　　（貸）リース投資資産　　　7,836

③X3年3月31日

（借）現金・預金　　　　12,000　　（貸）売上高　　　　　　　12,000

（借）売上原価　　　　　8,533　　（貸）リース投資資産　　　8,533

以後、同様の処理を行います。

♠販売益に重要性が乏しい場合というのは

　リース適用指針には、ファイナンス・リース取引における重要性の判断基準は定められています。

　しかし、リース適用指針には、当該差額がリース料に占める割合に重要性が乏しい場合は、上記の処理（販売益として扱う処理）によらず、販売益を利益相当額に含めて処理することができるとのみ記されており、販売益に重要性が乏しい場合の重要性の判断基準については、現在のところ示されていません。

　したがって、当該重要性の判断では、個々に会社の規模や業務内容、収益状況等その他の状況を勘案して、決定することになると思われます。

Q40 重要性が乏しいときの貸手側の取扱いは

Answer Point

♤リース取引を主たる事業としている企業は、簡便的な処理は
適用できません。

♤リース取引に重要性が乏しいと認められる場合には、簡便的
な処理が認められます。

♤リース取引に重要性が乏しいと認められる場合には、注記を省略すること
ができます。

♠リース業が主たる事業のときは

リース取引を主たる事業としている企業は、以下の簡便的な取扱いはでき
ません。その他の企業にのみ認められています。

♠所有権移転ファイナンス・リース取引のときは

リース取引に重要性が乏しいと認められる場合には、注記を省略すること
ができます。ただし、所有権移転外ファイナンス・リース取引では、認めら
れる利息相当額のリース期間各期への定額配分は認められません。

♠重要性の判断基準は10%

リース資産に重要性が乏しいと認められる場合とは、未経過リース料およ
び見積残存価額の合計額（ただし、利息相当額を利息法により各期に配分し
ているリース資産にかかるものを除きます）の期末残高が当該期末残高・営
業債権の期末残高の合計額に占める割合が10%未満の場合をいいます。

$$\frac{\text{未経過リース料および見積残存価額の合計額の期末残高}}{\text{未経過リース料および見積残存価額の合計額の期末残高＋営業債権の期末残高}} < 10\%$$

♠所有権移転外ファイナンス・リース取引のときは

貸手としてのリース取引に重要性が乏しいと認められる場合には、利息相
当額の総額をリース期間中の各期に定額で配分することができます。また、
注記を省略することができます。

♠ 重要性の判断基準は 10%

重要性が乏しいと認められる場合とは、未経過リース料および見積残存価額の合計額（ただし、利息相当額を利息法により各期に配分しているリース資産にかかるものを除きます）の期末残高が当該期末残高及び営業債権の期末残高の合計額に占める割合が 10% 未満の場合をいいます。

$$\frac{未経過リース料および見積残存価額の合計額の期末残高}{未経過リース料および見積残存価額の合計額の期末残高＋営業債権の期末残高} < 10\%$$

♠ 少額リース資産や短期契約のリース資産の基準はない

借手は、契約 1 件あたりのリース料総額 300 万円以下やリース期間が 1 年以内の所有権移転外ファイナンス・リース取引の場合には、オペレーティング・リース取引の会計処理に準ずることが認められています。しかし、貸手にはこのような規定はありません。

借手の場合は、事務処理の煩雑性から簡便的な処理が認められて、貸手の場合は、契約や会計のシステムが整備されていると予想されるため、事務処理の煩雑性は問題にならないことから認められていないと思われます。

♠ オペレーティング・リース取引の重要性の判断基準は

重要性が乏しい場合とは、図表 82 のいずれかに該当する場合をいいます。

【図表 82　オペレーティング・リース取引の重要性の判断基準】

オペレーティング・リース取引の重要性の判断基準

①個々のリース物件のリース料総額が、会社の費用化基準以内のリース取引。

②リース取引開始日からのリース期間が1年以内のリース取引。

③契約上数か月程度の事前予告をもって解約できるものと定められているリース契約で、その予告した解約日以上のリース料の支払いを要しないリース取引における事前解約予告期間（すなわち、解約不能期間）にかかる部分のリース料。

④企業の事業内容に照らして重要性の乏しいリース取引でリース契約1件あたりのリース料総額（維持管理費用相当額または通常の保守等の役務提供相当額のリース料総額に占める割合が重要な場合は、その合理的見積額を除くことができます）が300万円以下のリース取引（1つのリース契約に科目の異なる有形固定資産または無形固定資産が含まれている場合は、異なる科目ごとに、その合計金額により判断することができます）。

Q41 貸手側のリース取引の開示は

Answer Point

♤貸手側の財務諸表に記載するリース関連項目をまとめます。
♤注記が必要な項目と省略が認められる項目を整理しましょう。

♠金融商品取引法で求められる開示は

　まず、所有権移転外ファイナンス・リース取引については、売買処理と賃貸借処理のどちらによっているかについて、図表83のように注記します。

【図表83　リース取引の処理方法の注記例】

> 例）リース取引の処理方法
> 　リース物件の所有権が借主に移転すると認められるもの以外のファイナンス・リース取引については、通常の賃貸借処理にかかる方法に準じた会計処理によっている。

　また、所有権移転外ファイナンス・リース取引について賃貸借処理を採った場合、リース資産は貸手が計上しますので、リース資産の減価償却方法についても、図表84のように注記しておく必要があります。

　原則として、リース期間満了時の処分見積価額が残存価額となるリース期間定額法を取りますが、例外的に定率法や級数法によることもあります。

【図表84　固定資産の減価償却の方法の注記例】

> 例）固定資産の減価償却の方法
> 　リース期間を耐用年数として、リース期間満了時の処分見積価額を残存価額とする定額法（リース期間定額法）によっている。

　なお、借手の信用リスク悪化を原因にリース契約を解約する場合に生じるリース資産処分損失に備えたり、リース期間満了時に実現が見込まれる処分価額が当初の見積額を下回ると判明したときに計上するリース資産処分損失引当金を減価償却費として計上することもあります。

　その場合は、図表84に加え、「そのほか、リース契約の解約等によるリース資産の処分損失見込額を減価償却費として計上している」という記載も必要です。

引取金として計上した場合、リース資産処分損失見込額の計上方法についても、図表85のように注記しなくてはなりません。

【図表85　引当金の計上方法の注記例】

```
例）引当金の計上方法
　　○リース資産処分損引当金
　　　リース契約の解約等によるリース資産の処分損失に備えて、リース資産の処
　　分損失見込額を計上している。
```

♠所有権移転外ファイナンス・リース取引に関しての注記例

所有権移転外ファイナンス・リース取引に関しての注記例は、図表86のとおりです。

【図表86　所有権移転外ファイナンス・リース取引に関しての注記例】

（単位：百万円）

（貸主側）

1．リース物件の取得価額相当額、減価償却累計額相当額及び期末残高相当額

	取得価額	減価償却累計額	期末残高
什器備品	290	175	115
車両運搬具	580	350	230
合　計	870	525	345

2．未経過リース料期末残高相当額

```
　　1年内　　　　　210
　　1年超　　　　　495
　　合　計　　　　　705
```

なお、未経過リース料期末残高相当額は、未経過リース料期末残高及び見積残存価額の残高の合計額が営業債権の期末残高等に占める割合が低いため、受取利息込法により算定している。

3．受取リース料、減価償却費相当額

```
　　受取リース料　　　　　225
　　減価償却費相当額　　　180
　　受取利息相当額　　　　 29
```

♠会社法で求められる開示

注記の内容は、金融商品取引法と同じです。

貸借対照表と損益計算書への注記には、通常図表87の項目の記載を行います。

④　貸手をめぐる会計処理ルール

【図表87　貸借対照表と損益計算書への注記事項】

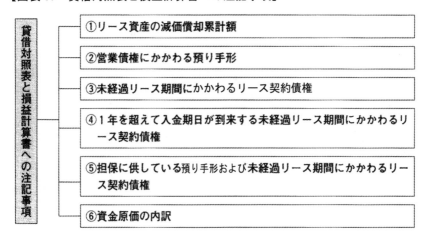

貸借対照表と損益計算書への注記事項

- ①リース資産の減価償却累計額
- ②営業債権にかかわる預り手形
- ③未経過リース期間にかかわるリース契約債権
- ④1年を超えて入金期日が到来する未経過リース期間にかかわるリース契約債権
- ⑤担保に供している預り手形および未経過リース期間にかかわるリース契約債権
- ⑥資金原価の内訳

♠ファイナンス・リース取引の開示は

　所有権移転ファイナンス・リース取引についてのリース資産、そして所有権移転外ファイナンス・リース取引におけるリース資産は、主たる営業取引によって発生した場合は、流動資産に表示します。

　主たる営業取引以外によって発生した場合は、1年基準により流動資産、固定資産に分けて表示します。

　貸手がファイナンス・リース取引によるリース取引を行ったと判定された場合は、重要な会計方針で売上高および売上原価にかかる会計処理の方法を注記しなくてはなりません。

【図表88　売上高・売上原価にかかる会計処理方法の注記】

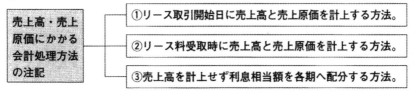

売上高・売上原価にかかる会計処理方法の注記

- ①リース取引開始日に売上高と売上原価を計上する方法。
- ②リース料受取時に売上高と売上原価を計上する方法。
- ③売上高を計上せず利息相当額を各期へ配分する方法。

　また、リース投資資産について、将来のリース料を受ける権利と見積残存価額について、そして受取利息相当額を図表89のように注記します。

【図表89　リース投資資産の注記例】

例）リース投資資産の内訳
リース料債権部分	××百万円	受取利息相当額	△××百万円
見積残存価額部分	××百万円	リース投資資産	××百万円

なお、リース債権またはリース投資資産にかかるリース料債権部分については、貸借対照表日後5年以内における1年ごとの回収予定額および5年超の回収予定額を注記しなくてはなりません。

♠オペレーティング・リース取引の開示は

　中途解約ができないオペレーティング・リースについては、借手側の注記の場合と同じく、会計基準改正前の文言と同様に行います。

　すなわち、1年内のリース期間にかかる未経過リース料および1年超のリース期間にかかる未経過リース料について注記が必要とされます。

♠貸手特有の勘定科目の開示における取扱いは

　社団法人リース事業協会による「リース会社の標準財務諸表とその主要な会計処理」（1983年（昭和58年）11月24日改訂）の中の「3、標準財務諸表の主要な項目とその会計処理」に、貸手に特有の勘定科目や会計処理について、図表90の順に記載されています。

【図表90　標準財務諸表の主要な項目】

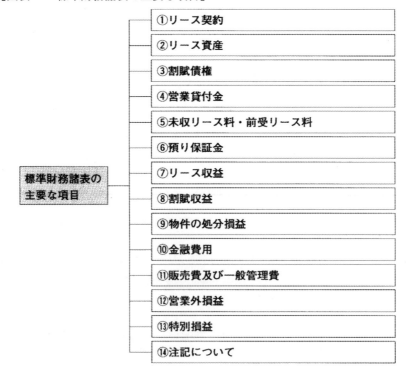

標準財務諸表の主要な項目
- ①リース契約
- ②リース資産
- ③割賦債権
- ④営業貸付金
- ⑤未収リース料・前受リース料
- ⑥預り保証金
- ⑦リース収益
- ⑧割賦収益
- ⑨物件の処分損益
- ⑩金融費用
- ⑪販売費及び一般管理費
- ⑫営業外損益
- ⑬特別損益
- ⑭注記について

Q42 ソフトウエアのリース取引の取扱いは

Answer Point

♤ソフトウエアのリース取引とは、「ソフトウエア使用権設定
　契約」に基づいて使用権を購入し、そのソフトウエア使用権
　をリース契約に基づき、ユーザーに再許諾する賃貸借取引の
　ことをいいます。

♧リースの対象は、「ソフトウエアの使用権」です。

♤ハードウエアと一体になっているものなどは、取扱いに注意が必要です。

♠無形資産ゆえの特殊性は

　2000年度税制改正で、それまで「税務上の繰延資産」として取り扱われ
ていたソフトウエアは、「減価償却資産」として取り扱われることになりました。
　リース会社がメーカー（著作権者や販売者など）との間で交わす「ソフト
ウエア使用権設定契約」に基づいて使用権を購入し、そのソフトウエア使用
権をリース契約に基づき、ユーザーに再許諾する賃貸借取引のことをソフト
ウエアのリース取引といいます。
　つまり、ソフトウエアのリースでは、その「使用する権利」が取引の対象
になります。
　ソフトウエアは、建物や機械、土地などの有形固定資産と異なり、リース
物件ソフトウエアと購入ソフトウエアとの違いの認識や専用性の有無の判断
が困難であったり、何より「ソフトウエアの返却」という行為が非常にあい
まいなものでしかないため、ソフトウエアのリース取引は、独自の税務会計
方法によらざるを得ません。

♠ソフトウエアのリース取引の税務上の取扱いは

　ソフトウエアの耐用年数は、5年（複写販売用の原本や開発研究用のもの
は3年）と決められています。このことに合わせ、リース期間についてもあ
らかじめ図表91のように決められています。
　こうした、2つの場合については、その取引は売買扱いとなりません。
　一方で、図表92のソフトウエアのリース取引については、金銭の貸借と
して扱われません。

【図表91　ソフトウエアのリース取引のリース期間】

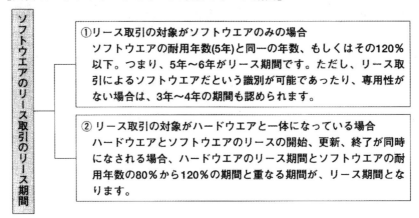

【図表92　金銭の貸借として扱われないソフトウエアのリース取引】

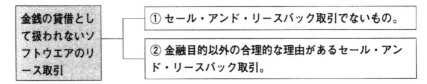

　具体的には、たくさんの種類の資産を導入する必要があるため、ユーザーが当該資産を購入したほうが事務の効率化が図れる場合や、輸入機器のように通関事務等に専門的な知識が必要な場合、または、ユーザーが資産を購入したほうが安く購入できる場合が、これにあたります。

　また、中古資産などにおいて、その資産の管理事務の省力化等のために行われる取引も、金銭の貸借扱いとはなりません。

♠リース期間の終了時や中途解約時の処理は

　リース契約が終了したとき、または中途解約した際、ユーザーはそのソフトウエアの使用を終了することを「契約終了通知書」に記載し、リース会社に交付します。そうしたうえで、ソフトウエアの返還・廃棄を行います。

　リース会社は、原則として受領した「契約終了通知書」の写しをメーカーに送付します。

　ただし、通知書の写しの送付が不要であるなど、両者間で別の取決めを行っている場合は、その取決めによった処理ができます。

Q43 減損処理と引当金計上で対応するときは

*A*nswer Point

♧リース資産にかかるリスクに対応する方法があります。
♧減損処理をするケースと引当金で対応するケースがあります。

♠貸手にとってのリスクは

　リース物件の貸手であるリース会社には、借手であるユーザーが財政難、資金繰りの悪化などに陥り、契約の中途解約、さらには債権の貸倒れといったリスクが絶えずついてまわります。

　こうしたリスクは、中途解約時、そして貸倒れが発生した時点の問題ではなく、リース契約を結んだ段階から考えられるものですが、通常は信用状態が保たれた状態にあるのが普通です。

　しかし、万が一借手の信用状態が悪化した場合、既に発生したと認められる損失について、信用力が悪化した時点で債権の帳簿価額を下げる減損処理を行う必要があります。

♠売買処理なら減損処理

　ファイナンス・リース取引の場合で、貸手が売買処理を採用しているなら、リース債権は貸借対照表に計上され、金融商品会計基準等の対象となるため、減損処理が可能になります。

　この場合、リース債権の簿価を切り下げ、その分の損失を計上することになります。あわせて、処理後に各期において計上される利息にも影響を及ぼします。

♠賃貸借処理の場合は引当金計上

　ファイナンス・リース取引の場合で、賃貸借処理を採ったときは、貸借対照表にリース債権は計上されず、金融商品会計基準等の対象から外れ、減損処理ができません。

　この場合は、リース債権に関する貸倒引当金として「リース資産処分損引当金」を設定して、リスクをリース資産の評価に反映します。

♠ リース資産処分損引当金の計上方法は

一般に借手であるユーザーの財政状態や経営成績などに応じて、リース債権を「一般債権」「貸倒懸念債権」「破産更生債権等」の３つに区分します。

一般債権は、財政状態や経営成績に重大な問題のない債務者に対しての債権で、「貸倒懸念債権」や「破産更生債権等」にならない債権がこれにあたります。

おおよそ貸倒れの危険が少ない債権ですが、偶発的に貸倒れが起こることもありますので、過去の貸倒実績率などに基づき、債権総額に対して「貸倒実績率」により引当金を設定します。

貸倒懸念債権は、借手の経営が破綻まで追い込まれてはいないものの、債務の弁済に大きな支障が出る可能性が高い債権を指します。

この貸倒懸念債権に対しては、「財政内容評価法」と「キャッシュフロー見積法」のいずれかの方法で引当金を設定します。

「財産内容評価法」は、債権額から担保、または保証による回収見込額を減額して、その残額について借手の経営状態を考慮して貸倒見積額を計上する方法です。

「キャッシュフロー見積法」は、債権元本の回収と利息の受取りについてのキャッシュフローを合理的に見積ることができる債権に適用します。

債権の元本と利息について、元本の回収と利息の受取りが見込まれる時点からその期の期末にわたって、当初の約定利子率で割り引いた金額の総額と債権の帳簿価額との差額を貸倒見積額とする方法です。

ただし、この貸倒懸念債権も、債務者の信用力が著しく悪化し、担保処分に資金回収を委ねなければならない場合は、破産更生債権等として扱います。

破産更生債権等は、経営が破綻した債務者に対する債権をいいます。破産、清算、会社整理、会社更生、民事再生、手形取引所における取引停止処分などの事由が生じている債務者に対する債権です。

この破産更生債権等については、債権ごとに、債権額から担保、または保証による回収見込額を減額して、その残額について借手の経営状態を考慮して貸倒見積額を計上する「財産内容評価法」により引当金を設定します。

♠ 売買処理には貸倒引当金の計上を

現行の会計基準のもとでは、ファイナンス・リース取引について売買処理を採用した場合、リース債権には金融商品会計基準に準拠し、貸倒引当金を設定することになります。

Q44 建設協力金の取扱いは

*A*nswer Point

♧ 建設協力金とは、賃貸用不動産などを建築する際に、後の賃借人から借りる資金をいいます。

♧ 建設協力金を伴うリース資産がファイナンス・リース取引に該当するかどうかは、90%基準を適用するにあたって、建設協力金のうち長期前払家賃の部分を、解約不能賃料の現在価値に加算して判定しなくてはなりません。

♠ 建設協力金というのは

土地所有者が建物を建設し、その建物を小売業者などに賃貸するとき、建設費用として借手から受ける借入を建設協力金といいます。通常、建物建設の際、土地所有者が預託金を受け入れ、契約に定められた期日に、賃貸する先の借手に現金を返還することになりますが、契約期間内に全額償却するリースバック方式を採用して、月々の賃料から相殺する形で貸主から借主へ返還されるパターンが一般的です。

この建設協力金は、金融商品に関する会計基準（以下、金融商品会計基準といいます）上で金銭債権に分類されており、「貸付金」などの科目で貸借対照表に上がります。当初の支払額と、返済期日までの将来キャッシュフローの現在価値である時価との差額は長期前払家賃として計上されます。この長期前払家賃は、契約期間の各期の損益計算に合理的に配分されます。また、契約の期間にわたって、償却原価法により受取利息も計上します。

時価で計上された建設協力金は、当初の時価と返済金額との差額を金利の調整として認め、償却原価法によって各期に配分し、受取利息として計上されます。

♠ 建設協力金の注意点は

建設協力金を貸し付ける建物の賃借者は、低金利で資金を提供するかわりに、預託期間中の建物の賃料を低くしてもらうというメリットがあります。

小売業者Aが、地主であるBに建設協力金を貸し付け、それにより建設される建物を賃借するという場合、リース会計の取扱いポイントは、解約不能

期間にかかるリース料総額の現在価値が、建物の建設資金の90％以上かどうか、にあります。

　賃貸借期間が終了したあと、建物は地主であるBに返還される契約がほとんどだと考えられますが、その場合この契約は「所有権移転ファイナンス・リース」にはなりません。よって、リース料総額の現在価値が、建設資金の90％以上であるならば、所有権移転外ファイナンス・リースにあたり、小売業者Aは売買処理を行うことになります。

　現行のリース会計制度では、例外的に賃貸借処理も認められていましたが、新会計制度では、この場合は完全に売買処理が認められるようになります。

　一方で、リース料総額の現在価値が建設資金の90％を大きく下回ってしまう場合は、オペレーティング・リースになり、賃貸借処理を行うことになります。

♠建設協力金を伴うリース契約の判断は

　建設協力金を伴うリース契約がファイナンス・リースであるかどうかの判断は、特別仕様物件であるかどうかの判定、そして、長期前払家賃の取扱いによります。

　建物などの不動産を取り扱うリースの場合、事前解約予告条項がある短期間の賃貸借契約や、契約の途中で賃借料の改訂が合理的に見込めるものは、オペレーティング・リースにあたりますが、建設協力金を伴うリース物件の場合、賃借人の用途・目的に合わせるために特別な仕様で建物が建設されることが多々あります。

　こうした場合、リース物件は賃借人に専属的に使用され、不動産の貸手に返還されたとしても、新たに第三者に貸したり、売却したりすることが難しいケースがありますので、注意が必要です。

　このように、賃借期間が過ぎたあとに、第三者への賃貸や売却が困難なケースは、売買処理を行わざるを得ません。

　また、当初の建設協力金支払額と時価との差額である長期前払家賃は、貸付金の金利がつかない期間や低金利の貸付期間の「機会金利」ととらえられます。

　この場合、所有権移転外ファイナンス・リースの判定に際して、リース料総額の現在価値が建設資金の90％以上かどうかの「90％基準」を適用するにあたって、建設協力金のうち長期前払家賃の部分を、解約不能賃料の現在価値に加算して判定しなくてはなりません。

Q45 リース債権の流動化は

Answer Point

♧リース債権の流動化とは、リース会社が、リース債権を他者に売却して資金を得ることをいいます。これにより、資金の調達が可能です。

♧借手は、これまでと同様、リース会社にリース料を支払うことになり、会計処理として新たなものはありません。

♧貸手は、3つの要件のいずれをも満たしていれば、資産消滅が認められます。

♠リース債権の流動化というのは

リース会社が、リース債権を他者に売却して資金を得ることを「リース債権の流動化」といいます。これにより、資金を広く調達することが可能になります。

このリース債権の流動化によって、多様な資金調達方法を取ることができるとともに、低金利での資金調達、早期の資金回収が可能になります。

また、リース会社は、リース債権という通常長期にわたる債権を持っているにもかかわらず、調達する資金は比較的短期にわたる債務によっていることが多く、金利リスクを削減するためにも、リース債権の流動化が行われます。

♠簡便化された「流動化」

リース債権は、小口で、かつ膨大な数の相手に対する債権から成りますので、債権の流動化に際しては、膨大な債務者への確定日付がある証書による通知や承諾が必要になり、それが債権流動化の大きな障害になっていました。

しかし、1992年に「特定債権等にかかる事業の規制に関する法律」により、従来の「指名債権譲渡」による方法ではなく、「日刊紙への公告」のみで第三者対抗要件を具備することが可能になり、リース債権の流動化を簡便に行えるようになりました。

さらに、1998年には「動産及び債権の譲渡の対抗要件に関する民法の特例に関する法律」が制定され、譲渡したリース債権を「債権譲渡登記ファイ

ル」に登記するだけで第三者対抗要件が認められるようになりました。

♠リース債権が流動化した際の借手の対応は

債権が流動したあとも、元々契約を結んでいたリース会社は、代金回収の代行業者として引き続き借手との関係が維持されるケースがほとんどです。

借手はこれまでと同様、リース会社にリース料を支払うことになり、会計処理として新たなものはありません。

♠リース債権が流動化した際の貸手の処理は

貸手のリース会社は、リース債権の流動化によるリース債権・債務の消滅について金融商品会計基準等に沿って処理をします。ちなみに売買処理を行っているリース契約については、金融商品会計基準等の適用対象となりますが、賃貸借処理を行い、さらに流動化による譲渡人の会計処理が売買処理ではなく金融処理による場合は、金融商品会計基準等の適用から外れることになります。

さて、債権を流動化した際、まずファイナンス・リース取引について売買処理をしていた場合と賃貸借処理をした場合とに分けてみていきますが、まず売買処理をしていた場合、流動化した債権を売却したことになれば、金融資産の消滅、ということになります。

この資産消滅が認められるためには、図表93の3つの要件すべてを満たしておく必要があります。

【図表93　資産消滅が認められる3つの要件】

資産消滅が認められる3つの要件

①譲渡された金融資産に対する譲受人の契約上の権利が譲渡人及びその債権者から法的に保全されていること。

②譲受人が譲渡された金融資産の契約上の権利を直接または間接に通常の方法で享受できること。

③譲渡人が譲渡した金融資産を当該金融資産の満期日前に買い戻す権利及び義務を実質的に有していないこと。

次に、ファイナンス・リース取引について賃貸借処理をしていた場合、物件は貸手側の資産であるうえ、リース債権というものは存在しません。よって、資産の消滅要件の対象にはなりません。

この場合、たとえ譲渡する人が譲り受ける人に対して流動化の対象資産を担保ではなく、真実に売却することを意味する「真正売買」を行っていると

しても、リース取引が賃貸借契約による場合は、流動化の取引も売買処理によって行うことはできません。

　ちなみに、新会計基準等が適用されたあとは、ファイナンス・リース取引については売買処理を行うことになり、流動化に関する会計処理は、金融商品会計基準等に沿うことになります。

　なお、オペレーティング・リース取引にかかる会計処理も、ファイナンス・リース取引と同様です。

♠リース契約の譲渡方法は

　ファイナンス・リース取引で賃貸借処理を行っている場合、リース契約の譲渡は図表94のような方法によります。

【図表94　リース契約の譲渡方法】

譲渡方法	説　明
①債権買取契約	譲受人が譲渡人からリース債権を買い取る契約のことです。譲渡人はリース債権を計上していないため、金融取引として処理し、譲受人は、譲渡人に対しての貸付債権として認識します。受け入れたリース債権は「自由処分権のある担保資産」として処理します。
②貸主地位譲渡契約	貸主としての地位を、譲渡人から譲受人にそのまま譲る契約です。譲渡人はリース物件である資産を消滅させる処理をし、譲受人は新たにリース資産を資産計上します。
③転リース契約	リース資産を、借手が第三者に転貸することです。元々の貸手と借手の間の契約は残り、リース資産はそのまま貸手が保有することになります。当然、第三者に転貸した借手は、リース資産の計上も、リース債権の計上も行いません。

♠リース債権の流動化にかかる税務上の取扱いは

　売買処理を行うリース債権が流動化された場合、その消滅資産の税務上の認識は、法人税基本通達2-1-44（金融資産の消滅を認識する権利支配移転の範囲）に従い、一定の要件をクリアしたときは、その帳簿価額は益金算入、あるいは損金算入されます。

　一方、賃貸借処理を行うリース債権の流動化の場合には、会計上の認識と同様、将来受け取るリース料債権を担保とする金融取引とみなして処理します。

　なお、リース債権の譲渡価額が譲渡人への寄付金や、譲渡人の受贈益となることはありません。

Q46 不動産の流動化によるときの処理ポイントは

Answer Point

♧資金調達の必要性から、自身の持つ不動産を譲渡し、その譲渡した不動産について新たにリース契約を結びリースバック取引を行うのが、不動産の流動化といわれるしくみです。

♧特別目的会社（ＳＰＣと略称します）を利用した流動化がよく行われます。流動化の手順と債権譲渡の要件を整理しておきましょう。

♠不動産の流動化というのは

　資金調達の必要性から、自身の持つ不動産を譲渡し、その譲渡した不動産について新たにリース契約を結びリースバック取引を行うのが、不動産の流動化といわれる取組みです。

　この際のリースバック取引が、所有権移転外ファイナンス・リースであり、賃貸借に準じた処理をする場合は、売却に関する損益は繰り延べなくてはなりませんが、所有していた不動産は売却処理によりオフバランスされたことになります。

♠ＳＰＣを利用した不動産の流動化は

　ＳＰＣ（不動産の所有と関係者への利益配分を事業目的とする特別目的会社）を利用した不動産の流動化がよく行われます。

　資金を調達した企業が、不動産などをいったんＳＰＣに譲渡して自社から分離することで倒産リスク等から逃れることができ、一方で、ＳＰＣが発行する社債等の権者は、譲渡された資産から発生する金利や賃貸料などによる収益を安定して受け取ることができます。

　このＳＰＣを利用した流動化を行うには、日本公認会計士協会による「特別目的会社を活用した不動産の流動化にかかる譲渡人の会計処理に関する実務指針」（2001 年（平成 12 年）7 月会計制度委員会報告第 15 号、一般に15 号報告と呼ばれる）と「特別目的会社を活用した不動産の流動化に係る譲渡人の会計処理に関する実務指針についてのＱ＆Ａ」（日本公認会計士協会会計制度委員会 2001 年（平成 13 年）5 月）に基づいた処理が望まれます。

　この報告では、不動産の流動化については、不動産にかかる権利譲渡であ

ること、そして、リスクと経済価値が不動産の所有と一体化していること、また、金融商品に比べて時価の算定が容易でなく流通性も劣ること、などを考慮し、「リスク経済価値アプローチ」に基づき判断すべきであるとされています。

　不動産のリスクとは、経済環境の変化等の要因によって当該不動産の価値が下落することであり、不動産の経済価値とは当該不動産を保有、使用または処分することによって生じる経済的利益を得る権利に基づく価値のことをいいます。

♠不動産の流動化の手順は

　流動化は、図表95の手順により行われます。

【図表95　不動産流動化の手順】

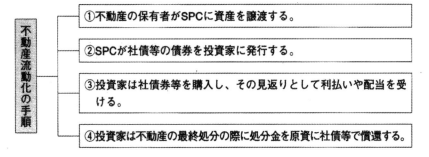

この手順のうち最も問題となるのは、不動産の譲渡が認められるかどうか、の点です。

　譲渡の要件としては、①不動産が法的に譲渡されており、②譲渡人へ資金が流れたこと、を前提に、③適正な価額で不動産が譲渡され、④譲渡された不動産のリスクと経済価値のほとんどが移転していると認められること、の4つがあります。

　　この4つの要件を満たしていない場合は、この取引は金融取引とされ、受けた資金は預り金または借入金などとして計上しなくてはなりません。

　また、この4つの要件の中でも、特に譲渡された不動産のリスクと経済価値のほとんどが移転しているかどうかがポイントにされます。不動産の売却可能性、実質的な買戻条件があるかどうか、そして賃借料の水準などを考慮して判断しなくてはなりません。

　不動産をリースバックする場合、不動産の譲渡後も譲渡した者が継続して不動産に関わる継続的関与になりますので、慎重な判断が必要です。

♠売買処理が認められるためには

不動産に関してのリースバック取引がオペレーション・リースに該当し、かつ譲渡人が適正な賃借料を支払うことで、リスクと経済価値のほとんどすべてが、譲渡人から譲受人に移転したと認められ、ここでようやく売買処理が認められます。

逆に、リースバック取引がファイナンス・リースに該当する場合は、売買処理でなく、金融取引として処理されます。譲渡人は契約解除が不可能で、リスクのほとんどを負担することになるためです。

♠特殊性を有する不動産は

自身の店舗用などに、特別な仕様によった不動産については、特殊な仕様のままでは第三者に売却することが難しく、場合によれば、譲渡人が買い戻す可能性もおおいにあります。そのため、こうした不動産については第三者への譲渡が実現した、ということはなかなかいえません。

しかし、1～2年後に譲渡する不動産を取り壊すことを譲渡契約で義務づけている場合など、リスクと経済価値の大部分が移転していると判断できるようなケースでは、譲渡人による売買処理が認められます。

また、不動産の流動化により社債券等の証券が発行された場合であっても、その権者が、譲渡人と融資者だけの場合は、譲渡人が不動産を買い戻す可能性も高く、譲渡が実現したとは認められません。

ＳＰＣが譲渡人の子会社である場合も、同様に譲渡人は売買処理ができません。

♠不動産流動化にかかる税務は

不動産の流動化に関してリースバック取引を行った際、取引が金銭の貸借と判断される場合は、不動産の売却ではないため、譲受人から譲渡人に金銭の貸付があったものとして処理します。税務上でももちろん、金銭の貸付としてみなされます。

ただし、会計上譲渡が実現したと判断され、売買処理が認められるケースであっても、税務上では金融処理と判断される場合があり、こうした場合の両方の処理により生じる差額は一時差異となり、税効果会計の検討をしなくてはなりません。

Q47 リース業のヘッジ会計の適用は

Answer Point

♤リース業では、資産運用と資金調達の金利構造が不均衡です。

♤資金に運用と調達に大きな誤差が生じるため、このリスクを
　回避するための方法が取られます。

♠リース業者が資金にかかるリスクを回避するために

　リース会社は、リース料を受け取りますが、この収入は長期にわたり固定
額が少しずつ入ってくる、というしくみです。この収入の形に耐えうるには、
短期間の変動金利による資金調達を行わなくてはなりません。

　しかし、ここには資金に運用と調達に大きな誤差が生じるため、このリス
クを回避するための方法が取られます。

♠変動化スワップと固定化スワップの違いは

　長期にわたり固定されたリース債権について、変動金利受取りで固定金利
支払いのスワップ取引を取り組み、固定金利の利息分を相殺して変動金利受
取に変換することを目的にヘッジ取引を行うことができます。

　また、変動金利の借入金について、変動金利受取で固定金利支払いのスワッ
プ取引を取り組み、変動金利の利息分を相殺して固定金利支払いに変換する
ことを目的にヘッジ取引を行うこともできます。

　前者による方法を変動化スワップの取組み、後者による方法を固定化ス
ワップの取組みと呼びます。

♠長期固定のリース料債権を対象にしたヘッジ取引というのは

　所有権移転外ファイナンス・リースで売買処理を行うリースの場合、この
債権は長期国定金利の貸付金と同等の金融資産と認められます。こうした
リース債権については、公正価値ヘッジ（フェアバリューヘッジ）を適用す
ることができます。

　公正価値ヘッジとは、ヘッジ対象が相場変動のリスクに晒されている場合、
その相場変動と密接に関係するヘッジ手段を利用してヘッジ対象の相場変動
リスクを減少させ、損失の可能性を少なくすることを目的とするヘッジ取引

です。

♠変動金利の借入金を対象にしたヘッジ取引というのは

　一方、リース会社が資金を得るための変動金利による借入金は、キャッシュフローの変動を固定化するキャッシュフローヘッジを適用できます。

　キャッシュフローヘッジとは、ヘッジの対象がキャッシュフローの変動に晒されている場合、そのキャッシュフローの変動と密接に関係するヘッジ手段を利用してヘッジ対象のキャッシュフローの変動リスクを減少させることを目的としたヘッジ取引です。

　リース会社は、金利構造の不均衡から身を守るために、負債のキャッシュフローの変動リスクを削減するヘッジオペレーションを行います。ただ、この負債は、リース契約に応じて発生するため、数多くの契約があるリース会社にとっては、個別にリスク回避策を取ることは実務上困難で、合理的ではありません。

　日本公認会計士協会では、「リース業における金融商品会計基準適用に関する当面の会計上及び監査上の取扱い」をまとめ、リース業者固有のヘッジ会計である負債の包括ヘッジ（リスクの共通する負債をグルーピングしてヘッジ対象とする取扱い）を認めています。よって、リース業界のヘッジオペレーションについて繰延ヘッジ処理が認められています。

♠ヘッジ会計の適用要件を満たすものに限りヘッジ会計を適用

　この繰延ヘッジ処理は、デリバティブ取引の損益を取引の発生時に認めず、ヘッジ対象にかかる損益が認識されるまで損益認識を繰り延べ、ヘッジ対象が損益認識されるのと同一の会計期間に損益を認識する方法です。金融商品会計基準では、この繰延ヘッジ処理が原則的な方法とされています。

　ただし、この日本公認会計士協会による取扱いは、2000年4月1日以降に開始する最初の事業年度末までに行ったヘッジ取引契約（最長契約期間は10年以内）にのみ認められていましたので、現在は、ヘッジ取引開始時に、ヘッジ手段とヘッジ対象、そしてヘッジの有効性を評価する方法を正式な文書で明確にしたうえで、ヘッジ取引が企業のリスク管理方針に準拠したものであることを確認できるようにし、また、ヘッジ取引後も継続的にヘッジ指定期間中、半年に一度程度は高い有効性が保たれていることを確認することを求めた「ヘッジ会計の適用要件」を満たすものに限り、ヘッジ会計を適用することができます。

Q48 減損会計とリース資産の取扱いは

Answer Point

♧所有権移転外ファイナンス・リース取引について、売買処理
を採用している場合、固定資産に計上されているリース資産
は減損処理の対象となります。
♧貸手が賃貸借処理を行っている場合、リース資産にかかるリスク回避とし
て「リース資産処分損失引当金」を計上します。

♠借手による減損処理は

　固定資産の価値が下がったとき、つまり収益性が悪化した際、投資した額
のうち回収不能になってしまった部分について、帳簿価額を引き下げる減損
処理について、借手側の処理と貸手側の処理をみていきます。

　まず、借手側ですが、所有権移転外ファイナンス・リース取引について、
売買処理を採用している場合、固定資産に計とされているリース資産は減損
処理の対象となります。また、リース会計基準改正前の段階で、賃貸借処理
を行っているリース資産についても、減損処理は可能です。ただし、これに
ついては、今後変更されることが十分に予想されます。賃貸借処理を採用し
た場合の減損処理は、図表96の手順で行います。

♠帳簿価額はどう決めるか

　帳簿価額の算定は、どのようにすればよいでしょうか。

　リース実務指針では、貸手の計算利手率がわかる場合はこの利子率を使い、
わからない場合は借手の追加借入に適用されるものだと合理的に見積ること
ができる利率を適用し、割引率を算定します。

　ここで用いる割引率は、リース資産・資産グループの使用価値を算定する
際に使用する割引率とは異なります。ただし、リース資産について重要性が
乏しいと判断された場合、未経過リース料の現在価値を算定して用いる必要
はなく、割引前の未経過リース料を帳簿価額とみなすことができます。

　これは、実務的な簡便性を考慮したものであり、また、所有権移転外のファ
イナンス・リース取引につき賃貸借処理を行う場合の財務諸表の注記に利子
込み法が認められる点に配慮したものです。

【図表96　賃貸借処理を採用した場合の減損処理の手順】

①リース資産の未経過リース料の現在価値を算定、この額を帳簿価額とみなします。

⇩

②リース資産の帳簿価額とみなした金額について、減損損失の認識の判定と測定を行います。貸借対照表で計上した固定資産の帳簿価額と合算し、減損会計を適用するのが一般的な方法です。

⇩

③減損損失を認識し、測定したら、リース資産に配分した減損損失を「リース資産減損勘定」などの負債に計上します。
　（借）リース資産減損損失　××　　　（貸）リース資産減損勘定　××

⇩

④負債に計上した減損勘定は、リース契約の残存期間にわたって定額法で取り崩します。そのうえで各事業年度の支払リース料と相殺していきます。これにより、将来の支払リース料から回収できない部分を減損損失として引当処理したこととします。
　（借）リース資産減損勘定　　××　　　（貸）支払リース料　　××
　（借）支払リース料　　　　　××　　　（貸）現金預金　　　　　××

　具体的な重要性の判断基準は、未経過リース料の期末残高が、当該期末残高と有形固定資産の期末残高の合計額に占める割合に対して低いかどうかになります。

　次の計算式で得られる基準値が 10% 未満の場合、重要性が乏しいと判断されます。

$$基準値＝\frac{未経過リース料期末残高}{未経過リース料期末残高＋有形固定資産の期末残高}$$

♠資産をグルーピングして損失を認識・測定

　保有する資産をグルーピングして分け、減損損失を認識するかどうかの判定を行います。

　グルーピングとは、資産について減損損失を認識するかどうかの判定を行う単位に分けることをいいます。

　リース資産の帳簿価額とみなす金額を将来キャッシュフローと比較しますが、この将来キャッシュフローには将来の支払リース料は含まれません。

♠減損損失処理のあとの負債の取崩しは

　減損損失を複数のリース資産について行った場合、負債の取崩しは対象と

なった資産ごとに行います。

　また、当該リース資産を中途解約する場合は、負債をすべて取崩し、中途解約の解約料と相殺します。

　なお、減損処理後、資産の収益性が回復した場合であっても、負債は定額を超えて取り崩すことができません。

♠貸手側の減損処理とその方法は

　貸手が賃貸借処理を行っている場合、リース資産にかかるリスク回避として「リース資産処分損失引当金」を計上します。一方で、資産の価値が下がった場合には、減損処理を行うことになります。

　引当金については、将来起こりうる事態に備えての処理、減損処理については、事実として起こった事態に対しての処理です。

　売買処理を採用した場合は、貸手はリース債権を資産として計上しますが、新しいリース会計基準では、売買処理のみが適用されることになります。

　リース資産の状況により、減損処理の方法は、図表97のようになります。

【図表97　減損処理の方法】

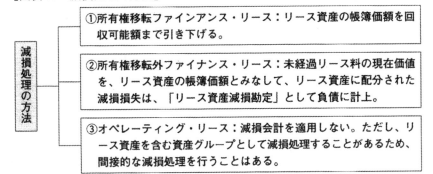

```
減損処理の方法
├─ ①所有権移転ファイナンス・リース：リース資産の帳簿価額を回収可能額まで引き下げる。
├─ ②所有権移転外ファイナンス・リース：未経過リース料の現在価値を、リース資産の帳簿価額とみなして、リース資産に配分された減損損失は、「リース資産減損勘定」として負債に計上。
└─ ③オペレーティング・リース：減損会計を適用しない。ただし、リース資産を含む資産グループとして減損処理することがあるため、間接的な減損処理を行うことはある。
```

♠リース取引に関する会計処理と減損会計の適用関係は

　リース取引に関する会計処理と減損会計の適用関係は、図表98のとおりです。

【図表98　リース取引に関する会計処理と減損会計の適用関係】

	借　　手		貸　　手	
	売買処理	賃貸借処理	売買処理	賃貸借処理
リース資産 リース負債	リース資産に計上	オフバランス	リース債権として計上	リース資産として計上
減損会計	適用	適用	適用しない	適用

Q49 レバレッジド・リースってなに・その会計処理は

Answer Point

♧ レバレッジド・リースでは、リース事業者が、銀行などからの借入金と投資家からの出資金を元に資産を購入し、この資産をユーザーにリースします。

♧ レバレッジド・リースの形態としては、匿名組合方式と、任意組合方式があります。

♠大型の資産によく利用されるレバレッジド・リース

レバレッジド・リースとは、リース事業者が、銀行などからの借入金と投資家からの出資金を元に資産を購入し、この資産をユーザーにリースする方法をいいます。リース事業者は、受け取ったリース料を元にして、投資者に元利金の返済と分配を行います。

航空機や船舶など、大型の物件についてはリース事業者が単独で物件を取得することが経済的に困難であり、複数の投資者からの出資と、銀行などからの借入に頼ることになりますので、レバレッジド・リースがよく活用されます。

以前から、国内の事業者が国外の航空機リース事業者に対して、国内の投資家が出資するようなケースがよくみられます。

一方で、耐用年数よりも長いリース期間を設定することで、リース料を低くおさえることができ、減価償却を定率法で行えば、リース期間の早い段階では損失が生じます。これにより、投資家の課税所得の繰延べ、つまり税金の繰延べが可能になります。

♠レバレッジド・リースの２つの形態

レバレッジド・リースの形態としては、匿名組合方式と、任意組合方式があります。

匿名組合方式のしくみは、図表99のとおりです。

匿名組合方式は、ある営業者に対して投資家が出資し、営業者がこの出資をもとに物件を購入しユーザーに資産をリースします。営業者はリースから生じる利益を投資家に分配します。

【図表 99　匿名組合方式のしくみ】

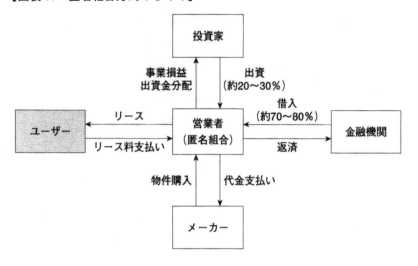

任意組合方式のしくみは、図表 100 のとおりです。

【図表 100　任意組合方式のしくみ】

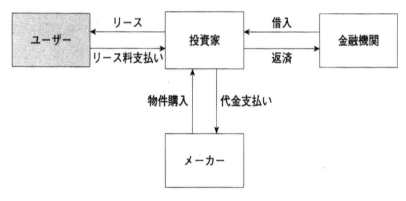

　任意組合方式は、投資家自体が契約の当事者になる方式です。出資者である投資家が共同で資金を持ち寄り、それに加えて銀行などから資金を調達して物件を購入し、ユーザーとリース契約を結びます。

♠レバレッジド・リースに関する投資家の会計処理は

　レバレッジド・リースに関する投資家の会計処理自体は、図表 101 のとおりで、金融商品会計基準に準拠して行います。

　ただし、匿名組合方式と任意組合方式では、その会計処理が違ってきます。

【図表 101　会計処理】

①匿名組合方式
　この方式による出資は金融商品会計基準に準拠して処理されます。

②任意組合方式
　この方式についても金融商品会計基準に則った処理を行います。

♠匿名組合方式による会計処理は

　この方式による出資は、金融商品会計基準に準拠して処理されます。匿名組合出資が金融商品と認められるためで、「組合の財産の持分相当額を出資金として計上し、組合の営業により獲得した損益の持分相当額を当期の損益として計上する」（金融商品実務指針 308 項）という定めによって処理されます。出資額や持分相当の損益は、純額で貸借対照表と損益計算書に計上することになります。

　処理については、次の手順を踏みます。

　まず、組合員である投資家は、組合の決算内容を決算に反映させ、出資金（あるいは有価証券）の勘定を直接増減するか、未収金か未払金を計上するか、いずれかを実施します。

　損益分配額を出資金に加える定めを匿名組合契約書で行っていた場合は前者を、この契約内容がなければ後者を適用します。これらの処理は、金銭分配の有無に関わらず実施します。

　続いて、金銭の分配を受けた際には、金銭の分配額を出資金の払い戻しとして処理する定めを匿名組合契約書で行っていた場合は、出資金（あるいは有価証券）の勘定を取り崩す方法を、この契約がない場合は前受金として処理する方法を採ります。

　なお、税務上は、利益の分配や損失の負担がなくても、匿名組合契約によってその分配を受け、または負担する部分の金額を当期の益金または損金の額に算入します。

♠任意組合方式による会計処理は

　この方式についても、金融商品会計基準に則った処理を行います。税務上は、図表 102 のいずれかの方法で計算が行われ、この取扱いを踏まえて組合員の任意組合への関与や経営実態に応じて、実態を適切に会計処理に反映させます。

【図表102　税務上の計算方法】

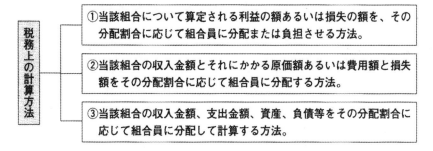

税務上の計算方法

①当該組合について算定される利益の額あるいは損失の額を、その分配割合に応じて組合員に分配または負担させる方法。

②当該組合の収入金額とそれにかかる原価額あるいは費用額と損失額をその分配割合に応じて組合員に分配する方法。

③当該組合の収入金額、支出金額、資産、負債等をその分配割合に応じて組合員に分配して計算する方法。

匿名組合方式にかかる投資家の仕訳例は、図表103のとおりです。

【図表103　置名組合方式にかかる投資家の仕訳例】

```
①出資時
    （借）出資金　××　　　　　　　　（貸）現金預金　××
②組合の決算時（損失計上）
    （借）投資損失　××　　　　　　　（貸）未払金または出資金　××
③組合の決算時（利益計上）
    （借）未払金または出資金　××　　（貸）投資利益　××
④組合の決算時（利益計上で分配金がある場合）
    （借）未払金または出資金　××　　（貸）投資利益　××
    （借）現金預金　××　　　　　　　（貸）出資金　××
⑤リース契約の終了時
    （借）未払金または出資金　××　　（貸）投資利益　××
    （借）現金預金　××　　　　　　　（貸）出資金　××
    ※契約終了時には、出資金の払戻しと利益の配当が行われます
```

　匿名組合のケースでは、すべての資産、負債、そして損益が営業者のものになります。投資家には、それぞれの出資の割合に応じたリース損益が分配されます。

　匿名組合が設立されたとき、当然のことながら出資金の計上が行われます。その後、損益が出た場合は、この出資金を軸として投資利益、投資損失、あるいは未払金を計上します。

　また利益が出た際に分配をする場合は、出資金を取り崩す方法、あるいは利益分配の場合は未収金を、損失分配の場合は未払金を計上します。

　なお、リース契約が終了した際に未払金を取り崩す場合、この未払金は前回の決算までの投資損失の累計額です。

　出資金を取り崩す場合は、この出資金は、当初の出資額から前回決算時まで分配損益を控除した残額になります。

Q50 レバレッジド・リースにかかる税務取扱いは

Answer Point

♤税務上、現実に当期に利益の分配や損失負担の分担が行われ
ない場合であっても、匿名組合契約によって、匿名組合員が
受けるべき利益または損失の分配額を損益計上しなくてはな
りません。

♤課税の繰延効果のあるレバレッジド・リースには、いくつか規制がありま
す。

♠レバレッジド・リースにかかる税務は

　税務上、現実に当期に利益の分配や損失負担の分担が行われない場合で
あっても、匿名組合契約によって、匿名組合員が受けるべき利益または損失
の分配額を損益計上しなくてはなりません。

　また、匿名組合員が内国法人であるか居住者である場合、10名未満のと
きは、利益分配は源泉所得税の課税対象外ですが、匿名組合員が10名以上
の場合、または組合員が外国法人か非居住者であるときは、利益の分配額に
20%の源泉所得税が課されます。

　この利益の分配は法人税の課税対象でもあり、支払った源泉所得税額は法
人税額の計算上控除が可能です。組合の支出の中に寄附金や交際費がある
ケースでは、組合は資本や出資を有しない法人とみなし、寄附金や交際費な
どは損金不算入の処理を行います。

　また、出資持分の譲渡に際し、譲渡益や譲渡による損は益金・損金に算入
され、同様に、出資額と解約時に支払われる金額との差額も益金に算入され
ます。

♠組合リース事業から生じた損失にかかる規制は

　リースに関わる組合が物件を購入し、リースを開始した当初に多額の損失
を計上することで課税を免れることのないよう、2005年に税制が改正され、
2005年4月1日以降に締結される組合契約と2005年4月1日以降に組合
員の地位を引き継ぐ場合の契約に適用されます。

　ただし、2007年4月1日前に締結される航空運送事業の用に供する航空

機の賃貸にかかる契約には適用されません。

　組合員が法人の場合は、組合債務を弁済する責任限度が実質的に組合財産の価額とされているとき、組合損失額のうち出資の価額を基礎として計算した金額を超える部分の金額は損金の額に算入できません。

　また、組合事業が実質的に欠損にならないと見込まれる場合、組合損失額の全額は損金額に算入できません。

　なお、組合員が個人の場合は、2006 年以降は組合事業から生じた不動産所得の損失額については、損失としてみなされません。

♠匿名組合方式と任意組合方式による相違は

　レバレッジド・リースでは、定率法によった場合の減価償却費と支払利息の計上により、リース開始後数年間は多額の損失が生じることになります。組合出資者は、この損失を負担することで、課税の繰延べ効果を得ることができます。

　匿名組合方式、任意組合方式のいずれにおいても、各出資者の割合に応じて損益が分配されますので、このことによる経済効果は変わりません。

　また、匿名組合方式では、損益計算書に最初の数年間は投資損失が、その後利益があがりだすと投資収益が計上され、貸借対照表には出資金あるいは未払金が計上されます。一方で、任意組合方式の場合は、損益計算書にはリース料収入、減価償却費、固定資産税、支払利息等が計上され、貸借対照表にはリース資産、借入金が計上されます。

　匿名組合方式の場合は、リース事業を行うのは、出資を行う投資家ではなく、営業者ですが、任意組合方式の場合は、出資者が共同してリース事業を行うことになるため、出資者の定款にはリース業である旨の記載をしておくことが必要です。

♠税務上売買とされるレバレッジド・リースとされないレバレッジド・リース

　レバレッジド・リースの場合、リース期間が法定耐用年数の 120％を超え、また、そうでない場合であっても、残価を高く設定するなどによりリース取引が専ら賃貸人のリース期間の前半における損失計上を目的とするものなど、著しく課税上の弊害があると認められるリース取引については、所有権が移転すると認められる取引であれば税務上売買として取り扱われます。

　一方で、リース期間が法定耐用年数の 120％以下のもののうち、図表104 の 6 つの要件をすべて満たすものについては、著しく課税上の弊害が

ある取引とは認められず、通常の賃貸借処理として取り扱われます。

【図表104　通常の賃貸借処理として取り扱われる6つの要件】

通常の賃貸借処理として取り扱われる6つの要件

①減価償却費の損失先行計上の割合が160%以下の場合。

　レバレッジド・リースではリース期間を法定耐用年数よりも長く設定し、リース料を低くする一方で、定率法により償却を行うことで、リース期間の前半に損失を先行的に計上します。

　この損失先行計上割合は下記の式で求められますが、これを160%以下に抑えることで、賃貸人の課税繰延べに制限を加えることになります。

$$損失先行計上割合 = \frac{リース取引から生じる減価償却費の損失先行計上額}{リース期間を耐用年数どうりとするリース取引から生じる減価償却費の損失先行計上額}$$

②リース期間終了時に購入選択権によって賃借人が購入する価額が、中古市場の見込額以下の価額であり、かつ、その資産の取得価額の45%を超えない金額である場合。

　購入選択権の価額は、リース取引の当事者が任意に設定できます。このため、価額を高く設定することでリース料を低くし、リース期間の前半に損失を先行的に計上するころが可能になります。

　この項目は、そうした設定を防ぐ目的を持っています。

③賃貸人の各年度の課税所得がマイナスになる期間が、リース期間の50%以下の場合。

④リース資産を取得するために賃貸人（あるいは組合の出資者）が自己資金のほか、他人の資金を使用する場合には、自己資金の割合が資産取得価額の20%以上であること。

⑤リース開始日に、そのリース取引に基づく賃貸人（あるいは組合の出資者）の通算の課税所得が資産の取得価額の1%以上であること。

⑥1つの取引について1人の営業者または複数の営業者が匿名組合契約を締結する場合、匿名組合事業の損益分配に関して次の(a)～(c)の要件をすべて満たしていること。

　(a)各匿名組合契約にかかる計算期間の末日はすべて同一。

　(b)匿名組合契約にかかる計算期間は12か月または6か月とし、リース期間を通じてすべて同一とする。

　(c)上記12か月ないし6か月の期間については、営業者の確定決算または法人税法72条1項に規定する期間の決算にかかるものに限る。

⑤　リース取引をめぐる会計処理ルール

Q51 転リースってどういうリースのこと

Answer Point

♤転リースとは、ひらたくいえば、「リースの又貸し」です。
♤リースの中途解約時に転リースを行うことがあります。

♠転リースというのは

あるリース物件について、ユーザーがリース会社とリース契約を結び、リースしているとき、その物件をユーザーが別のユーザーとの間でリース契約を結んでリースすることを、転リースといいます（図表105）。

基本的に、こういった形態の場合でも、物件の所有者はリース会社であり、使用収益は新たに契約を結んだユーザーがすることになります。

【図表105　転リースのしくみ】

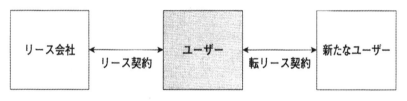

♠転リースをリース会社は認めるかどうか

転リースは、簡単にいえば、リース物件の「又貸し」です。

一般の賃貸借の場合、借手は貸手の許可がなければ、物件を第三者に譲渡、あるいは転貸することはできず、賃借人が違反した場合、賃貸人は賃貸の契約を解除できる、というのが民法に定められています（民法612条）。

ただし、不動産の賃貸借では、通常無断での転貸の事実のみならず、賃貸借人の間の「信頼関係」が著しく損なわれた事実があってはじめて賃貸人が契約を解除することができる、と解釈されています。

リース契約においても、一般の賃貸借と同様、リース会社の承諾がなければ転リースの契約を結ぶことはできません。標準契約書では「ユーザーは物件を第三者に譲渡したり、担保に差し入れたり、その他リース会社の所有権を侵害するような行為はしない」と規定されています（標準契約書8条1項。図表31）。承諾を得ずに転リースの契約を結んだ場合、ユーザーはこの標準

契約書に違反したことになります。

　さらに、この契約違反が行われた場合に、リース会社が契約を解除することができるかを考えた場合、やはり無断での転リースについては解除の対象になる、とみるのが妥当です。

　その場合、リース物件が不動産ではないこと、借手が変わることで物件の価値が下がる程度が違ってくること、リース料債権の実質的担保になるのはリース物件そのものであること、そして無断による転リースが、元々のユーザーとリース会社との間の信頼関係を著しく損ねること、などが契約解除の判断材料になります。

　結局、リース契約違反や、中途での契約解除など、面倒や負担のかかる事態を招かないためにも、転リースをする際はリース会社の承諾を得ることが第一の条件になるでしょう。

♠どういう場合に転リースを行うか

　このように、通常リース契約義務違反になり、契約解除の対象となる無断による転リースですが、リース会社の承諾を得た場合、この形態を活用する場面があります。

　リース契約を中途解約する場合、ユーザーはリース会社に対して、未経過期間にかかってくるリース料の支払いを行わなくてはなりません。

　こうした場合に、ユーザーはリース会社との中途解約をせず、契約を結んだままの状態で、不要になったリース物件について、新たに使用したいと希望する別のユーザーを見つけ、その第三者との間で新たなリース契約を結ぶ、つまり転リースを行えば、当然中途解約をした場合に払っていたはずの規定損害金を浮かすことができます。

【図表106　通常のリースと転リース】

	通常のリース	転リース
❶リース物件購入資金のための資金調達	必要	不要
❷保険・固定資産税申告・納付事務等の事務管理負担	あり	なし
❸資産計上、減価償却	あり	なし
❹金利変動のリスク	あり	なし

　リース会社の中には、図表106のようなメリットを利用して、借主を貸主化する取引を転貸借取引として行う会社もあります。

Q52 空リースってなに・その対応は

Answer Point

♤空リースとは、メーカーとユーザーが共謀し、リース資産代金を余分に受け取る不正取引です。

♤発覚したときのリース会社の対応では、①ユーザーへの支払請求、②サプライヤーへの売買契約の解除および代金返還の請求が問題になります。

♠空リースは不正な取引の１つ

リース契約が結ばれたものの、リース物件が納入されていないという一種の架空取引が「空リース」です。サプライヤーであるメーカーと、借手であるユーザーとが図って行う不正な取引のことをいいます（図表107）。

通常、リース会社はユーザーが使用したいと希望する物件をサプライヤーから購入し、サプライヤーは物件をユーザーに直接納入します。リース会社はサプライヤーに物件の購入代金を支払ったうえで、物件の所有権を取得します。

ユーザーは物件の使用をするとともに、リース会社にリース料を支払いますが、この支払いは、物件購入代価に相当する額の資金融資の返済という性格を持っています。しかし、サプライヤーからリース物件が納入されなかった場合、リース会社はサプライヤーに「ムダな代価」を払ったことになり、そうしたことをねらいとして空リースが行われることになります。

【図表107　空リースのしくみ】

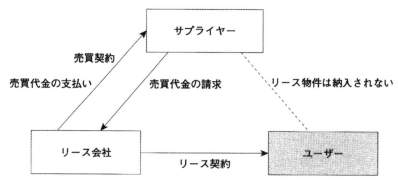

♠サプライヤーとユーザーが図る取引

空リースは、サプライヤーとユーザーが共謀して行われます。両者が申し合わせをしたうえで、サプライヤーからユーザーへ物件が納入したかのように装い、ユーザーが借受証をリース会社に発行すれば、リース会社には、納入されていない事実は把握できません。

また、リース会社が納入物件を確認しようとしたところで、その物件が対象になっている本物の物件かどうかを確認することができない場合も多くあります。リース期間の途中で、ユーザーである借手からリース料の支払いが滞ってはじめてリース会社は空リースをされたことに気がつく、ということがあります。

♠空リースされたリース会社の対応は

空リースの事実が明らかになったとき、リース会社はどういう対応を取るでしょうか。

法律的に問題となるのは、①リース会社はユーザーにリース料の支払いを請求できるか、②リース会社はサプライヤー（メーカー）に売買契約の解除と売買代金の返還を請求できるか、の2点です。

一般的に、この2つの点を果たすためには、図表108の3つの要件を満たしている必要があります。

【図表108　リース会社がリース料の支払請求ができる3つの要件】

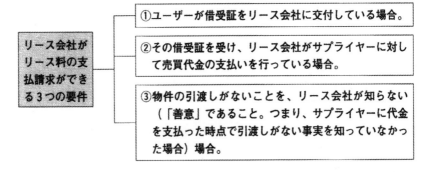

これら3つの要件を満たしている場合は、リース会社はユーザーに対してリース料の支払いを請求でき、また、ユーザーはその支払請求を拒否できません。

さらに、リース会社は、サプライヤーに対して物件が納入されていないことを理由として売買契約を解除することができ、売買代金の返還も請求でき

⑤　リース取引をめぐる会計処理ルール

ます。

ただし、図表109のような場合は、ユーザーがリース料の支払いを拒否することができます。

【図表109　ユーザーがリース料の支払いを拒否できる場合】

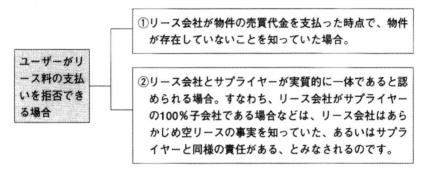

ユーザーがリース料の支払いを拒否できる場合

①リース会社が物件の売買代金を支払った時点で、物件が存在していないことを知っていた場合。

②リース会社とサプライヤーが実質的に一体であると認められる場合。すなわち、リース会社がサプライヤーの100％子会社である場合などは、リース会社はあらかじめ空リースの事実を知っていた、あるいはサプライヤーと同様の責任がある、とみなされるのです。

♠空リースによる不正事例についてみると

　全国で飲食店を展開するＡ社の元幹部らが、架空の工事代金名目でリース会社から約１億円をだまし取ったとして、Ｂ県警は、同社元取締役のＳら４人を詐欺の疑いで逮捕しました。

　Ｂ県警は、Ｓ容疑者が○○年から△△年末までの間、同様の手口でリース会社数社から計約52億円を騙し取ったとみています。一部は返金しましたが、うち約40億円が実損額とみられます。

　調べでは、Ｓ容疑者らは、自分たちがかかわっているダミー会社がＡ社の店舗の内装工事を請け負ったように装い、工事代金を詐取しようと計画。△△年×月から□月にかけて２回にわたり、工事代金の立替払いをリース会社に依頼し、同社がダミー会社に支払った計約１億円を騙し取った疑いです。

　この場合、リース会社から金銭を騙し取ったとありますが、必ずしもそうとは言い切れません。Ａ社の名前でリース契約を締結し、リース物件を確かに借り受けたという「借受証」をＡ社がリース会社に提出していれば、リース会社が空リースであることを知っていたのでない限り、リース物件が実在するかどうかに関わらず、リース料金の支払義務はＡ社にあるとみなされます。

　ダミー会社や元取締役のＳらから架空リース物件代金を回収できない限り、Ａ社に大きな損害が生じることになります。Ａ社が資金難に陥り、空リースのリース料を支払えなくなったときに初めてリース会社に損害が生じるのです。

Q53 多重リースってなに・その対応は

Answer Point

♤ 多重リースは、１つの物件について２つのリース会社から代金を得る不正取引です。

♤ サプライヤーであるＳ社とユーザーのＴ社が共謀して、売買代金を二重に受け取る不正な取引が多重リースなのです。

♤ リース物件の所有権がどこにあるのかを確認しましょう。

♠ １つのリース物件を２つのリース会社が購入

あるリース物件をあるユーザーに対して複数のリース会社がそれぞれリース契約を結ぶ不正な取引を多重リースといいます（図表110）。

この場合、１つのリース物件について、複数の者に二重に売却することになるため、二重売買になってしまいます。

【図表110　多重リースのしくみ】

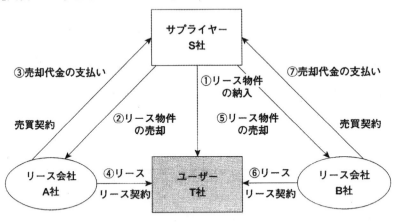

この図表110のように、サプライヤーであるＳ社はリース物件をリース会社のＡ社に売却し、Ａ社はユーザーであるＴ社とリース契約を結びます。リース物件はＳ社からＴ社に納入され、Ａ社は売買代金をＳ社に支払います。ここまでは、通常のリース取引と同じです。

一方で、サプライヤーであるＳ社とユーザーＴ社はＡ社との取引を隠したうえで、別のリース取引を行います。Ｓ社は別のリース会社Ｂ社と同じリー

ス物件についての売買契約を結び、Ｔ社はＢ社との間でリース契約を結びます。リース物件はＳ社からＴ社に納入されたことになり、Ｂ社はＳ社に売買代金を支払います。

　つまり、サプライヤーであるＳ社とユーザーのＴ社が共謀して、売買代金を二重に受け取る不正な取引が多重リースなのです。

♠多重リースの際のリース物件の所有権は

　では、リース物件の所有権はＡ社とＢ社、どちらにあるのでしょうか。リース取引の場合、リース会社はユーザーが選んだ物件をサプライヤーから購入し、ユーザーとリース契約を締結します。

　しかし、リース物件はサプライヤーから直接ユーザーに納入されますので、実務上は、リース契約が締結され、サプライヤーがユーザーにリース物件を納入した時点で、物件に対する所有権がリース会社に移転した、と考えられます。

　ということは、先にリース契約を結んでいたＡ社が物件の所有権を持つ、とみなされます。

　ただし、Ｂ社が所有権を持つと認められるケースもあります。図表111の５つの要件を満たしている場合、それが認められることになります。

【図表111　物件の所有権を持つ５つの要件】

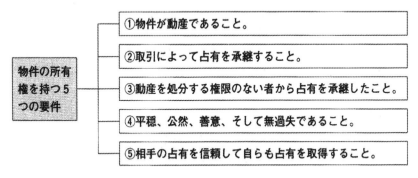

物件の所有権を持つ５つの要件

①物件が動産であること。

②取引によって占有を承継すること。

③動産を処分する権限のない者から占有を承継したこと。

④平穏、公然、善意、そして無過失であること。

⑤相手の占有を信頼して自らも占有を取得すること。

♠リース会社はユーザーに対してリース料の支払請求ができる

　リース物件の所有権を持たないリース会社は、ユーザーにリース料の支払いを求めることができるでしょうか。

　一般的には、所有権を持たないリース会社であっても、多重リースの事実を知らず、また、ユーザーから借受証の交付を受け、さらに売買代金をサプライヤーに支払っている場合には、ユーザーにリース料の支払いを請求する

ことができます。

♠リース会社がサプライヤーとの売買契約を解除できる

リース契約に従いユーザーに物件が納入されない場合、リース会社はサプライヤーとの売買契約を結ぶ意義を持ちません。

サプライヤーが物件の引渡しを行わなければ、リース物件の所有権を持たないリース会社は、①多重リースの事実を知らず、②借受証を受けており、③売買代金を支払っている場合、サプライヤーの債務不履行を理由として、売買契約を解除し、売買代金の返還を請求できる、というのが一般的な解釈です。

一方で、リース物件の所有権を持つリース会社も、多重リースという信義則違反を理由に、売買契約を解除し、売買代金の返還請求ができます。

♠多重リースの事例についてみると

通信機器販売会社の社長ら5人が無線機器をもとに1社1,000万円、合計2,000万円の多重リース契約を締結して、逮捕されました。通信機器販売会社は1つの商品に対して2つのリース会社と契約を結び、1社分は小遣いにしよう、と顧客にもちかけ、同意を得ると2社と契約を結び、1社分を山分けしていました。

通信機器販売会社は、同じような手日で18件の多重リース契約を結び、2億円近くの金額をリース会社から騙し取っていました。

犯行が露見したのは、リース料が滞り始めたことが原因です。リース料未払事故が、通信機器販売会社を経由して契約した相手に集中しているのを不審に思ったリース会社が、極秘に調査するうちに通信機器販売会社の詐欺行為が判明したために警察に届け出ました。

この通信機器販売会社の社長は、会社を倒産させ、リース会社を騙して手にした1億円あまりを逃亡資金に行方をくらます計画を実行に移す直前だったのです。

通信機器販売会社は、リース契約における借主（ユーザー）を見つけ、それにあたりリース会社2社から品物の代金を受け取りました。

ユーザーは、リース会社に、いわゆる架空のリース料を払うことになりますが、リース会社は品物が実際に納入されているかどうかはわからず、販売会社がリース会社の代理人としてユーザーとリース契約を結んでしまえば、リース会社はまったくの蚊帳の外に置かれることになってしまいます。

Q54 リース取引の税務上のポイントは

Answer Point

♤税務上も所有権移転外ファイナンス・リース取引であっても
賃貸人から賃借人へリース資産の売買があったものとして取
り扱います。

♤税務上のリース取引の要件に該当していても対象外とされるものがありま
す（土地の賃貸借等）。

♠法人税法上のリース取引というのは

法人税法では、賃貸借取引のうち一定の要件を満たす取引をリース取引と
定義しています（法法64条の2）。

リース取引を行った場合には、賃貸人から賃借人への引渡しのときに、そ
のリース資産の売買があったものとして、各事業年度の所得金額を計算する
ことになっています。したがって、所有権移転外ファイナンス・リース取引
についても、売買があったものとして取り扱います。

税務上の「リース取引」とは、リース会計基準でいう「ファイナンス・リー
ス取引」を意味することになるわけです。

「売買取引」では、リース資産・リース債務をそれぞれ貸借対照表に資産・
負債として計上します。

売買取引として考えるということは、リース資産も1つの有形無形固定資
産の一部として認められたことであり、このため、通常の減価償却をする資
産と同様に税務申告においても、明細書「別表十六（四）」に記載する必要
があります。

【図表112　仕訳例】

（借）リース資産（什器備品）××　　　　（貸）リース債務（未払リース料）××

法人税法上、リース取引とは、図表113の2つの要件を満たすものとさ
れています（法法64条の2・3項）。

この要件は、「リース会計基準にかかる適用指針」における定義と内容は
同じであり、リース会計基準の改正に法人税法上もあわせた形で改正されて
います。

【図表 113　税法上のリース取引とされる要件】

要　件	内　容
①中途解約不能	賃貸借期間の中途においてその解除をすることができないものであること、またはこれに準ずるものであること。
②フルペイアウト	賃借人が、当該賃貸借にかかる資産からもたらされる経済的な利益を実質的に享受することができ、かつ、当該資産の使用に伴って生ずる費用を実質的に負担すべきこととされているものであること。

♠税法上の所有権移転外リース取引というのは

　リース会計基準上、ファイナンス・リース取引については、所有権移転ファイナンス・リースと所有権移転外ファイナンス・リースに区分されます（会8条）。

　リース資産の減価償却については、リース会計基準に基づく処理と税務上の処理が一般的に一致します。ただし、所有権移転外リース取引のリース資産については、法人税法ではリース期間定額法と定められており、それ以外の減価償却方法は認められていませんので注意が必要です（法令48条の2・1項6号）。

　税務上の所有権移転外リース取引は、図表114の4つの要件のいずれにも該当しないリース取引として定義されています（法令48条の2・5項5号）。

　これは、リース会計基準の所有権移転外ファイナンス・リース取引と同じです。

【図表 114　4 要件に該当しないため所有権移転外リース取引とされる場合】

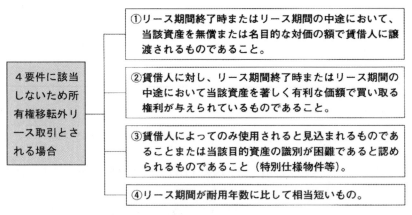

　4要件に該当しないため所有権移転外リース取引とされる場合

①リース期間終了時またはリース期間の中途において、当該資産を無償または名目的な対価の額で賃借人に譲渡されるものであること。

②賃借人に対し、リース期間終了時またはリース期間の中途において当該資産を著しく有利な価額で買い取る権利が与えられているものであること。

③賃借人によってのみ使用されると見込まれるものであることまたは当該目的資産の識別が困難であると認められるものであること（特別仕様物件等）。

④リース期間が耐用年数に比して相当短いもの。

♠税法上のリース取引として扱わないものは

　図表114の①②を満たす場合であっても、図表115のものは対象から除

かれます。

　図表 114 に該当し、所有権移転外リース取引と判定されたとしても、図表 115 に該当するものに関しては、法人税法上リース取引として扱いません。

【図表 115　税法上のリース取引として扱われないもの】

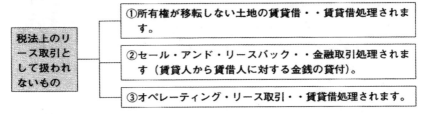

税法上のリース取引として扱われないもの	①所有権が移転しない土地の賃貸借・・賃貸借処理されます。
	②セール・アンド・リースバック・・金融取引処理されます（賃貸人から賃借人に対する金銭の貸付）。
	③オペレーティング・リース取引・・賃貸借処理されます。

♠所有権が移転しない土地の賃貸借は

　所有権が移転する場合については、リース取引として賃貸借期間を基準に費用化されることになりますが、土地については、通常は経済的耐用年数は無限と考えられており、通常取得の土地の場合も償却資産として考えられていません。

　譲渡条件や有利な選択購入権が就いていない土地の賃貸借取引など、会計上の所有権移転外ファイナンス・リース取引に該当しない土地の賃貸借取引は、税務上のリース取引には該当しません。

　したがって、土地に関しては、図表 114 の要件に該当したとしても、リース取引以外の賃貸借取引として賃貸借処理されます。

♠セール・アンド・リースバック取引は

　図表 115 の②のセール・アンド・リースバック取引は、リース取引としての要因よりも、資金的融通が大きいと考えられていることから、リース取引に該当するよりも、金融取引とし、賃貸人から賃借人に対する金銭の貸付行為として処理することになります。

　このため、元金の返済と利息の受渡しがあったと法人税法上はみられることになります。

♠オペレーティング・リース取引

　図表 115 の③のオペレーティング・リース取引は、賃貸借処理が行われています。このため、通常のリース料が損金として計上されることになります。

　法人税法上は、リース取引と考えられず、すなわち償却資産として考えられず、通常の支払賃借料を損金として処理することになります。

Q55 売買取引とされるリース取引の借手側の税務は

Answer Point

♧ 2008年4月1日以後に締結された所有権移転外ファイナンス・リース取引は、原則すべて売買処理を行い、リース資産・リース債務をそれぞれオンバランス処理（貸借対照表に計上すること）します。

♧ リース資産の償却方法は、リース期間定額法（リース期間を償却期間とし、定額法で償却する方法）で減価償却し費用を計上していきます。

♠売買があったものとみなす

2008年4月1日以後に締結された所有権移転外ファイナンス・リース取引は、原則すべて売買処理を行い、リース資産・リース債務をそれぞれオンバランス処理（貸借対照表に計上すること）します。税務申告においても、明細書「別表十六（四）」に記載する必要があります。

また、仮に同取引（所有権移転外ファイナンス・リース）がオフバランス処理（貸借対照表に計上しないこと）され、損益計算書上で賃貸料として処理していた場合においても、取引の同一性から、例外なく売買があったものとされます。このための賃借料は償却費として計上されたものと考えられ、償却限度額計算に含まれますが、貸借料の計上額が償却限度額以内であれば、申告調整・別表記載は不要です。なお、超過した場合には、申告調整することになります。

♠借手はリース期間定額法により償却

適用指針による企業会計上の償却は、賃借人は「定額法、級数法、生産高比例法等の中から」選択適用することが認められていますが（リース適用指針28条）、税法上はリース資産の償却方法は、リース期間定額法（リース期間を償却期間とし、定額法で償却する方法）で減価償却し費用を計上していきます（法令48条の2・6号）。

そのため、会計上算出された価格が、リース期間定額法による償却限度額を超過する場合、その超過額については会計上と税務上の差異として、法人税の申告書上で、調整をする必要が出てきます。

【図表116　税法上のリース期間定額法の償却限度額の計算式】

$$\frac{\text{リース資産の取得価額} - \text{借手の残価保証額（注1）}}{\text{リース期間の月数（注2）}} \times \text{当該事業年度におけるリース期間の月数（注2）}$$

注1：残価保証額とは、リース終了後に借手が貸手に一定額まで保証することをいいます。
再リース料の額は、リース資産の取得価額に算入しません。
リース資産を事業の用に供するために賃借人が支出する付随費用の額は、リース資産の取得価額に含まれます。
リース期間の終了後に当該リース資産を賃借人が購入した場合における賃借人が支払う購入代価の額は、その購入をしたときに当該リース資産の取得価額に加算します。（法基通12の5-2-15）

注2：1か月に満たない端数は1か月とします。リース期間の中途において適格合併、適格分割、適格現物出資または適格事後設立以外の事由により移転を受けた場合、その移転の日以後の期間になります。

♦賃借料処理をしても償却費

　所有権移転外ファイナンス・リース取引が貸借対照表上、リース資産勘定や、リース債務勘定等で計上されずオフバランス処理され、会計上リースに関する費用が賃貸料として処理されていた場合においても、売買があったものとされ、税務上は減価償却費として損金経理したものとして取り扱われます。

　これは、同一の取引をしているのに、会計処理の方法により税務上差異が出るのを回避するためです。

　この場合の賃借料は償却費に含まれますが、申告書における明細書添付義務は課されません（法令63①）。加えて計上額が償却限度額と同額であれば、申告調整、別表記載は不要であると考えられます。

♠取得価額は変更しない

　リース資産の取得価額は、原則契約書等に明示されている価格になります。
　すなわち、リース料に含まれる利息相当額は控除されます。しかしながら、契約書に明示されていない場合は、リース料総額がリース資産の取得価額になります。
　また、借手が残価保証を行っている場合には、その残価保証額を控除した額が取得価額となります。

> 取得価額＝リース資産の取得価額－借手の残価保証額

Q56 売買取引とされるリース取引の貸手側の税務は

Answer Point

♧貸手は、受取リース料を「利息部分」と「それ以外」の部分に区分し、収益を配分していきます。

♧リース債権（リース投資資産）を対象に貸倒引当金の損金算入が認められるようになりました。

♧改正前に締結していた所有権移転外ファイナンス・リース取引におけるリース資産の減価償却方法は、従前から採用している方法と、リース期間定額法と選択できるようになりました（要届出）。

♠受取利息相当額の求め方は

　リースの貸手は、リース資産を貸与することで、リース料を取得することができます。

　しかし、賃貸借処理を想定した場合は、この受取リース料は、使用に対する収益として、全額益金と考えられますが、法人税法上は、売買処理を想定した場合は、リース資産の売却に伴う売却代金の返済部分とそれに伴う利息部分とに分けて考え処理します。

　この考え方は、リース会計基準においても同様ですが、2つの部分の区分において、税務上、所有権移転外ファイナンス・リース取引の賃貸人の収益である利息相当額は、図表117のように定められています。

【図表117　受取利息相当額の計算式】

> （受取リース料−リース物件の取得価格）×20％＝受取利息相当額
> （受取リース料−リース物件の取得価格）×80％＝それ以外の部分

　これらは、税法独自の考えで、リース会計基準とは異なります。なぜなら会計基準では、

　受取リース料−リース物件の取得価格＝受取利息相当額

とされ、この受取利息相当額を「利息法」により各期に配分しています。それに対し税法では、（受取リース料−リース物件の取得価格）の20％を受取利息相当額とみなして利息法で配分し、残りの80％はリース期間にわたり「定額法」で配分していくためです。

これにより、受取利息相当額の 100％を利息法で配分していく会計と、20％のみ利息法で計上し、80％に関しては定額法で計上する税務とでは、対象となる利息の金額に、会計上と差異が生じてくるため、申告調整が必要になってきます。

【図表 118　受取利息相当額の処理】

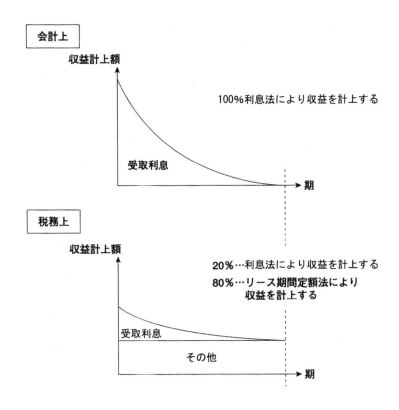

♠ リース債権（リース投資資産）を対象にした貸倒引当金の損金算入は

　ファイナンス・リース契約により計上された「リース債権（リース投資資産）」については、その計上されている貸借対照表金額を対象に通常の売掛債権や貸付債権の一部として扱われることから、貸倒引当金を計上することができます。

　これは、ファイナンス・リース契約では、その要件としてフルペイアウトが課されています。つまり、貸手はリース料全額について回収する権利を有していると判断できるため、税法でもその債権に対して貸倒引当金の損金算入が認められています。

♠ 2008年3月末までに締結した所有権移転外ファイナンス・リースの減価償却は

　2008年4月1日以降に締結された所有権移転外ファイナンス・リースについては、原則売買処理に準じた処理をされるため、減価償却自体が必要となりません。

　しかし、改正前に関しては図表119のように賃貸借に準じた処理をされていたため、所有資産として減価償却をしていました。そのため、リース資産貸与であっても、通常の固定資産を取得したときと同様に定額法・定率法・生産高比例法等税務上どの償却方法を選択するのかを届出し、減価償却を行ってきました。

【図表119　所有権移転外ファイナンス・リースの改正点】

	従前	改正後
①資産購入時	(借)賃貸資産××(貸)現金××	(借)賃貸資産××(貸)現金××
②リース料受取時	(借)現金××(貸)リース料収入××	(借)現金××(貸)リース料収入×× 利息相当額××
③償却時	(借)減価償却費××(貸)賃貸資産××	―

ココの部分。
この減価償却の償却方法を、残存リース期間で償却することを選択するために、
「リース賃貸資産の償却方法に係る旧リース期間定額法の届出」を提出。

　さらに、2008年3月末までに契約したリース資産については、賃貸借処理のままリース資産として減価償却費を計上することが可能でした。

　2008年4月1日以降のリース会計基準では、当該資産についてリース期間定額法減価償却の適用を認めたことから、法人税法上においても、従前に届出をしていた償却方法に加えて、旧リース期間定額法による減価償却の方法を選択適用できるようになりました。

　選択する際は、「リース賃貸資産の償却方法にかかる旧リース期間定額法の届出」を提出することになります。

【図表120　リース期間定額法の計算式】

$$期首帳簿価格（＊1）\times \frac{当期の月数}{残存リース期間}$$
＊1：残価保証額がある場合は控除する。

Q57 リース取引での中小企業の範囲は

Answer Point

♤リース会計基準が適用されない会社が中小企業となります。

♤1契約総額300万円以下・リース期間1年末満の契約は賃貸借処理をします。

♠税務上の中小企業とリース取引の中小企業の違いは

　中小企業については、大企業と異なり、資金的基盤が弱いことから、一定要件に該当する法人に対し、税務上さまざまな特典を付しています。

　特に、中小企業者にとって、設備投資は、購入であれリースであれ、多額の資金が必要になります。このために、税務上の特典をおくことで、財政基盤の充実に考慮しています。税務上の中小企業とは、図表121の法人です。

【図表121　税務上の中小企業】

税務上の中小企業	①資本金の額または出資金の額が1億円以下の法人 （ただし、同一の大規模法人（資本金の額もしくは出資金の額が1億円を超える法人または資本もしくは出資を有しない法人のうち、常時使用する従業員の数が1,000人を超える法人をいい、中小企業投資育成株式会社を除きます）に発行済株式又は出資の総数または総額の2分の1以上を所有されている法人及び2以上の大規模法人に発行済株式又は出資の総数または総額の3分の2以上を所有されている法人を除きます。
	②資本または出資を有しない法人のうち、常時使用する従業員の数が1,000人以下の法人

♠リース会計基準の適用範囲は

　会社法や法人税法はすべての会社に適用される法律です。しかし、リース会計基準の適用は、金融商品取引法が適用になる会社については、強制適用が規定されています。一方、法人税法では、リース会計基準を踏まえた形で、税法が改正されており、法人税法に基づく処理となっています。

　なお、中小企業は「中小企業の会計に関する指針」（2001年（平成23年版）で、「所有権移転外ファイナンスリース取引は、通常の売買取引に係る会計処理を行うが、例外として通常の賃貸借取引に係る方法も認める」としています。

Q58 中小企業のリース税額控除の取扱いは

Answer Point

♧ 2008年4月1日以降は「リース税額控除」は廃止され、通常の資産取得の税額控除が適用されます。

♧ 2008年4月1日以降に締結されるリース取引からは、リース税額控除の適用は廃止され、代わって本来の固定資産の取得の際適用される特別償却および税額控除制度が通常の資産を取得した場合と同様に適用されます。

♠ 中小企業者には税制上の特典がある

中小企業者が固定資産を購入した場合には、特別控除等の特典があります。しかし、多くの中小企業者は、設備の購入よりリース取引として取り組む場合が多く、このため、購入者との課税の公平性を図るためにリース税額控除が認められてきました。

しかし、2007年度税制改正で、税務上のリース取引のうち金融取引に該当しないものについては、すべて売買取引として扱われることになりました。

このため、通常の固定資産の購入による税額控除が適用可能となるため、2008年4月1日以降に締結するリース取引からは、リース税額控除の制度は廃止されました。

♠ リース税額控除の概要は

リース税額控除の概要は、図表122のとおりです。

【図表122 リース税額控除の概要】

項　目	説　明
①対象資産	(a)機械及び装置で1台または1基のリース費用の総額が210万円以上のもの。 (b)電子計算機及びインターネットに接続されたデジタル複合機で、1台または1基のリース費用の総額が160万円以上のもの。 (c)ソフトウェア（2006年4月1日以後に賃借したものに限ります）で、一のソフトウェアのリース費用の総額が100万円以上のもの。 (d)車両及び運搬具のうち一定の普通自動車で、貨物の運送の用に供されるもののうち車両総重量が3.5トン以上のもの。

②税額控除額	リース税額控除限度額は、リース費用の総額の60%相当額の合計額の7%相当額です。ただし、リース税額控除限度額がその事業年度の法人税額の20%相当額を超える場合には、その20%相当額（取得にかかる税額控除の適用を受ける場合には、その税額控除額を控除した残額）を限度とします。

♠ 2008 年 4 月 1 日以降のリース契約の注意点は

2008 年 4 月 1 日以降に契約したリース取引については、売買処理に準じた扱いになるため、本来の固定資産の取得の際適用される特別償却および税額控除制度が通常の資産を取得した場合と同様に適用されます。

また、従来はリース総額の 60% を基準とした税額控除しか認められていなかったものが、税額控除により、取得価額の 100% を基準とした税額控除が認められることになり、従来よりも取扱いは有利になりました。

♠ ファイナンス・リースの税額控除・特別控除の適用は

しかし、所有権移転外のファイナンス・リース取引については、リース期間が終了しても所有権が移転しないため、売買そのものとみることができず、リース期間定額法により減価償却を行うことに限定されたため、特別償却や圧縮記帳を選択することができません。

【図表 123　ファイナンス・リースの税額控除・特別控除の適用】

	税額控除	特別控除	圧縮記帳
所有権移転ファイナンス・リース	適用される	適用される	適用される
所有権移転外ファイナンス・リース	適用される	適用されない	適用されない

なお、所有権移転外ファイナンス・リースの「繰越税額控除限度超過額（税額控除限度額がその事業年度の法人税額の 20％相当額を超えるために、その事業年度において税額控除限度額の全部を控除しきれなかった場合には、その控除しきれなかった金額）」の 1 年間の繰越については、適用されません。

♠ 2008 年 3 月 31 日以前に締結されたリース契約の適用は

また、2008 年 3 月 31 日以前に締結されたリース契約については、従前のリース特別控除の制度が適用されます。

Q59 中小企業のリースをめぐる優遇措置は

Answer Point

♤リース資産も売買処理となることで、固定資産取得と同様の
　優遇制度を受けることができます。
♤所有権移転外ファイナンス・リースは売買処理を行ったとし
　ても優遇措置は受けられません。

♠リース取引も固定資産取得と同様

　2008年4月1日以降のファイナンス・リース取引については、売買処理
に準じた会計処理をすることに統一されました。このため、中小企業者がリー
ス取引を契約した際には、通常固定資産を取得した際に適用される租税特別
措置法上の優遇措置を受けることができます。

　しかし、ファイナンス・リース取引のうちで所有権移転外取引については、
売買処理を行ったとしても、リース期間終了後に所有権が移転しないことか
ら、売買とみることはできず、資産取得に伴う税額控除以外の優遇措置を受
けることはできません。

♠中小企業者の特例は

　中小業者が所有権移転ファイナンス・リース取引を行った場合に税額控除
以外に、図表124のような優退措置を受けることができます。

【図表124　中小企業者の優遇措置】

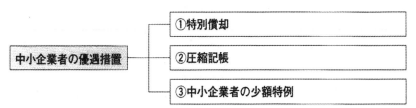

♠特別償却というのは

　特別償却とは、青色申告書を提出する中小企業者が租税特別措置法に規定
する対象資産を取得した場合に、取得初年度の減価償却限度額は、普通償却
限度額に取得価額の30％相当額の特別償却限度額を加算した金額とするこ

⑥
リース取引をめぐる税務のポイント

とができます。

すなわち、取得初年度に特別償却を行うことで、実質的に、取得価額の30％部分に相当する部分が費用としてみなされることから、その金額に該当する分の法人税が安くなります。

言い換えれば、その金額を国が補填し、当該資産を安く購入できたという効果を持たせることで、資産の購入を促進する目的があります。

なお、情報基盤強化設備等をリースした場合は取得価額の50％となります。

減価償却限度額＝ 普通償却限度額 ＋ 取得価額×30％
特別償却

♠圧縮記帳というのは

圧縮記帳は、産業政策等の政策的理由から、国庫補助金、工事負担金にかかる受贈益、保険差益、交換差益、収用等により実現した譲渡益等について一定の要件を備えていることを条件として、その利益分の取得原価を減額することにより、譲渡益の課税を繰り延べることを目的とする制度です。

取得価額が減少することで、それをもとに行う減価償却費の計上額が減額することで、初年度以降の課税所得は増額になります。

すなわち、他の制度と異なり、課税の繰延べに過ぎませんが、適用が固定資産のみであったものが、ファイナンス・リース取引で売買処理を行うことで適用されることになります。

♠少額資産のリースの処理は

リース会計基準では、図表125の場合、ファイナンス・リース取引に判定される場合でもオペレーティング・リースに準じた賃貸借処理をすることができます。

これに準じ、税務上でも同様の取扱いが適用されます。

【図表125　賃貸借処理ができる少額資産のリース】

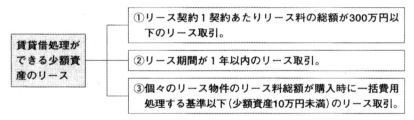

Q60 リース取引と消費税は

Answer Point

♧改正消費税法により、2019年10月1日以降の取引から新
　税率である10%の適用が開始されました。

♧税務上のリース取引に関する消費税については、消費税の課
　税取引になるのか、課税時期はいつなのかについて実質判定が必要になる
　ときには、所得税法・法人税法の取扱いを準用します。

♠消費税法におけるリース取引とは

　リース取引が消費税法でどのように扱われるかは、消費税基本通達でリー
ス取引の実質判定として示されています。この通達では、リース取引の消費
税の取扱いについて所得税法または法人税法の取扱い例によると規定されて
いますが、少し整理が必要です。

　税務上のリース取引とは、中途解約禁止とフルペイアウトの2つの要件に
該当するものをいいます。つまり、リース会計基準でいうファイナンス・リー
ス取引が税務上のリース取引であり、オペレーティング・リース取引は含ま
ないということを思い出してください。

　したがって、消費税法基本通達でいう実質判定とは、ファイナンス・リー
スにあたるかどうかではありません。ファイナンス・リース取引すなわち税
務上のリース取引に関する消費税について、消費税の課税取引になるのか、
課税時期はいつなのかということについて実質判定が必要になるときには、
所得税法・法人税法の取扱いを準用してくださいということです。

　そのうえで、留意事項として2つのことを示しています。

(1)　資産の売買があったものとされる「リース取引」については、その引渡
　のときに資産の譲渡等があったものとする

(2)　いわゆるリース・バック取引が行われた場合には、資産の賃貸人から賃
　借人への引渡時に資産の譲渡等があったものとする

♠資産の売買があったものとされるリース取引

　資産の売買があったものとされるリース取引については、引渡時に資産の譲渡が
あったものとして取り扱うので、それが課税取引であれば消費税がその時点で発生

⑥
リース取引をめぐる税務のポイント

します。この場合の資産の譲渡対価の額は、リース契約で合意されたリース料総額です。

　リース・バック取引については、資産の賃貸人から賃借人への引渡時に資産の譲渡等があったものとすることによって、それに先んじて行われた賃借人から賃貸人への譲渡と併せて、売買をなかったことにするという意味です。したがって、売買に伴う金銭の授受は、金銭の貸借として取り扱うことになります。

　法人税法では、リース料総額を借入金の元本返済額と利息相当額に合理的に区分することになっていますので（法基通 5-1-9）、消費税についてはこの考え方で区分することになります。

　すなわち、リース・バック取引により支払われるリース料のうち借入金の元本返済額は消費税の課税対象外、利息相当額は非課税ということになります。

♠契約書で利息相当額を明示しているとき

　資産の売買があったものとしてされるリース取引においては、リース料総額が譲渡対価の額とされますが、契約書の中で利息相当額を明示した場合には、その部分については非課税になります。

　これによれば、賃貸人はリース料総額から契約書で明示された利息相当額を控除して課税売上の金額として消費税を計算し、利息相当額については、リース期間にわたるそれぞれの決算期に非課税売上として計上することになります。

　また、所有権移転外ファイナンス・リース取引の契約書の中で利息相当額が明示されている場合、仕入税額控除の計算に際して個別対応方式による場合の計算方法については、次のような見解が国税庁から出されています。

　消費税法上、仕入税額控除の計算にあたっては、課税売上割合が 95％未満で個別対応方式を採用する賃貸人は、所有権移転外ファイナンス・リース取引にかかるリース契約に利子等が明示されている場合であっても、リース資産の取得費用における課税仕入にかかる消費税額を課税資産の譲渡にのみ要するものとして、仕入税額控除額を計算することとなります。

　リース資産の取得の際に支払われた消費税額については、利子相当額を対価とする役務提供と資産の譲渡のいずれに要する費用と考えるべきなのかという点について、リース契約書に利息相当額が明示されている場合でも、課税取引とされる資産の譲渡にのみ要するものとして仕入税額控除額の計算を行うことになります。

♠オペレーティング・リースと消費税

　オペレーティング・リース取引は税務上のリース取引にあたりませんので資産の貸付が行われたものとして消費税上は取り扱われ、月額リース料に対して消費税が課税されます。

Answer Point

♧リース取引の消費税についての課税関係は法人税法の規定によります。

♠リースの残価保証と消費税

リース契約終了時に対象資産の売却価額が契約で予定された金額を下回った場合に、その差額を賃借人が賃貸人に支払う契約になっているときは、契約で予定された金額を賃借人が保証するという意味で残価保証額と呼びます。

リース資産の譲渡の時点では、契約書で合意されたリース料の支払総額がリース物件の譲渡対価になるので残価補償額はこれに影響しません。

残価補償額についての精算金額が確定して、賃貸人から賃借人に精算金額が請求された時点では、その金額が資産の譲渡等の対価の額に加算されます。

♠残存リース料と消費税

リース契約の解約に際しては、次のような取扱いが示されています。

⑴ 賃借人の倒産、リース料の支払遅延等の契約違反があったとき

残存リース料の支払いは、賃借人の仕入税額控除の対象にはなりません。リース物件の譲受けは、引渡時点で行われているため残存リース料の支払いは債務の返済であるため、消費税の課税対象外となるためです。

また、賃貸人については、次の①または②に残存リース料を対価とする資産の譲渡等を行ったものとみなして、消費税が課されます。

① 延払基準を適用していたリース取引について中途解約により延払基準の方法により経理をしなかった決算にかかる事業年度終了の日の属する課税期間

② リース譲渡に係る資産の譲渡等の時期の特例を適用していたリース譲渡にかかる契約解除等を行った事業年度終了の日の属する課税期間

⑵ リース物件が滅失・既存し、修復不能となったとき

残存リース料の支払いは賃借人の課税仕入にはなりません。リース債務の返済として取り扱われるためです。また、リース物件の滅失などを原因とし

て保険金が支払われることにより、残存リース料が減額される場合は値引として、仕入にかかる対価の返還等として取り扱われます。

また、賃貸人については滅失などが生じた日の属する事業年度に、残存リース料を対価とする資産の譲渡等があったものとして、消費税が課されます。

リース物件の滅失などを原因として保険金が支払われることにより、残存リース料が減額される場合にはこれを値引として、売上にかかる対価の返還等として取り扱います。

(3) リース物件の陳腐化のための借換などにより合意解約するとき

残存リース料の支払いは賃借人の課税仕入にはなりません。リース債務の返済として取り扱われるためです。また、契約の合意解除に伴い、リース料の減額がある場合は値引として、仕入にかかる対価の返還等と取り扱われます。

また、賃貸人については合意解除の日の属する事業年度に残存リース料について消費税が課税されます。解除に際して、リース料の減額があった場合には値引として、売上にかかる対価の返還等として取り扱います。

(4) 賃借人がリース料を賃貸借処理しており、かつ、仕入税額控除を分割控除している場合の解除時残存リース料

リース資産の譲受対価の一部であることから仕入税額控除の対象となるべきものとして、解除の日の属する事業年度の仕入税額控除となります。

♠解約損害金と消費税

2008年3月31日以前に契約した所有権移転外ファイナンス・リース取引について、の解約時に損害金の支払いがあった場合の消費税の取扱いはどうでしょうか。

消費税では、資産の貸付として取り扱われていますので、損害賠償の内容によっては、注意が必要です。

リース契約に契約期間終了前に解約する場合の解約損害金を借手が支払う旨の合意がある場合、一般的には対価性がないものとして消費税の課税対象にはなりません。

しかし、リース物件の性能向上などの目的でリース契約を合意解除し、これに伴って賃借人が解約損害金を支払う場合には、リース期間の短縮とこれに伴う月額リース料の改定を合意したと理解できます。したがって、条件変更に基づいて不足額が発生し、その金額についての増額修正を精算したものとして、消費税が課税されます。

Q62 リース取引の内外判定・転リースの消費税は

Answer Point

♧資産の貸付が、国内で行われたかどうかの判定は、その貸付が行われ
　れたときにその資産があった場所で行うことになっています。

♠リース取引と内外判定

　資産の貸付が、国内で行われたかどうかの判定は、その貸付が行われたと
きにその資産があった場所で行うことになっています。

　例えば、外国法人である借手が国内事業者である貸手と所有権移転外ファ
イナンス・リース取引により、そのリース資産を外国で引渡しを受け、その
後国内支社で使用することとして、当該資産を日本に移設した場合などは、
国外で貸付が行われたものとして消費税の対象外となります。

　その後の国内への移設については、このリース取引の内外判定には関係あ
りません。

　また、外国法人である貸手からソフトウェアをオペレーティング・リース
取引で借りた場合は、機械などと異なり対象資産が無形固定資産なので、貸
付が行われた場所という考えになじみません。このような場合には、貸手の
住所地で内外判定を行うことになっていますので、国外取引ということにな
ります。

♠転リースの取扱い

　転リース会社が、所有権移転外ファイナンス・リース取引で賃借した資産
をユーザーに所有権移転外ファイナンス・リース取引で賃貸する転リース取
引を行う場合には、借手としてメーカーからリース資産を譲り受ける取引と
貸手としてユーザーに譲り渡す取引という2つの取引として取り扱われます。

　したがって、このような場合には、リース資産の引渡時点で、貸手として
受け取るリース料総額を一括して資産の譲渡等の対価として計上し、借手と
して支払うリース料総額を一括して課税仕入にかかる支払対価の額として計
上することになります。

　なお、法人税法で延払基準による経理処理が行われた場合には、消費税法
上も長期割賦販売等にかかる資産の譲渡の時期の特例が適用できます。

⑥ リース取引をめぐる税務のポイント

Q63 改正消費税法とリース取引は

Answer Point

♧改正消費税法のうちリース取引と関係する部分を確認します。

♧契約の日ではなく引渡しの日が基準になります。

♠ 2019 年 10 月 1 日前後の取引にかかる消費税法の適用関係

新消費税法は、2019 年 10 月 1 日以後に国内において事業者が行う資産の譲渡等並びに 2019 年 10 月 1 日以後に国内において事業者が行う課税仕入および保税地域から引き取られる課税貨物にかかる消費税について適用し、施行日前に国内において事業者が行った資産の譲渡等および課税仕入等にかかる消費税については、なお従前の例によることとされています（改正法附則 2）。

したがって、2019 年 10 月 1 日の前日までに締結した契約に基づき行われる資産の譲渡等および課税仕入等についても、2019 年 10 月 1 日以後に行われるものは、経過措置が適用される場合を除き、当該資産の譲渡等および課税仕入等について新消費税法が適用されることとなります。

♠ 2019 年 10 月 1 日の前日までに仕入れた商品を 2019 年 10 月 1 日以後に販売した場合

新消費税法は、経過措置が適用される場合を除き、2019 年 10 月 1 日以後に行われる資産の譲渡等および課税仕入等について適用されます（改正法附則 2）。

したがって、2019 年 10 月 1 日の前日までに仕入れた商品を 2019 年 10 月 1 日以後に販売する場合には、当該販売については新消費税法（新税率）が適用されますが、商品の仕入については 2019 年 10 月 1 日の前日までに行われたものですから、課税仕入にかかる消費税額は旧消費税法の規定に基づき計算することとなります（経過措置通達 3）。

これらの規定によれば、リース契約の日付に関わらず、リース資産の引渡が新消費税法の 2019 年 10 月 1 日より前か後かということがどちらの税率で消費税を計算するかの分かれ目になります。

リース資産の購入における引渡日とリース資産の譲渡における引渡日の間に 2019 年 10 月 1 日がある場合には異なる税率が適用されるわけです。

Q64 リース取引に関係する経過措置は

Answer Point

♤改正消費税法により、2019年10月1日以降の取引から新
税率である10%の適用が開始されます。

♤通勤定期などのように前売りの形で料金を受け取っていた
り、ガス水道料金のように後日検針などによって料金が確定するような場合など、
10月1日以降であっても新税率を適用することができない取引もあります。

♠消費税率引上げにともなう経過措置の概要

改正消費税法により、2019年10月1日以降の取引から新税率である
10%の適用が開始されます。つまり、資産の譲渡や課税仕入となる取引など
が、10月1日以降なのかどうかで、適用される税率が変わることになります。

しかし、通勤定期などのように前売りの形で料金を受け取っていたり、ガ
ス水道料金のように後日検針などによって料金が確定するような場合など、
10月1日以降であっても新税率を適用することができない取引もあります。

このような取引については、2019年10月1日以降に行われた取引であっ
ても、旧税率を適用する経過措置が設けられています(改正消費税法附則5条)。

♠資産の貸付けに関する経過措置と所有権移転外リース取引

リース取引との関係で気になるのは、次の経過措置です。

「事業者が、2013年10月1日から指定日の前日(2019年3月31日を指す)
までの間に締結した資産の貸付けに係る契約に基づき、施行日前から施行日
以後引き続き当該契約に係る資産の貸付けを行っている場合において、当該
契約の内容が、第一号及び第二号又は第一号及び第三号に掲げる要件に該当
するときは、施行日以後に行う当該資産の貸付けに係る消費税については、
旧消費税法第二十九条に規定する税率による。ただし、指定日以後に当該資
産の貸付けの対価の額の変更が行われた場合には、当該変更後における当該
資産の貸付けについては、この限りでない。

一 当該契約に係る資産の貸付けの期間及び当該期間中の対価の額が定めら
れていること。

二 事業者が事情の変更その他の理由により当該対価の額の変更を求めるこ

とができる旨の定めがないこと。

三　契約期間中に当事者の一方又は双方がいつでも解約の申入れをすること
ができる旨の定めがないことその他対価に関する契約の内容が政令で定め
る要件に該当していること。」（以上改正消費税法附則５）

資産の貸付に関するこの経過措置は、所有権移転外リース取引も対象にな
るのかという疑問ですが、所有権移転外リース取引は、税務上売買があった
ものとして取り扱われるので、この経過措置には該当しません。

所有権移転外リース取引を売買として取り扱うということは、仕訳だけで
はなく、消費税法の適用についても、資産の貸付けではなく、資産の譲渡と
して取り扱われるということですから、「資産の譲渡」として消費税法上の
課税取引となります。したがって、資産の引渡時に譲渡がなされたというこ
とになりますので、その引渡日が 2019 年 10 月 1 日より前ならば旧税率で
ある 8％が、後ならば新税率である 10％が適用されることとなります。

♠リース取引に関連して旧税率が施行日後も残る場合

2008 年 4 月 1 日以前に締結された所有権移転外リース取引や会計上のオ
ペレーティング・リース取引については、税務上、賃貸借取引として取り扱
うこととなっていますので、消費税法でも資産の貸付として取り扱います。

したがって、改正消費税法附則５条の要件に該当する場合には、資産の貸
付に関する経過措置の適用があります。この場合には、2019 年 10 月 1 日
以降も、旧税率である 8％が残存することになります。

また、リース資産の貸付側が延払基準の方法で経理することにより、長期
割賦販売等の時期の特例の適用を受ける場合には、その引渡しが 2019 年
10 月 1 日以前であれば、その後に支払いを受けるリース資産の譲渡対価に
ついても、8％が適用されます。

これまでの消費税率引上げの際には、リース契約については賃貸借処理が行
われていたため、契約期間中は当時の旧税率がその後もかなり残っていました。

今回は、所有権移転外リース取引について資産の売買として処理されます
ので、旧税率である 8％は比較的早い段階で姿を消すものと思われます。

ただし、賃借人が所有権移転外リース取引を賃貸借処理した以下の場合に
は、消費税について旧税率が残る可能性があります。

①　リース契約 1 件あたりのリース料総額が 300 万円以下の場合など、重
要性が乏しいものとして賃貸借処理をする場合

②　中小企業が所有権移転外リース取引を賃貸借処理した場合

Q65 ファイナンス・リースと改正消費税法は

Answer Point

♧リース取引の消費税についての課税関係は法人税法の規定によります。

♧貸手、借手双方について経過措置があります。

♠ 2008 年 4 月 1 日以後に契約したリース取引に関する取扱い

2008 年 4 月 1 日以後に契約したファイナンス・リース取引は、その目的となる資産が賃貸人から賃借人に引き渡されたときに資産の売買があったものとして取り扱われます（法法 64 条の 2）。

消費税での取扱いは、法人税の課税所得の計算における取扱いに従うことになっています（消基通 5 − 1 − 9）ので、通達によって売買があったものとされるリース取引については、当該リース取引の目的となる資産の引渡時に資産の譲渡があったことになります。

また、賃借人が賃貸借処理を行い、そのリース料について支払うべき日の属する課税期間における課税仕入等として消費税の申告をしても差支えないとして、いわゆる分割控除が認められています。

♠貸手に関する改正消費税法の経過措置

上述したとおり、リース取引の目的となる資産の引渡時に売買があったものとして取り扱われますので、借手がリース資産の引渡しを受けた時点の消費税率が適用されます。

ただし、改正消費税法施行日前（2019 年 9 月 30 日まで）に、リース取引の目的となる資産を引き渡した場合で、リース延払基準の方法により経理した場合およびリース譲渡にかかる資産の譲渡等の時期の特例を受ける場合は、引き続き旧税率である 8 ％が適用されることになっています。

♠借手に関する改正消費税法の経過措置

貸手の場合と同様、リース取引の目的となる資産の引渡時に売買があったものとして取り扱われますので、借手がリース資産の引渡しを受けた時点の消費税率が適用されます。

これは、借手が分割控除をした場合も同様です。

◆ 2008 年 3 月 31 日以前に契約したリース取引に関する取扱い

2008 年 3 月 31 日以前に契約したファイナンス・リース取引は、売買または、金融とされる取引を除き、賃貸借として取り扱われます（旧法人税法 136 条の 3）。

消費税での取扱いは、法人税の課税所得の計算における取扱いに従うことになっています（消基通 5 − 1 − 9）ので、上の条文によって賃貸借処理をしている場合には資産の貸付として取り扱われます。

◆改正消費税法での経過措置

改正消費税法では、2013 年 10 月 1 日から指定日の前日（2019 年 3 月 31 日）までの間に締結した資産の貸付にかかる契約に基づき、施行日前から引き続き当該契約にかかる資産の貸付を行っている場合において、当該契約の内容が次の「(1)および(2)」または「(1)および(3)」に掲げる要件に該当するときは、施行日以後に行う当該資産の貸付については、旧税率が適用されます（改正法附則 54、改正令附則 46）。

ただし、指定日以後に当該資産の貸付の対価の額の変更が行われた場合、当該変更後における当該資産の貸付については、この経過措置は適用されません。

(1) 当該契約にかかる資産の貸付期間およびその期間中の対価の額が定められていること。

(2) 事業者が事情の変更その他の理由により当該対価の額の変更を求めることができる旨の定めがないこと。

(3) 契約期間中に当事者の一方または双方がいつでも解約の申入れをすることができる旨の定めがないこと並びに当該貸付にかかる資産の取得に要した費用の額および付随費用の額（利子または保険料の額を含む）の合計額のうちに当該契約期間中に支払われる当該資産の貸付の対価の額の合計額の占める割合が 100 分の 90 以上であるように当該契約において定められていること。

なお、事業者が、この経過措置の適用を受けた課税資産の譲渡等を行った場合には、その相手方に対して当該課税資産の譲渡等がこの経過措置の適用を受けたものであることを書面で通知することとされています（改正法附則 58）。

Q66 譲渡等の時期の特例に関する経過措置は

Answer Point

♤リース延払基準の方法により経理した場合の長期割賦販売等にかかる資産の譲渡等の時期の特例を受ける場合における税率等に関する経過措置が設けられています。

♤リース譲渡にかかる資産の譲渡等の時期の特例を受ける場合における税率等に関する経過措置が設けられています。

♠所有権移転外リース取引は、消費税法上は資産の譲渡

　消費税法上で資産の譲渡として取り扱われるということは、仕訳だけではなく、消費税法の適用として資産の譲渡とするということなので、動産の貸付に関する経過措置の対象にはなりません。

　一方で、資産の譲渡等についての消費税法上の経過措置の対象になるので注意が必要です。具体的には、譲渡等の時期の特例に関する経過措置は適用される場合があります。

♠リース延払基準についての特例と経過措置

　事業者が、施行日前に行ったリース譲渡（所得税法65条2項または法人税法63条2項本文に規定するリース譲渡をいいます）について消費税法施行令32条の2第1項《リース延払基準の方法により経理した場合の長期割賦販売等に係る資産の譲渡等の時期の特例》の規定の適用を受けた場合において、同条2項の規定により施行日以後に資産の譲渡等を行ったものとみなされるリース譲渡延払収益額にかかる部分があるときは、当該リース譲渡延払収益額にかかる部分の課税資産の譲渡等については、旧税率が適用されます（改正令附則6）。

　ところで、消費税法16条《長期割賦販売等に係る資産の譲渡等の時期の特例》の規定の適用を受けている事業者が、適用を受けた課税期間の翌課税期間以後の課税期間において同条の規定の適用を受けないこととした場合には、リース譲渡にかかる対価の額のうち当該適用を受けないこととした課税期間以後の各課税期間におけるリース譲渡延払収益額にかかる部分は、適用を受けないこととした日の属する課税期間において資産の譲渡等を行ったも

のとみなすこととされています（消費税法施行令32③、32の23）。

　この場合であっても、改正令附則6条1項に規定する「施行日以後に資産の譲渡等を行ったものとみなされるリース譲渡延払収益額に係る部分」があることには変わりありませんので、当然に同条に規定する経過措置が適用されることとなります。

　これは、消費税法施行令32条1項並びに2項《延払基準の方法により経理しなかった場合等の処理》および同令33条《納税義務の免除を受けることとなった場合等の処理》から35条《合併等の場合の長期割賦販売等に係る資産の譲渡等の時期の特例》までの規定の適用がある場合についても同様です（経過措置通達23）。

♠ リース譲渡の時期の特例と経過措置

　事業者が、施行日前に行ったリース譲渡（所得税法65条2項または法人税法63条2項本文に規定するリース譲渡をいいます）について消費税法施行令36条の2第1項《リース譲渡に係る資産の譲渡等の時期の特例》の規定の適用を受けた場合において、同条2項の規定により施行日以後に資産の譲渡等を行ったものとみなされるリース譲渡収益額にかかる部分があるときは、当該リース譲渡収益額にかかる部分の課税資産の譲渡等については、旧税率が適用されます（改正令附則8）。

　ところで、消費税法施行令36条の2第2項の規定の適用を受けている事業者が、適用を受けた課税期間の翌課税期間以後の課税期間において同項の規定の適用を受けないこととした場合には、リース譲渡にかかる対価の額のうち当該適用を受けないこととした課税期間以後の各課税期間におけるリース譲渡収益額にかかる部分は、適用を受けないこととした日の属する課税期間において資産の譲渡等を行ったものとみなすこととされています（消費税法施行令32③、36の24）。

　この場合であっても、改正令附則8条1項に規定する「施行日以後に資産の譲渡等を行ったものとみなされるリース譲渡収益額に係る部分」があることには変わりありませんので、当然に同条に規定する経過措置が適用されることとなります。

　これは、消費税法施行令36条の2第3項の規定または同条4項の規定により準用される同令33条《納税義務の免除を受けることなった場合等の処理》から35条《合併等の場合の長期割賦販売等に係る資産の譲渡等の時期の特例》までの規定の適用がある場合についても同様です（経過措置通達24）。

Q67 改正消費税法施行後の解約は

Answer Point

♧改正消費税法により、2019年10月1日以降で取引から新税率である10%が適用されます。

♧売買処理取引は影響なく、賃貸借処理取引は場合分けが必要です。

♠改正消費税法の施行後に解約した場合の税率変更の影響

(1) 2008年4月1日以後に契約したファイナンス・リース取引の場合は消費税法上、引渡時点の税率が適用されますので、いろいろな理由による中途解約や双方の合意による契約解除があり、解約時点と当初の引渡時点で税率が異なっていても影響を与えません。

(2) 2008年3月31日以前に契約したファイナンス・リース取引の場合は消費税法上、資産の貸付として取り扱われますので、解約の理由により異なる取扱いになります。

① 借手の倒産や支払遅延など契約違反の場合の損害金は逸失利益の補償金であり、資産の譲渡等の対価には該当しませんので、課税の対象にならず、したがって、消費税率の変更が影響を与えることはありません。

② リース物件の滅失や毀損によって修復不能となった場合の損害金はリース物件に発生した損害にともなって支払われるものであり資産の譲渡等の対価には該当しませんので課税の対象にならず、したがって消費税率の変更が影響を与えることはありません。

③ リース物件の入替えなどのために合意解除する場合の損害金は当初の契約の中途解除にあたって、リース期間の短縮とこれに伴う既に支払われたリース料の改定を合意したことにより、それによって附則を生じることとなった金額の精算としての性格を有するものとして、リース料として消費税が課税されます。

経過措置の適用もありませんので、解約日時点の消費税率が適用されます。

(3) オペレーティング・リース取引の場合は、消費税法上、資産の貸付として取り扱われますので、(2)の場合と同じです。

♠対価の増減があった場合は

2008年4月1日移行に契約したファイナンス・リース取引について、対価の額が増減した場合にも、資産の引渡時点で売買があったものとして取り扱われます。

しかし、その理由が物件の追加などを理由とする場合には、その部分について新たな引渡しがあったものとしてその時点の税率が適用されます。

Q68 リース資産の減損と税務は

Answer Point

♧減損会計の適用は、事業目的に応じて資産をグルーピングしますが、リース資産も、当然減損会計の対象になります。

♧法人税法上、減損会計における評価損は、原則損金不算入となります。

♧リース取引のうち賃貸借処理を行う等オフバランスになっているものについては、減損会計の対象外になります。

♧貸手の場合は、賃借人の状況も減損会計の判断になります。

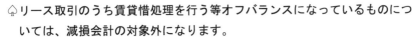

♠減損会計というのは

　減損会計とは、事業用の固定資産について経営環境の変化等によって当初予定していた投下資本の回収ができなくなったと認められたときに、当該固定資産の帳簿価額を減額するという会計処理をいいます。

　減損会計を行う目的として「決算日における資産価値を貸借対照表に表示することを目的とするのではなく、取得原価基準の下で行われる帳簿価額の臨時的な減額」と捉えられています。

　すなわち、他の資産の評価損とは目的が異なり、あくまでも今後の事業としての利用価値があるのか、その効果が期待できるのかといった点で判断することになります。

　これらの考え方には、固定資産のうち特に、土地、建物等については一物一価でなく、地域平均的な価格は存在するものの、実際に当該資産の時価は客観的には判断できないという事情もあります。

♠減損会計の適用は

　このため、減損会計を適用するにあたって、個々の固定資産ではなく、事業目的から資産をグルーピングし、そのグループごとに評価するものであり、毎決算期に適用されるものではなく、一端過去において評価をすれば、それが取得価額となり、評価益や減損損失の戻入れは計上されません。

　当然、リース資産においても、事業のグルーピングの中に存在すれば、減損会計の対象に含まれます。

♠固定資産評価損は原則損金不算入

　減損会計は、当該資産の今後の事業における投下資本の回収見込みを評価の基準としていることから、減損会計の適用にあたっては、ある程度、企業の判断にゆだねられるところがあります。

　このため、法人税法上減損会計の適用は、国定資産にかかる評価損の計上にあたるため、原則として損金に算入されないことになります。

　法人税法上、固定資産の評価損の損金算入が認められるのは、図表126のとおり、法人税法で認められた場合に限られます（法法33条2項、法令58条3号）。

【図表126　固定資産の評価損の損金算入が認められる場合】

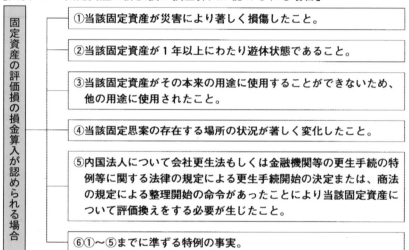

　いずれの場合も、固定資産を減損する原因として客観的な事実が存在することが前提であり、当該事実の発生した事業年度での評価損の計上に対して損金算入を認めています。

♠リース資産の売買処理による減損は

　リース資産のうち、ファイナンス・リース取引については、固定資産を購入したと同様に、売買処理を行います。

　これらの考え方は、リース取引を固定資産の購入とその分割払いといったことを想定しており、所有権の移転は賃貸人において、担保的な意味合いを持っているという前提があります。

　このため、当該リース資産も、減損会計適用においては、資産グループと

して、減損の対象となります。

　売買処理されているリース資産は貸借対照表上他の固定資産と同様に固定資産の部に計上されていることから他の資産と同様の方法により評価、会計処理を行います。

♠リース資産の賃貸借処理による減損は

　リース資産のうち、賃貸借処理を行っている場合も、当該資産の事業における利用価値を判断し減損会計を適用します。しかし、賃貸借処理の場合、対象となる資産の計上はされておらず、今後発生する賃借料も賃貸人との間での取決めであることから、変更することはできません。

　このため、賃貸借処理を行っている場合、注記として記載されている場合には、当該注記の未経過リース料残高に対して減損会計を適用することになります。

　なお、オペレーティング・リース取引やファイナンス・リース取引のうち賃貸借処理をしているが注記を行っていない場合は、減損会計の対象外となります。

♠貸手側の処理は

　貸手において、リースを行っている固定資産の場合、リース取引に関する事業性を判断して減損会計を適用するかについて判断することになります。すなわち、今後リース資産として投下資本を回収できるかといった観点からの判断になります。

　売買処理を行っている場合は、当該固定資産の所有権が留保されている場合においても、固定資産としての計上はなされていません。このため、減損会計の適用をすることはできません。

　一方で、今後回収予定のリース料総額を基準としてリース債権として、計上されているものについては、固定資産ではなく、売掛債権に属するものとして、賃借人の状況によっては、貸倒引当金の計上が必要になる場合があります。

　また、賃貸借処理を行っている場合には、リース資産は通常の固定資産として計上されていることから、当然に減損会計の対象となります。この場合、減損会計を適用する判断としては、当該固定資産の価値ではなく、リース取引としての事業性の判断であり、賃借人の経営状況も勘案して判断されることになります。

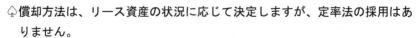

Q69 リース資産の減価償却は

Answer Point

♤リース資産も固定資産と同様に減価償却を行います。

♤減価償却を行うための要素である、取得価額、耐用年数、残
存価額はリース資産特有に計算されたものを利用します。

♤償却方法は、リース資産の状況に応じて決定しますが、定率法の採用はあ
りません。

♠リース資産の減価償却というのは

　減価償却は、固定資産をその経済的有効利用期間にわたって、費用を配分
するために行われる会計上の手続です。

　すなわち、固定資産の取得に要した費用（固定資産の購入代価と付随費用）
をその利用期間にわたって費用化する手続です。

　リース資産は、従来、所有権はリース会社にあると考えられており、借手
側は、基本的には、リース料の支払いをその利用に対する対価と判断してき
ました。しかし、新リース会計基準では、リースは資産計上されることから、
実質的は、固定資産を取得しているものと同様に扱われるようになりました。

　このことから、他の固定資産と同様に減価償却を行うことになります。

　ここで、減価償却を行うための要素は、取得価額と耐用年数、残存価額の
３つ要素が必要になってきます。

♠リース資産の取得価額は

　取得価額は、減価償却における費用配分の基礎となる金額ですが、貸手の
購入価額が明らかな場合は、リース総額の現在価値と貸手の購入価額のいず
れか低いほうです。

　もし、貸手の購入価額が判明しない場合は、リース総額の割引現在価値と
見積現金購入価額のいずれか低いほうをもって取得価額とします。

♠リース資産の残存価額は

　固定資産の場合は、通常取得価額を基礎としてその１０％（５％）を残存
価額として減価償却を実施していますが、リースの場合は、通常は残存価額

⑥ リース取引をめぐる税務のポイント

ゼロ円として計算します。

しかし、リース契約上に残価保証の取決めがある場合は、原則として当該残価保証額を残存価額とします。

♠リース資産の耐用年数は

耐用年数は、原則としてリース期間を耐用年数とします。しかし、リース期間終了後に再リース期間を定めて、ファイナンスリース取引の判定において、リース期間に含めている場合には、リース期間に再リース期間を加えた期間をもって耐用年数とします。

♠リース資産の償却の方法は

リース資産の償却方法は、定額法、級数法、生産高比例法から企業の実態に応じたものを選択することになります。固定資産において税法上適用されている定率法については、リース資産においては、採用できません。

また、他の固定資産が採用している償却方法と同一の方法によりリース資産の減価償却を行う必要はありません。すなわち、固定資産とリース資産の減価償却の方法が異なっていたとしても問題はありません。

♠減価償却計算方法は何を適用すればいい

会計上の所有権移転外ファイナンス・リース資産の償却期間はリース期間とし、残存価額は原則としてゼロとし、償却方法は企業の実態に応じたものを選定することとなっていますが、税法ではリース期間定額法によるものとされています。

♠リース期間定額法というのは

リース期間定額法では、図表 127 の算式で減価償却費を計算します。

【図表 127　リース期間定額法による減価償却費の計算式】

減価償却費＝{（リース資産の取得価額）－（残価保証額）}
　　　　　　　×その事業年度の使用月数／リース期間の月数
リース資産の取得価額＝リース費用の総額－利息相当額

残価保証額とは、リース期間終了後にリース資産の処分価額が契約時に定められている額に満たない場合には、その差額を借手が支払うこととなっているときの定められている額のことをいいます。

Q70 外形標準課税とリースの処理は

Answer Point

♣ 外形標準課税とは、2004年4月1日から導入・施行された地方税です。本来法人の所得に対して税金を課税されるのが通常ですが、こちらは法人の所得に対して課される割合を減らし、法人の事業そのものに課されます。

♣ リースにかかる支払利息は、付加価値額に含まれます。

♠ 外形標準課税というのは

外形標準課税とは、2004年4月1日から導入・施行されたもので、資本金が1億円を超える法人に課される地方税です。

本来法人の所得に対して課税されるのが通常ですが、直間比率の是正の観点から法人の所得に対して課される割合を減らし、法人の事業そのものに課そうというものです。

事業そのものとは、事業の大きさを基準に判断することであり、具体的には事業所の床面積や従業員数、資本金等およびその事業を行うことでの付加価値など外観から客観的に判断できるものを利用します。

外形標準課税が課せられる場合、地方税は、①法人の所得に対して課税される所得割、②事業の収益配分額と単年度損益の合算に対して課税される付加価値割、③企業の規模（資本金）に対して課税される資本割の3つを別個に計算し、合算して課税されることになります。

【図表128　外形標準課税】

外形標準対象外の法人	外形標準対象法人	
所得×9.6%	所得×7.2%	付加価値割0.48%
		資本割0.2%

（税率は標準税率による）

付加価値割
　　（①報酬給与額＋②純支払利子＋③純支払賃借料）＋単年度損益（赤字の場合は①②③から控除します）
資本割
　　資本等の金額（資本金＋資本積立金）

♠外形標準課税における付加価値割は

外形標準課税のうち、付加価値割分における収益配分額は、給与や支払利息、賃借料等を基準に計算されます。すなわち、これらの金額が大きくなれば、課税金額も増加することになります。

今回のリース会計基準の改正および2007年度税制改正でのリースの会計処理変更は、外形標準課税にも影響してきます。

【図表129 付加価値額】

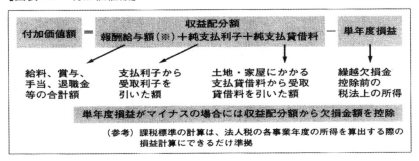

♠純支払利子の処理は

2007年度税制改正およびリース会計基準の改正は、今まであいまいだったファイナンス・リース取引について、使用賃貸ではなく、分割売買という概念を明確にしてきました。

すなわち、従来の使用賃貸であれば、リース料の考え方は、借手側としては、当該資産の使用に対する費用としての認識であり、貸手としては、当該資産を使用させることによる収益として、ともに賃貸を行うことによる役務収入・支出としてとらえていました。

これに対して、改正リース会計基準において売買処理を行うということは、借手においては、当該資産の代価の分割払いの代金と分割払いに伴う支払利息であり、費用化されるのは、支払利息のみになります。

一方で、資産を所有することになるため、当該資産の減価償却費が費用化されることになります。1年で考えれば、減価償却費と支払利息が費用化されています。

また、貸手については、処理の方法にもよりますが、売却代金の分割回収部分とそれに伴う受取利息になり、売買代金そのものは、売却時に収益として計上されることになります。

このため、ファイナンス・リース取引のうち、所有権移転外ファイナンス・リースを賃貸借処理で行っていた場合、今までリース料自体は、収益配分額

の計算を行ううえでは対象外でしたが、今後は、売買処理を行わなければならず、その場合には、上述のように、利息部分を分けて計上することになることから、利息部分については、支払利息、受取利息として収益配分額の計算に算入され、事業税の付加価値割の計算に含められることになります。

　当然経過措置において、過年度分について、賃貸借処理から売買処理への会計処理を変更した場合も同様です。

♠不動産賃貸の扱いは

　一方で、不動産賃貸については、土地、建物の賃貸部分の賃借料については、すべて、支払家賃および受取家賃として計上されていました。このため、付加価値割の計算においては、収益配分額の純支払賃借料として含めていました。

　しかし、今回のリース会計基準の改正で、今まであいまいだった不動産賃貸について、ファイナンス・リース取引や、オペレーティング・リース取引に該当する場合は、リース取引として処理することが明記されました。

　このため、不動産賃貸においても、リース会計基準に照らして、リース取引となる場合は、リース取引としての処理を行うことになり、建物については、一部ファイナンス・リース取引に該当するものが出てくる可能性があります。

　この場合、ファイナンス・リース取引とされた場合、賃借であったとしても、売買処理を行うことになります。

　このため、事業税の外形標準課税の計算にあたり、付加価値割の中で、純支払賃借料ではなく、支払リース料、受取リース料に含まれる利息部分だけが、計算に含まれることになります。

♠会計処理の変更による影響は

　リース会計基準の改正によって会計処理の変更を行った場合、財務諸表規則によれば、当該会計処理の変更を行った旨の他に、その影響額を記載することになります。

　通常税金の影響額は、当期純利益に影響することになりますが、外形標準課税においては、事業税の付加価値割部分が影響額の対象となっていることから、事業税の付加価値割部分が、販売費及び一般管理費の区分として計上されている関係から、会計処理の変更に伴う影響額の計算においては、影響額は営業利益以下各利益に影響することになります。

Q71 固定資産税とリースの関係は

Answer Point

♤所有権を有している人が申告納税者になります。
♤少額なリース資産については、課税されません。

♠固定資産税とリースの関係は

　固定資産税は、毎年1月1日に土地、家屋、償却資産を所有している人に対して、課税される税金です。リース資産についても、同様です。リース資産の所有者が申告・納税します。

♠ファイナンス・リースのときは

　所有権が借主に移転するものについては、借主が申告・納税します。一方、所有権が移転しないものは、貸主が申告・納税します。

　ただし、リース期間満了後に格安な対価で借主に譲渡するような場合には、借主が申告納税をするという取扱いがあります。

　しかしこの場合、所有権はあくまで貸手側に留保されている状態であるため、共有物とされます。したがって、固定資産税において共有物に対する納税義務は、連帯して負うものとされているため、貸手・借手が連帯して固定資産税の申告・納税の義務を負います。

♠固定資産税が課税されない額は

　固定資産税は、少額資産については課税されないことになっています。
⑴　耐用年数1年未満の資産。
⑵　取得価額10万円未満の資産で法人税法等の規定により一時に損金算入されたもの（少額償却資産）。
⑶　取得価額が20万円未満の資産で法人税法等の規定により3年以内に一括して均等償却するもの（一括償却資産）。
⑷　自動車税・軽自動車税の対象となるもの。
　法人において、⑵や⑶の場合であっても、通常の減価償却を行っているものは、課税対象となります。

Q72 相続税とリースの関係は

Answer Point

♤被相続人のリース債務は、債務控除できます（課税財産から控除ＯＫ）。

♤レバレッジド・リースについては、他の所得との損益通算が規制されています。

♠被相続人のリース債務と債務控除は

被相続人（死亡者）が契約していたリース契約においてそのリース期間が満了していない場合、残りの期間に相当する部分のリース料について相続税の計算上債務控除が可能でしょうか。

既に経過した期間についての未払部分があれば、その部分については債務控除可能です。しかし、未経過の残存契約期間にかかる部分について債務控除可能かどうかは疑問がありました。

従来は、債務の存在について確実と認められるものとして債務控除の対象と理解していたものと思われます。

2007年度の改正で、税務上の処理として、ファイナンス・リースについては、売買処理に準じた方法によることとされましたので、リース資産とリース債務を通常の動産、債務として取り扱うことになります。しかし、オペレーティング・リースの場合には解約可能であるため残存期間についての確定債務ということにはなりませんので、不要であれば早く解約しておく必要があります。

♠レバレッジド・リースと所得税・法人税

レバレッジド・リースとは、航空機やヘリコプターなどをリース契約の対象物件として貸手としてリース契約をすることです。航空機などを購入するためには複数の出資者を募って資金を集めることから、少ない資金で大型物件を購入することができることをレバレッジ（てこ）と呼んだものです。

このような契約を締結することにより、契約期間の前半では損失が生じ、期間満了時点で売却益が発生します。このことを利用して、税金の繰延効果を実現します。しかし、所得税については2005年改正で、法人税については2007年改正でメリットがなくなりました。

⑥ リース取引をめぐる税務のポイント

Q73 セール・アンド・リースバック取引の税務は

Answer Point

♧セール・アンド・リースバック取引とは、賃貸人が賃借人から資産を購入し、その資産を同一賃借人にリースする取引です。

♧税務上は、セール・アンド・リースバック取引をリース取引とせず、いわゆるリース料の支払いは借入金の返済とそれに対する利息の支払いとして取り扱われます。

♠セール・アンド・リースバック取引というのは

セール・アンド・リースバック取引とは、賃貸人が賃借人から資産を購入し、その資産を同一賃借人にリースする取引です。

この取引は、厳密に言えば図表130のように2つの取引が合体したものです。すなわち、①賃借人から賃貸人への資産の売買および賃貸人から賃借人への代金の支払い、②賃貸人から賃借人への資産の貸付および賃借人から賃貸人への使用料（リース料）の支払いです。

【図表130　セール・アンド・リースバック取引のしくみ】

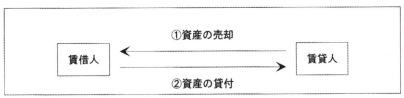

しかし、この取引の対象となる資産ははじめから賃借人のところにあり、あくまでも書類上、所有権だけが賃貸人へ移ったに過ぎません。これは、見方を変えれば①資産の売却による賃貸人から賃借人への金銭の授受は単なる資金の貸付であり、②賃借人から賃貸人へのリース料の支払いは貸付に関する返済と利息の支払いとも取れる可能性があります。

そこで、これらの取引は、資産の種類、売買および賃貸に至るまでの事情その他の状況に照らし、これら一連の取引が実質的に金銭の貸借であると認められるときは、資産の売買はなかったものとし、かつ、資産の賃貸人から賃借に対する金銭の貸付があったものとして扱われます。

すなわち、セール・アンド・リースバック取引ではなく、単純な資産担保の資金の貸付になります。

　なお、セール・アンド・リースバッグ取引では、最初に貸借人から貸借人の資産の売却としての取引も金銭の貸付となることから、当該取引により発生した損益も取り消されることになります。

　税務上は、上記の取引の中で、セール・アンド・リースバッグ取引としての会計処理を行ったとして税務処理を行うか、それとも金銭の貸付・返済として扱うかによって年度の所得計算が異なってくることから、一定の基準を設けています。

　当然、セール・アンド・リースバック取引をリース取引としなかった場合は、リース料の支払いは借入金の返済として取り扱われます。

　その際、リース期間中に支払うべきリース料の額の合計額のうちその借入金の元本返済額に相当する金額と利息部分を区分し、利息部分についてのみ損金に計上していきます。

♠セール・アンド・リースバック取引に該当するものは

　「金銭の貸借」に該当するかどうかは、取引当事者の意図、リース資産の内容等から、そのリース資産を担保とする金融取引を行うことを目的とするものであるかどうかにより判定します。

　具体的には、セール・アンド・リースバッグ取引のうち図表131に掲げるような取引については該当しません。

【図表131　セール・アンド・リースバック取引に該当しないもの】

| セール・アンド・リースバック取引に該当しないもの | ①賃借人が賃貸人に代わり資産を購入することに相当の理由があり、かつ、その資産について、立替金、仮払金等の仮勘定で経理し、賃借人の購入価額により賃貸人に譲渡するものとされています。相当の理由とは、多種類の資産を導入する必要があるため、譲渡人（賃借人）において当該資産を購入したほうが事務の効率化が図られること、輸入機器のように通関事務等に専門的知識が必要とされること、既往の取引状況に照らし、賃借人が資産を購入したほうが安く購入できることが理由としてあげられています。 |
| | ②法人が事業の用に供している資産について、その資産の管理事務の省力化等のために行われるもの。 |

Q74 オペレーティング・リース取引の税務は

Answer Point

♧借手は、賃貸借処理をします。

♧貸手は、税務上の償却限度額の範囲で減価償却をします。

♠オペレーティング・リース取引の税務取扱いは

リース会計基準では、リース取引のうちファイナンス・リース取引以外の取引をオペレーティング・リース取引としています。

そもそもリース取引とは、賃貸人が賃借人に物件を使用させることで、その使用料を受け取るという取引ですが、その賃貸する物件の状況によってリース契約はさまざまです。

そのリース会計基準でリース取引を明確に定義しています。

税務では、リース会計基準のファイナンス・リース取引をリース取引と定義し、オペレーティング・リース取引は、リース取引以外の賃貸借取引として、一般の賃貸借取引と同様に扱っています。

♠借手側の処理は

借手は、リース会計基準に従って、賃貸借処理を行うことから、賃貸人に対して支払ったリース料（賃借料）を損金として処理します。

通常、賃貸料は使用期間に基づいて支払義務が発生することから、現金等の支払いの有無ではなく、契約による計上をもって損金として扱います。

♠貸手側の処理は

貸手は、賃貸借処理を行っていることから、リース資産を保有していることになります。このため、当該資産は、他の保有資産と同様、資産の種類に応じて、法人税法上、「減価償却資産の耐用年数等に関する省令」に基づいて、償却限度額を限度として、減価償却を行います。

次に、賃借人から受け取った賃借料は、受取リース料（賃貸料）として益金処理します。借手の場合と同様、賃借料は使用期間に基づいて受取りが確定する債権であることから、現金等の受取りの有無ではなく、契約による計上をもって益金として扱います。

Answer Point

♧ リース期間が耐用年数に比して短い場合、所有権移転リース
　取引に該当します。

♠ リース期間が耐用年数に比して短いときは

　固定資産を導入する際に、リース契約によるか売買契約によるかは、企業
の自由です。しかし、課税の公平性の観点からは、同一の資産を同一に近い
状況で保有している場合には、税法上の取扱いを同じくすべきです。

　したがって、リース期間が耐用年数に比べて短く、そのままでは税負担が
軽減されるような場合は、所有権移転リース取引に該当するものとして、売
買処理を適用します。

♠ リース期間が法定耐用年数に比して短いというのは

　リース期間が法定耐用年数に比して短いとは、当該リース期間がリース資
産の法定耐用年数の 70% に相当する年数（1 年未満切捨て）を下回る期間
である場合をいいます。ただし、法定耐用年数が 10 年以上の場合には、法
定耐用年数の 60% を基準とします。

♠ 税負担を著しく軽減することは認められないもの

　リース期間がリース資産の法定耐用年数に比べて相当の差異がある場合で
あっても、賃借人の法人税の負担を著しく軽減させることになると認められ
ないものとして次のようなリース取引が示されています。

　賃借人におけるそのリース資産と同一種類のリース資産に係る既往のリー
ス取引の状況、当該リース資産の性質その他の状況からみて、リース期間の
終了後に当該リース資産が賃貸人に返還されることが明らかなリース取引に
ついては、「賃借人の法人税の負担を著しく軽減することになると認められ
るものには該当しないことに留意する」（法人税法基本通達 7 － 6 の 2 － 8）。

　なお、改正前リース税制で認められていた前払費用処理は削除されていま
す。これは、引渡しのときに売買処理がなされることとなったため、費用処
理という考え方があてはまらなくなったためです。

*A*nswer Point

♧ 連結の範囲の決定は、賃貸借処理を行った場合には、資産基準の判定においては、リース資産残高を考慮して行います。

♧ 2007 年の改正により、売買処理を厳密に採用することで、資産基準としての重要性が増加した場合は、今期より新規連結したものとみなして処理します。

♧ 持分法適用会社等では、利益基準での判断であることから、リース料額と減価償却費の計上額を比較して検討することになります。

♠連結の範囲および持分法の範囲の決定は

　連結財務諸表の提出が必要な会社では、まず、連結や持分法の対象となる企業の範囲を決定します。原則的には、持株割合を考慮した形式基準や役員の兼務状況や取引内容を考慮した実質基準で判断し、基準を満たした関連会社は、すべて連結や持分法の適用子会社になりますが、一方で、連結財務諸表に与える影響額が僅少である場合や、連結や持分法の対象とすることで、著しく連結財務諸表の数値をゆがめてしまう場合には、重要性の観点から連結除外が認められています。

　これらの範囲の決定は、連結財務諸表作成全体にかかわる基本方針であり、慎重にならなければならないものです。

♠範囲を決定するための指標は

　子会社を連結の範囲に含めるか否かを決定するにあたっては、子会社の資産額、売上高、利益額、利益剰余金の額からみて、連結の範囲から除いても企業集団としての財政状態や経営成績に関する合理的な判断を妨げない程度の重要性を考慮して決定することになっています。通常、子会社の資産額には、財務諸表本体に計上されている項目の数値を基礎としており、注記の金額は考慮されません。

　従来の基準では、所有権移転外ファイナンス・リースについては、売買処理を選択せず、賃貸借処理を選択することにより、注記により売買処理を行った場合と同様の情報を開示する方法も認められていました。このため、売買

処理をした場合と賃貸借処理をし、注記をした場合に、財務諸表本体に与える影響額が相違することになります。

したがって、子会社の範囲を決定にあたり、注記の金額も考慮して子会社の範囲を決定することが重要です。すなわち、一定の注記と賃貸借取引を行ったとしても、売買処理を行った場合の資産の金額をもって重要性の判断をすることが必要と思われます。

♠継続性の問題は

従来、連結の範囲の決定においては、資産基準で行うとともに、注記の状況を勘案して判断を行うことで、連結の範囲の重要性について判断してきましたが、今後、所有権移転外ファイナンス・リースにおいては、売買処理による処理を行うことにより、資産計上され資産基準を適用することになります。

このため、リースの金額の多寡によっては、今期より連結の範囲が増加するケースが発生する場合もあります。この場合、前期以前の連結財務諸表と、適用年度以降の連結財務諸表の範囲が異なることになります。

この場合には、重要性の判断で、連結の範囲から除外されていた子会社の重要性が増したことにより、連結の範囲が拡大した場合と同様の処理が必要になります（連結財務諸表作成に関する重要な事項の連結の範囲においてその旨と理由の明記）。

その際には、個別財務諸表では、資産の受入れを考慮し、その取得価額等の計算を行った結果をもって処理されることになります。

♠持分法の範囲の決定は

持分法の範囲の決定に際しては、当初より持分法を適用することにより連結財務諸表の数値に影響があるか否かの観点から関連会社・非連結子会社の利益・利益剰余金の状況を考慮して判断することを求められています。

賃貸借処理を行った場合と売買処理を行った場合の相違は、リース料額と減価償却費との関連で比較されることになります。

売買処理に変更することで、耐用年数の関係で持分法の適用、非適用に変化がある可能性があります。

この場合は、会計処理の変更により生じた差異であり、変更適用時期から持分法の適用、非適用への変更が妥当であるかは、連結財務諸表全体もしくは、連結グループ全体として判断する必要があります。

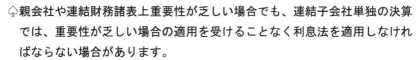

Q77 連結でのリース資産の費用化は

Answer Point

♤リース資産総額に重要性が乏しいか否かは、個別財務諸表の処理に関係なく、連結財務諸表上で行うことになります。

♤個別財務諸表と連結財務諸表の処理が異なる場合は、連結手続において個別財務諸表修正を行います。

♤親会社や連結財務諸表上重要性が乏しい場合でも、連結子会社単独の決算では、重要性が乏しい場合の適用を受けることなく利息法を適用しなければならない場合があります。

♠リース資産の費用化の原則は

　ファイナンス・リース取引を行った場合は、リース取引は売買処理に準じた方法により処理されることになることから、リース資産が計上されることになります。リース資産は、時の経過に従って他の固定資産と同様に費用化されることになります。

　通常の場合は、図表132のようにリース資産を本体部分と利息相当額部分に分解してそれぞれ減価償却費、支払利息として費用化されます。

　一方で、少額なリース資産を取得した場合に配慮して、リース資産の重要性の判断により、リース会計基準によれば、リース資産総額に重要性が乏しい場合は、①リース料総額から利息相当額を控除しないでリース債務を計上し支払利息を計上せずに減価償却費を計上する方法、②利息相当額を利息法によらずに定額で期間に配分する方法のいずれかを採用することができます。

♠リース資産の重要性が乏しいというのは

　通常、リース資産総額に重要性が乏しい場合というのは、未経過リース料の期末残高が当該期末残高、有形無形固定資産の期末残高の合計額に占める割合が10%未満である場合としています。

　すなわち、もし、リース資産が通常の資産として、貸借対照表に計上された場合に、どのくらいの影響額があるか、が重要性の判断の基準となります。

　そして、リース会計基準においてこの影響額を、リース資産総額の残高（未

【図表132　連結上での重要性の判断】

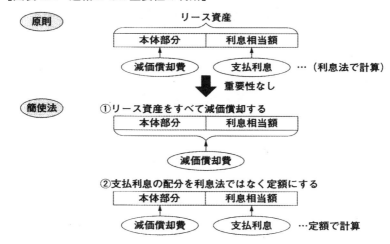

経過リース料残高）と貸借対照表の固定資産の部の合計金額を比較します。

　この基準については、連結財務諸表上では、個々の会社の処理にかかわらず、連結財務諸表における判断となり、連結グループ全体のリース資産総額が、連結財務諸表上の有形固定資産、無形固定資産の期末残高にリース資産総額を加えたものの10％未満の場合は、リース総額に重要性が乏しいと判断されます。

♠連結上の問題点は

　ここで問題となるのは、例えば、個別財務諸表では、重要性が乏しいとして、簡便的な方法により費用化していたとしても、連絡財務諸表上で重要性があると判断された場合は、連結財務諸表上は、リース資産の費用化は原則的な方法で行われることになります。

　個々の会社の個別財務諸表では、正しい処理を行っているわけですから、この差額分は、当然のことながら、連結財務諸表作成においての修正仕訳として処理されることになります。

　しかしながら、連結財務諸表の繰越は、開始仕訳を通じて行われることになりますが、固定資産の場合は、その資産が利用されている期間（リース期間）を通じて開始仕訳とその期分の連結修正仕訳を行うことになります。

　これでは、連結財務諸表作成するための作業は膨大となり、早期開示を求められている時代においては、連結作業時での負担を少しでも軽減する必要があるにもかかわらず、事務的負担が増加することになります。

♠連結財務諸表作成時の負担を減らすために

　前述のように、連結財務諸表を作成する時点での修正をできるかぎり減らすことが重要なポイントになってきます。

　例えば、図表133のように、子会社が中小企業の場合は、土地や建物を保有していることは少なく、その一方で機械装置等をリース契約で取得しているケースは多く見受けられます。

　この場合は、親会社において、重要性がなくても、子会社では、重要性がありという判断がされ、その一方で、連結上は重要性がありと判断されることになれば、親会社の会計処理分の修正を行うことになるのです。

　この場合は、親会社の財務諸表を作成する際に、リース資産の処理を原則的な方法で行うこと必要になるケースがあります。

　このように、リース資産の費用化に関する重要性の判断は、一度連結グループ全体で判断を行ったうえで、個々の会社の判断を行うことが重要です。

【図表133　重要性の判断】

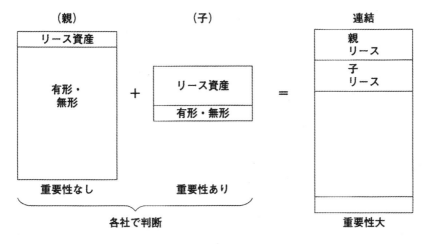

【図表134　重要性の判断式】

$$\frac{未経過リース料の期末残高}{有形固定資産の期末残高＋無形固定資産の期末残高} \leqq 10\%$$

　なお、連結財務諸表の場合は、当該契約は直結財務諸表の数値を利用して判断します。

Answer Point

♤連結財務諸表では、連結ベースの取引実態を元に連結取引の判断をすることが必要です。

♤親会社と子会社の会計処理が統一されている場合は、そのまま連結財務諸表を作成します。

♤親会社と子会社の会計処理が統一されていない場合は、両者の処理を連結上の個別財務諸表の修正として繰越処理します。

♠第三者とのリース取引というのは

第三者とのリース取引とは、連結グループの各企業が、連絡グループ以外の企業との関係で行うリース取引をいいます。

固定資産の取得は、連結グループ内の各企業の判断に任せられており、また固定資産の取得にあたり、リース取引とするか購入取引とするかは取得における影響度から検討されています。

通常、契約は個々に行うケースがほとんどですが、未経過リース料の総額や残価に関して親会社が保証を行うケースもあります。このようなケースの場合は、契約上は内部取引ではなくても個々の会計処理の方法にかかわらず、当該行為がグループ内取引であるとして連結取引の検討において考慮されるべきものです。

♠親会社と子会社の会計処理が統一されているときは

第三者とのリース取引において、親会社と子会社の会計処理基準が統一されている場合は、個々の財務諸表において処理されているものに対して、修正することなくそのまま連絡財務諸表を作成します。

従前より使用しているリース資産につき、所有権移転外ファイナンス・リース取引において、賃貸借処理を行っている場合には、売買処理への変更をすることができます。

この場合は、親会社、子会社の会計処理基準を統一する観点から、変更されるか否かについては、連結グループとして検討し、もし変更する場合は、親会社、子会社ともに変更することが必要です。

♠親会社と子会社の会計処理が統一されていないときは

第三者とリース取引において、親会社と子会社の会計処理基準が統一されていない場合は、連絡財務諸表を作成にあたって個別財務諸表を修正する必要があります。

これらの修正は、あくまでも、連結財務諸表を作成する際の個別修正として扱います。

♠親会社が売買処理で子会社が賃貸借処理のときは

このケースは、売買処理が原則であることから子会社の賃貸借処理について売買処理に変更することになります。

売買処理を行うにあたって、リース資産・リース債務を計上することになります。この際に計上される金額については、連結グループ全体から、必要な処理を検討します。

子会社が、賃貸借処理をしている場合、支払リース料が損益計算書に計上されていることになりますが、売買処理に変更することで、減価償却費に変更されます。

しかし、リース資産・リース債務の計上金額や、費用化の処理方法（利息法の適用など）によっては、差額が発生することになります。これらは、連結上損益の修正として、開始仕訳を通じて利益剰余金の修正として、繰越処理されます。

当然、子会社の注記は、連結財務諸表を作成する際に消去されます。

♠親会社が賃貸借処理で子会社が売買処理のときは

リース会計において賃貸借処理は例外的に認められているものであり、原則的な方法ではありません。したがって、子会社の処理を賃貸借処理へ変更することはできません。例外的に、親会社は売買処理、子会社は賃貸借処理のままで処理することが認められています。

しかし、この方法は、同一条件下のリース取引において貸借対照表と注記にまた損益計算書においては減価償却費と支払リース料のそれぞれ2つ以上の科目にわたって処理されることになり、連結財務諸表の利害関係者においてはあまり好ましいとはいえません。

そこで、制度上はいわゆる泣き別れの処理は、認められていますが、連結財務諸表の利用者の便宜を考慮すれば、親会社の処理を売買処理へ変更して連結することが望ましいと思われます。

【図表135　連結上の取扱い】

連結上の取扱い		親会社	
		賃貸処理	売買処理
子会社	賃貸処理	売買処理へ変更可	売買処理
	売買処理	㊜ 賃貸処理 ㊚ 売買処理 OR 売買処理	売買処理のみ

◆親会社子会社の会計処理の統一

　連結財務諸表は、連結企業グループとしての財政状態や経営成績を報告するものです。従前においては、個別企業の決算書が重視され、参考程度に連結グループとしての状況を報告するというスタンスで連結財務諸表が作成されていましたが、連結財務諸表の開示が中心となった1996年以降においては、個別の財務諸表より連結財務諸表の作成に重点が置かれています。

　この中で、重要な会計方針の統一は、重要な課題です。もともと別々の会社であったとしても、同一グループで同一の取引をしている場合は同一の会計処理基準で行うことは当然であり、連結財務諸表の基本といえるでしょう。

　しかし、このような観点から、各社では、財務諸表本体に記載される会計処理については、統一に関して注力されている一方で、注記事項は後回しになっていたのも現実です。

　2007年度のリース会計基準の改正は、もともと注記されていたものを貸借対照表に載せることになる改正です。そのためには、リースの処理について、いま一度、連絡グループで検討することが必要であり、リース会計基準の適用については、個々の会社で判断するのではなく、連結グループとしてどのように取り組むのか、についても検討するする必要があります。

　また、子会社に対してもしくは、親会社からといった連結グループ内部でリース取引を行っていた場合は、賃貸借処理を行っていれば、連結消去において支払いもしくは、受取リース料の相殺と注記の削除で済んでいましたが、売買処理に準じた処理を行ううえでは、連結消去する科目も増加します。

　このため、会計処理を統一することは当然としても、連結グループ内でのリース取引については、その必要性と同時に、連結財務諸表を作成するうえでの作業量との観点からいま一度リース取引そのものの見直しも必要だと思われます。

Q79 連結財務諸表での連結内部とのリース取引は

Answer Point

♤連結内部の取引は消去の対象であり、連結グループとして実態を考慮して、連結消去を行います。

♤両者の会計処理が統一され、売買処理で統一されている場合は、今後連結リース会計の基礎となります。

♠連結内部取引は連結消去の対象となる

連結財務諸表を作成するにあたり、連結企業グループ間の取引は内部取引として、連結財務諸表作成過程で消去されます。

親会社から子会社へまたは子会社から親会社へ固定資産をリースしている場合は、そのリース取引に関連する項目については、消去されることになります。

その結果、連結財務諸表は、連結外部からの固定資産の購入取引として扱われることになります。財務諸表を合算した場合に当該結果になるように連結消去を行うことになります。

しかし、リース会計では、処理法や、リース資産・リース債務の計上方法や金額が異なっている場合が多く、これらの事実に基づいて消去を行うためには、両者の会計処理を統一する必要があります。

もし、両者の会計処理が異なっている場合においても、連結グループとしての判断であり、個々の会社の個別財務諸表レベルでは、それぞれの基準に

【図表136 連結消去の対象】

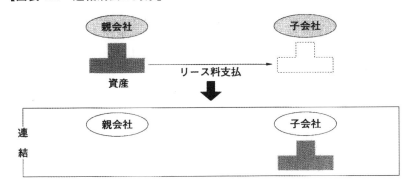

おいて適正に処理されているわけですから、個別財務諸表の修正ではなく、連結財務諸表を作成する際の、もしくは連結精算表上での個別財務諸表修正として扱われます。

　したがって、両者の会計処理が異なっている場合には、連結財務諸表を作成する作業が増加することになります。このため、連結財務諸表を作成しているグループにおいては、個々の判断はともかく、連絡グループとしての判断を個々の企業レベルで判断しておくことも、重要です。

【図表137　子会社の資産を売買処理にて親会社にリースした場合】

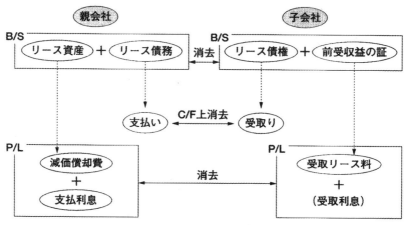

＊消去を前提として金額は一致するように会計処理が必要
B/S：貸借対照表、P/L：損益計算表、C/F：キャッシュフロー計算表

♠親子会社とも売買処理を行っているときは

　個別財務諸表では、貸手は資産を購入し、それを借手へ売却処理を行っています。借手は、売買処理を行うことから、リース資産・リース債務の計上を行っています。

　まず、リース資産の計上にあたり、借手のリース資産の計上額は貸手の購入価格が判明していれば当該価格と利息部分を分割して計上します。一方、貸手の取得価額が判明していない場合は、現在価値基準等を利用して、記録することになります。

　連結財務諸表のリース資産の計上にあたっては、貸手の資産の購入価格は判明しており、連結上は資産の購入であることから、連結を考慮すれば、借手の処理は、支払リース総額から利息部分と資産部分に分けて計上しておく必要があります。

　通常、支払リース料と受取リース料は同額のため控除できますが、借手側

のリース料の支払いはリース債務の減少であり、費用化は減価償却費と支払利息で計上されます。この場合、減価償却費の計上額が問題となります。

　減価償却は、通常他の資産との関係から耐用年数、残存価額を決定し減価償却を行っていますが、受取リース料は借手のリース債務の金額であり、毎月同額の定額で処理されています。

　このため、費用の認識においては、差異が生じることになります。差異が生じた場合は、当該差額を連結繰越仕訳として繰越処理されることになります。これを排除するためには、減価償却については、リース期間定額法を採用することが望ましく、もし採用できない場合は、連絡調整として処理することになります。

　連絡グループ間のリース取引において、売買処理を行う場合は、連結消去も念頭に置きながら処理および額を決定する必要があります。

♠親子会社とも賃貸借処理を行っているときは

　借手が賃貸借処理を行っている場合は、貸手において資産計上されています。両者は支払リース料と受取リース料が計上されているに過ぎないため、このリース料は連結消去として消去されます。

　このため、借手側は賃貸借処理に基づく注記を消去することになります。

　これに対して、貸手は、貸リース資産として別途勘定科目を設けている場合は、通常の固定資産の勘定科目へ振り替える必要があります。

【図表138　連結消去の対象】

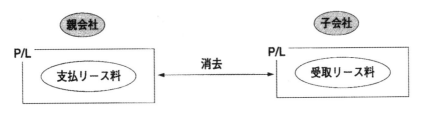

＊消去を前提として金額は一致するように会計処理が必要

♠親子会社の会計処理が不統一で貸手が賃貸借処理・借手が売買処理のときは

　貸手が賃借処理を行っている場合、連結外部から購入された資産は、貸リース固定資産として計上されています。

　これに対して借手が売買処理を行っていることから当然固定資産に計上さ

れています。この状況では、連結財務諸表上、同一資産が二重に計上されています。このため、いずれか一方の固定資産を消去する必要があります。

通常は、借手側の資産を控除し、貸手側の資産を通常の固定資産に科目を振り替えることになります。また、借手側は減価償却費を計上しており、貸手側は受取リース料を計上しています。これら両者を消去することになります。

【図表 139　連結消去】

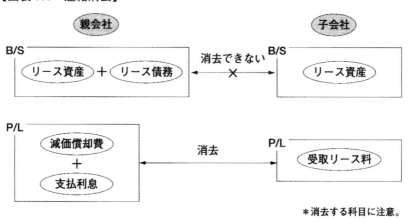

＊消去する科目に注意。

◆親子会社の会計処理が不統一で貸手が売買処理・借手が賃貸借処理のときは

上記の場合と異なり、両社とも固定資産を計上していないことになります。連結財務諸表上は、リース対象資産として利用している連結外部から購入した固定資産が計上される必要があることから、貸手を賃貸借処理に変更するか借手売買処理にするかを行う必要があります。

いずれかの方法に統一したうえで、連結作業に入ることになります。

【図表 140　親子会社の会計処理が不統一のとき】

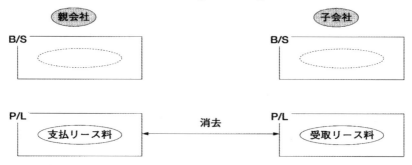

Q80 連結グループ間のセール・アンド・リースバック取引のときは

Answer Point

♤セール・アンド・リースバック取引は、連結財務諸表上は単なるグループ間の資産の移動にしか過ぎないものです。

♤リース取引契約にすることで、当初の取得金額等に差が出る場合は、未実現利益の消去仕訳の対象となります。

♤企業グループの事業目的からセール・アンド・リースバック取引を行わなければならない場合でも、その取引の条件については、連結会計を見据えたうえで決定することが望ましいです。

♠セール・アンド・リースバック取引というのは

セール・アンド・リースバック取引とは、借手が保有する資産を貸手にいったん売却し、当該資産を借手はリースをするという取引です。

通常、当該取引は、第三者と行うことで、使用収益を享受しながら、資産、負債の圧縮を行うとともに資金を調達する手段として利用されてきました。

♠連絡グループ内でセール・アンド・リースバック取引を行った場合の影響

連結グループで行う場合、例えば、親会社から子会社へリースバック対象資産の売却を行います。その後当該資産を子会社とリース契約をすることで、リース取引を行います。

このリース契約に基づき、親会社は、子会社に、リース料を支払うこととなり、親会社は子会社からリース料を受け取ることになります。

連結財務諸表を作成するうえでは、グループ内部の取引は、消去されることになることから、上記のうち、まず、親会社から子会社へ資産を売却した処理がなかったものとして修正されます。

すなわち、親会社においては、固定資産の減少取引が子会社では、固定資産の取得取引と減価償却が控除されます。これに対して、親会社では、新たに減価償却費の計上を行うことになります。

次に、リース取引契約そのものが、連結財務諸表上はなかったものとされることから、リース取引に関連して、計上されたものはすべて消去されることになります。

211

言い換えれば、連結財務諸表を作成するうえでは、これらの取引はなかったものとして取り扱われることになることから、前述のセール・アンド・リースバック取引の効果は連結財務諸表上なくなるばかりでなく、これらを連結財務諸表を作成するたびに消去しなければならず、多大な労力がかかることになります。

♠未実現利益の発生というのは

未実現利益とは、個別財務諸表では取引として成立することから利益が実現していたとしても、同一企業集団での取引は連結財務諸表上ではなかったものとして扱うことから、利益が実現しないことをいいます。

連結上、利益として認識されるものについては、連結企業外部の第三者と行った取引について、利益は実現したと考えられており、連結内部取引から発生した利益、すなわち、今回の場合は、固定資産を売却する際に発生した、固定資産売却損益などはなかったものとして処理されます。

セール・アンド・リースバッグ取引の場合、最初の固定資産の売却時に取引金額と帳簿価額との差額が発生すれば、未実現利益として認識されます。

この未実現利益は、減価償却を通じて実現される場合もあり、その際は毎年修正を行うことになります。

♠ファイナンス・リース取引の形態をとったときは

ファイナンス・リース取引の形態をとった場合、原則売買処理で行われることになることから、固定資産の計上は、有形固定資産からリース資産に変更になることになります。

しかし、リース債務の計算において、利息を区分せずに計上した場合は、利息部分の金額に未実現利益が発生するともに、毎期支払利息相当額の減価償却を行っていくことになることから、その差額が未実現利益となります。

この際、リース期間が固定資産の残存耐用年数と異なっている場合には、その期間のずれによる減価償却の調整が必要になってきます。

♠オペレーティング・リース取引のときは

オペレーティング・リース取引を取った場合は、賃貸借処理を行うことから、その固定資産は親会社から子会社へ移動します。子会社には受取リース料が、親会社には支払リース料が、それぞれ発生します。子会社においては、減価償却費が発生します。

連結財務諸表では、固定資産の移動はなかったものと処理されます。

　特に、移動に伴って親会社の個別財務諸表において、売却損益が発生している場合には、消去の対象となります。受取リース料と支払リース料はともに同額が計上されていることから両者の取引を消去することになります。

　減価償却については、2つの問題が発生します。1つは、親会社から子会社へ移動することにより取得価額が変更となった場合。もう1つは、当初親会社が行っていた減価償却の方法と異なった方法で子会社が行った場合。具体的には、耐用年数や残存価額、適用する減価償却の方法などです。

　これらの修正は、未実現利益の消去として、処理されることになり、リース契約が存続している限り当該修正が必要になります。

♠連結グループ内で行った場合はまったく効果を持たない処理

　セール・アンド・リースバッグ取引は、資産負債の圧縮、資金の調達というメリットをもって行われる取引ですが、連結グループ内で行った場合には、まったく効果をもたない処理です。

　企業グループ内の各社の役割や事業展開を通じて資産負債の移動をすることが必要であるならば、当該取引も行う必要があるかもしれませんが、その際にも、取引の金額等は、従前の処理と変わらないようにするなど工夫する必要があります。

【図表141　連結グループ内でのセール・アンド・リースバッグ取引】

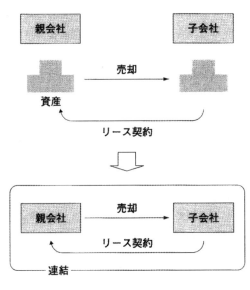

Q81 親子会社がともに売買処理のときの連結会計処理は

Answer Point

♤親会社と子会社がともに売買処理を行い、親会社の固定資産計上額と子会社の購入価額が同一の場合の会計処理を事例で紹介します（内部統制事例①）。

♠連結の処理事例についてみると

　親会社・子会社ともに売買処理で親会社の固定資産計上額と子会社の購入価額が同一の場合をみてみます。

　通常、親会社・子会社ともに個別財務諸表の段階でリース取引についての会計処理が統一されている場合は、そのまま連結処理をすることになります。個別の財務諸表では、借手である親会社がリース資産を計上しています。連結修正するにあたって、借手の親会社と貸手の子会社との間の売買取引は消去され、親会社が計上している資産額と、子会社の資産購入価額が同じであれば、通常の連結処理を行っていきます。

　ただし、リース契約終了時に再リースが予定されていたり売却することなどがある場合、連結上での減価償却費の修正が必要になってきます。リース期間と耐用年数がほぼ同じである場合や、リース期間が終了した際の残存価額に重要性がないような場合は、減価償却の修正は必要ありません。

　このケースにおける更なる前提条件と会計処理例は、図表142のものです。

【図表142　前提条件と会計処理例】

❶前提条件
①親会社が借手、子会社が貸手
②親会社はリース物件以外に固定資産を持たない
③子会社は当該物件以外にリース資産を持たない
④リース取引は所有権移転外ファイナンス・リース
⑤所有権移転条項　なし
⑥割安購入選択権　なし
⑦解約不能のリース期間　5年
　（貸手はリース期間終了後に廃棄処分を予定）
⑧借手の見積現金購入価額　4,800千円
　（貸手のリース物件の購入価額はこれと等しいが、借手においてその価額は明

らかでない）

⑨リース料　月額　100千円（支払いは半年ごとに各半期末）
　　　　　　リース料総額は6,000千円
⑩リース物件（機械装置）の経済的耐用年数　8年
⑪借手の減価償却方法　定額法
⑫借手の追加借入利子率　年8％
　ただし、借手は貸手の計算利子率を知りえない。年8％の割引率を用いたリース料総額の現在価値は4,866千円となる。

※リース料総額の現在価値の算定
・リース料の支払い：1回6,000円を10回

$$\frac{600}{(1+0.08\times 1/2)}+\frac{600}{(1+0.08\times 1/2)^2}+\frac{600}{(1+0.08\times 1/2)^3}+\cdots+\frac{600}{(1+0.08\times 1/2)^{10}}$$
$$=4,866千円$$

⑬貸手の見積残存価額は0
⑭リース開始日は　×1年4月1日、決算日は3月31日
　借手のリース資産及びリース債務の計上価額は、リース料総額の現在価値と、見積現金購入価額のうち低い価額により求められます。
　この場合、リース料総額の現在価値（4,867千円）より、見積現金購入価額（4,800千円）のほうが低い価額であるため、借手のリース資産及びリース債務の計上価額は4,800千円です。

❷リース資産の返済スケジュールは、次のようになっています。（単位：千円）

返済日	期首元本	返済合計	元本分	利息分	期末元本
×1.9.30	4,800	600	395	205	4,405
×2.3.31	4,405	600	412	188	3,993
×2.9.30	3,993	600	429	171	3,564
×3.3.31	3,564	600	447	153	3,117
×3.9.30	3,117	600	467	133	2,650
×4.3.31	2,650	600	486	114	2,164
×4.9.30	2,164	600	508	92	1,656
×5.3.31	1,656	600	529	71	1,127
×5.9.30	1,127	600	552	48	575
×6.3.31	575	600	575	25	0
合計	―	6,000	4,800	1,200	―

　リース債権の回収スケジュールは、上記と同じです。
　リース債権の計上価額は4,800千円（適用利率は年8.555％）

※適用利率の算定
　下記計算式で　$r=8.555\%$

$$\frac{600}{(1+r\times\frac{1}{2})}+\frac{600}{(1+r\times\frac{1}{2})^2}+\cdots+\frac{600}{(1+r\times\frac{1}{2})^{10}}=4,800千円$$

❸会計処理例

①×２年３月31日の連結精算表（単位：千円）

＜貸借対照表＞

	親子合算	相殺消去	連結合計
リース債権	3,993	△ 3,993	0
固定資産	4,800		4,800
減価償却累計額	△ 960		△ 960
差引	3,840		3,840
リース債務	3,993	3,993	0

＜損益計算書＞

	親子合算	相殺消去	連結合計
リース債権	△ 1,200	1,200	0
固定資産	806	△ 806	0
減価償却累計額	960		960
差引	393	△ 393	0
リース債務	3,993	3,993	0

②相殺消去仕訳

（借）リース債務	3,993	（貸）リース債権	3,993
（借）リース売上高	1,200	（貸）リース売上原価	806
		支払利息	393

♠連結の処理ポイントは

　借手の減価償却費 960 千円は、連結上の減価償却費になりますので、連結修正はかけません。

　内部取引は相殺消去されるため、連結財務諸表には内部でのリース取引は反映されません。連結会社として、リース物件を外部から購入し、使用するという形になります。

　なお、リース期間終了後に廃棄処分を予定しているこのケースでは、リース物件の取得価額から廃棄時の貸手の見積残存価額を控除した残額を償却基礎額としており、貸手の見積残存価額を０にしているため、リース期間を償却期間として減価償却を行うのが妥当です。

Q82 親会社計上額と子会社購入価額が違うときの連結会計処理は

Answer Point

♤親会社と子会社がともに売買処理を行い、親会社の固定資産
　計上額と子会社の購入価額が違う場合の会計処理をみてみま
　す（内部統制事例②）。

♠親会社の固定資産計上額と子会社の購入価額が違うときの処理事例

　親会社と子会社がともに売買処理を行っているものの、親会社の固定資産
計上額と子会社の購入価額が違う場合、連結財務諸表上の資産の計上価額は
外部調達価額とすべきであるため、リース資産を貸手の購入価額により計上
する処理を行います。

【図表143　前提条件】

<前提条件>
　①所有権移転条項　なし
　②割安購入選択権　なし
　③解約不能のリース期間　5年
　　　（貸手はリース期間終了後に外部売却処分を予定）
　④借手の見積現金購入価額　5,000千円
　　　（貸手のリース物件の購入価額はこれと等しいが、借手においてその価額は明
　　らかでない）
　⑤リース料　月額　100千円（支払は半年ごとに各半期末）
　　　　　　　リース料総額は600千円
　⑥リース物件（機械装置）の経済的耐用年数　8年
　⑦借手の減価償却方法　定額法
　⑧借手の追加借入利子率　年8％
　　　ただし、借手は貸手の計算利子率を知りえない。年8％の割引率を用いたリー
　　ス料総額の現在価値は4,866千円となる。
　⑨貸手の見積残存価額は400千円
　⑩リース開始日は　×1年4月1日
　⑪決算日は3月31日

　借手からすると、リース料総額の現在価値（4,866千円）が、見積現金購
入価額（5,000千円）より低い価額であるため、借手のリース資産・リース
債務の計上価額は4,866千円です。

♠借手のリース債務の返済スケジュールは

借手のリース債務の返済スケジュールは、図表144のようになっています。リース資産・リース債務の計上価額は4,866千円（適用利率は年8%）です。

【図表144　借手のリース債務の返済スケジュール】

(単位：千円)

返済日	期首元本	返済合計	元本分	利息分	期末元本	未経過リース料期末残高相当額
×1.9.30	4,866	600	405	195	4,461	4,461
×2.3.31	4,461	600	422	178	4,039	4,039
×2.9.30	4,039	600	438	162	3,601	3,601
×3.3.31	3,601	600	456	144	3,145	3,145
×3.9.30	3,145	600	474	126	2,671	2,671
×4.3.31	2,671	600	493	107	2,178	2,178
×4.9.30	2,178	600	513	87	1,665	1,665
×5.3.31	1,665	600	533	67	1,132	1,132
×5.9.30	1,132	600	555	45	577	577
×6.3.31	577	600	577	23	0	0
合計	—	6,000	4,866	1,134	—	—

♠貸手のリース債権の回収スケジュールは

貸手のリース債権の回収スケジュールは、図表145のとおりです。リース債権の計上価額は5,000千円（適用利率は年9.04%）です。

【図表145　貸手のリース債権の回収スケジュール】

(単位：千円)

返済日	期首元本	返済合計	元本分	利息分	期末元本	未経過リース料期末残高相当額
×1.9.30	5,000	600	374	226	4,626	4,626
×2.3.31	4,626	600	391	209	4,235	4,235
×2.9.30	4,235	600	409	191	3,826	3,826
×3.3.31	3,826	600	427	173	3,399	3,399
×3.9.30	3,399	600	446	154	2,953	2,953

×4.3.31	2,953	600	467	133	2,486	2,486
×4.9.30	2,486	600	487	113	1,999	1,999
×5.3.31	1,999	600	510	90	1,489	1,489
×5.9.30	1,489	600	533	67	956	956
×6.3.31	956	1000	956	44	0	0
合計	—	6,400	5,000	1,400	—	—

♠会計処理例は

会計処理例は、図表146のとおりです。

【図表146　会計処理例】

❶×2年3月31日の連結精算表（単位：千円）

＜貸借対照表＞

	親子合算	修正・相殺消去	連結合計
リース債権	4,235	△ 4,235	0
固定資産	4,866	134	5,000
減価償却累計額	△ 973	53	△ 920
差引	3,893		4,080
リース債務	△ 4,039	4,039	0

＜損益計算書＞

	親子合算	修正・相殺消去	連結合計
リース売上高	△ 1,200	1,200	0
リース売上原価	765	△ 765	0
減価償却費	973	△ 53	920
支払利息	373	△ 373	0
小　計	911	87	920

❷修正・相殺消去仕訳

（リース債務）	4,039	（リース債権）	4,235
（固定資産）	134	（リース売上原価）	765
（リース売上高）	1,200	（支払利息）	373
（減価償却累計額）	53	（減価償却費）	53

♠連結処理のポイントは

借手の減価償却費は973千円ですが、連絡修正した場合の固定資産は5,000千円であり、この価額での減価償却費は920千円になります。差額53千円を消去することになります。

【図表147　連結の処理】

・借手が認識する資産の減価償却費　$4,866 \div 5 = 973$
・貸手側に修正した資産の減価償却費　$(5,000 - 400) \div 5 = 920$
　　※400は貸手の見積残存価額
・差額　$973 - 920 = 53$

【図表148　翌年度の連結処理】

❶×3年3月31日の連結精算表（単位：千円）

＜貸借対照表＞

	親子合算	修正・相殺消去	連結合計
リース債権	3,399	△ 3,399	0
固定資産	4,866	134	5,000
減価償却累計額	△ 1,946	106	△ 1,840
差引	2,920		3,160
その他の剰余金	911	9	920
リース債務	△ 3,145	3,145	0

＜損益計算書＞

	親子合算	修正・相殺消去	連結合計
リース売上高	△ 1,200	1,200	0
リース売上原価	836	△ 836	0
減価償却費	973	△ 53	920
支払利息	306	△ 306	0

❷修正・相殺消去仕訳

（借）	リース債務	3,145	（貸）	リース債権	3,399
（借）	固定資産	134	（貸）	リース売上原価	836
（借）	リース売上高	1,200	（貸）	支払利息	306
（借）	期首剰余金	7			
（借）	減価償却累計額	53			
（借）	減価償却累計額	53	（貸）	減価償却費	53

♠連絡処理のポイントは

　貸借対照表における「その他剰余金」の親子合算欄の額は前期末の損益計算書の親子合算欄の小計の額から転記したものです。

　また、修正・相殺消去欄の額も、損益計算書の修正・相殺消去欄の小計の額から転記します。これは、期首にあった内部の利益を消去する処理です。

7　企業結合でのリース取引のポイント

*A*nswer Point

♧連結会計処理例（内部取引事例③）として、親会社と子会社がともに賃貸借処理を行っている場合の会計処理をみていきます。

♧処理はいたって簡単で、貸手がリース資産として計上している資産を自社用資産に振り替え、また親子会社間の賃貸借取引を消去するのみです。

♠親会社と子会社がともに賃貸借処理を行っているときの会計処理例

　親会社（借手）・子会社（貸手）ともに賃貸借処理を行っている場合をみてみましょう。

　このケースの前提条件は、図表 149 のとおりです。また、減価償却方法は、リース期間を耐用年数とした定額法を採ります。

【図表 149　前提条件】

```
＜前提条件＞
 ①所有権移転条項　なし
 ②割安購入選択権　なし
 ③解約不能のリース期間　5 年
　　（貸手はリース期間終了後に外部売却処分を予定）
 ④借手の見積現金購入価額　5,000千円
　　（貸手のリース物件の購入価額はこれと等しいが、借手においてその価額は明
　らかでない）
 ⑤リース料　月額　100千円（支払いは半年ごとに各半期末）
　　　　　　　リース料総額は6,000千円
 ⑥リース物件（機械装置）の経済的耐用年数　8 年
 ⑦借手の減価償却方法　定額法
 ⑧借手の追加借入利子率　年8％
　　ただし、借手は貸手の計算利子率を知りえない。年8％の割引率を用いたリー
　ス料総額の現在価値は4,867千円となる。
　　※見積現在購入価額の算定
 ⑨貸手の見積残存価額は400千円
 ⑩リース開始日は　×1年4月1日
 ⑪決算日は3月31日
```

【図表150 　親会社と子会社がともに賃貸借処理を行っているときの会計処理例】

❶×2年3月31日の連結精算表（単位：千円）
　　＜貸借対照表＞

	親子合算	相殺消去	連結合計
固定資産	5,000		5,000
減価償却累計額	920		920
差引	4,080		4,080

※リース資産から自社用資産に振り替えるものについても、固定資産として表示

　　＜損益計算書＞

	親子合算	相殺消去	連結合計
受取リース料	1,200	1,200	0
減価償却費	920		920
支払リース料	1,200	△ 1,200	0

❷相殺消去仕訳
　（借）受取リース料 　　1,200 　　　　　（貸）支払リース料 　　1,200

♠連結の処理ポイントは

　貸手の子会社がリース資産として計上している資産を、連結修正として子会社の自社用資産に振り替えます。さらに、親子会社間の賃貸借取引を消去すれば、連結の処理は完了です。

　なお、賃貸借の取引が連結上ではなくなることになりますので、個別の財務諸表では開示があった賃貸借処理にかかる注記が連結財務諸表上に関しては不要になります（図表151）。

【図表151　不要とされる注記】

親会社の注記		子会社の注記	
取得価額相当額	4,866	取得価額	5,000
減価償却累計額相当額	973	減価償却累計額	920
期末残高相当額	3,893	期末残高	4,080
未経過リース料期末残高相当額	4,039	未経過リース料期末残高相当額	4,235
支払リース料	1,200	受取リース料	1,200
減価償却費相当額	973	減価償却費	920
支払利息相当額	373	受取利息相当額	435

Q84 親会社が売買処理・子会社が賃貸借処理のときの連結会計処理は

Answer Point

♤ 連結上の会計処理例（内部取引事例④）として、親会社（借手）が売買処理を、子会社（貸手）が賃貸借処理を行っている場合の会計処理例をみてみます。

♤ 一般に賃貸借処理に統一すると、作業がスムーズです。

♠ 親会社が売買処理・子会社が賃貸情処理のときの連結会計処理例は

　親会社が売買処理を行い、子会社が賃貸借処理を行っている場合についてみてみます。

　前提として図表152の条件をあげます。なお、貸手の減価償却方法は、リース期間を耐用年数とした定額法を採ります。

【図表152　前提条件】

```
＜前提条件＞
 ①所有権移転条項　なし
 ②割安購入選択権　なし
 ③解約不能のリース期間　5年
　　（貸手はリース期間終了後に外部売却処分を予定）
 ④借手の見積現金購入価額　5,000千円
　　（貸手のリース物件の購入価額はこれと等しいが、借手においてその価額は明
　らかでない）
 ⑤リース料　月額　100千円（支払いは半年ごとに各半期末）
　　　　　　リース料総額は6,000千円
 ⑥リース物件（機械装置）の経済的耐用年数　8年
 ⑦借手の減価償却方法　定額法
 ⑧借手の追加借入利子率　年8％
　　ただし、借手は貸手の計算利子率を知りえない。年8％の割引率を用いたリー
　ス料総額の現在価値は4,866千円となる。
　　※見積現在購入価額の算定
 ⑨貸手の見積残存価額は400千円
 ⑩リース開始日は　×1年4月1日
 ⑪決算日は3月31日
```

　この場合も借手（親会社）側では、リース料総額の現在価値（4,866千円）が、見積現金価額（5,000千円）よりも低価額ですので、リース資産またはリース債務として4,866千円計上しています。

Q
84

親会社が売買処理・子会社が賃貸借処理のときの連結会計処理は

223

【図表153　親会社が売買処理・子会社が賃貸借処理を行っているときの連結会計処理例】

❶×2年3月31日の連結精算表（単位：千円）
<貸借対照表>

	親子合算	会計処理の修正	相殺消去	連結合計
固定資産	9,866	△ 4,866		5,000
減価償却累計額	△ 1,893	973		△ 920
差引	7,973			4,080
リース債務	△ 4,039	4,039		0

<損益計算書>

	親子合算	会計処理の修正	相殺消去	連結合計
受取リース料	△ 1,200		1,200	0
支払リース料	—	1,200	△ 1,200	0
減価償却費	1,893	△ 973		920
支払利息	373	△ 373		0

<会計処理の修正仕訳>

　会計処理の修正の方法ですが、ここでは親会社の売買処理を子会社の賃貸借取引に修正する方法によります。

　ほかに、賃貸借処理を売買処理に修正する方法もありますが、相殺消去をするにあたって、売買処理を賃貸借処理に修正する方法のほうが簡便になる利点があります。

❷修正・相殺消去仕訳

（借）リース債務	4,039		（借）固定資産	4,866	
（借）減価償却累計額	973		（貸）減価償却費	973	
（借）支払リース料	1,200		（貸）支払利息	373	

<相殺消去の仕訳　>

（借）受取リース料	1,200	（貸）支払リース料	1,200

【図表154　翌年度の連結処理】

❶×3年3月31日の連結精算表
<貸借対照表>　　　　　　　　　　　　　　　　　　　　（単位：千円）

	親子合算	会計処理の修正	相殺消去	連結合計
固定資産	9,866	△ 4,866		5,000
減価償却累計額	△ 3,786	1,946		△ 1,840

⑦　企業結合でのリース取引のポイント

差引	6,080			3,160
リース債務	△ 3,145	3,145		0
その他の剰余金	1,066	△ 146		920

<損益計算書>

	親子合算	会計処理の修正	相殺消去	連結合計
受取リース料	△ 1,200		1,200	0
支払リース料	—	1,200	△ 1,200	0
減価償却費	1,893	△ 973		920
支払利息	306	306		0

<会計処理の修正仕訳>

この年度でも当然借手である親会社の売買処理を賃貸借処理に修正する仕訳を行います。

❷修正・相殺消去仕訳

（借）リース債務	3,145	（貸）固定資産	4,866
（借）減価償却累計額	1,946	（貸）期首剰余金	146
（借）（支払リース）	1,200	（貸）減価償却費	973
		（貸）支払利息	305

※期首剰余金の146千円

期首剰余金146千円＝前期の減価償却費973＋前期の支払利息373

－前期の支払リース料1,200

<相殺消去の仕訳>

（借）受取リース料	1,200	（貸）支払リース料	1,200

♠連結処理のポイントは

×2年3月31日の時点で会計処理の修正を行った減価償却費973千円と支払利息373千円、そして支払リース料1,200千円を期首の時点で戻しておきます。

そのうえで、期首にあった内部利益を消去することになります。

今回の場合は、借手である親会社と貸手である子会社の個別財務諸表を単純に合算すると、リース物件が資産として二重に計上されることになります。

そのため、借手または貸手の会計処理を修正し、連結財務諸表の作成手続を行います。

また、貸手のリース取引にかかる注記の金額から、賃貸借取引分を控除する処理を行います。

Q85 親会社が賃貸借処理・子会社が売買処理のときの連結会計処理は

*A*nswer Point

♤連結会計処理例（内部取引事例⑤）として、借手である親会
　社が賃貸借処理を行い、貸手の子会社が売買処理を行ってい
　る場合についてみてみます。
♤親会社・子会社とも売買処理か賃貸借処理かに統一したうえで連結処理を
　行います。

♠親会社が賃貸借処理・子会社が売買処理を行っているときの連結会計処理
　例は

　親会社が賃貸借処理を行い、子会社が売買処理を行っている場合について
みていきます。

　前提条件は、図表155になります。また、ここでも、貸手である子会社の売
買処理を借手の親会社の賃貸借処理に合わせる修正をかけることとします。

【図表155　前提条件】

```
＜前提条件＞
 ①所有権移転条項　なし
 ②割安購入選択権　なし
 ③解約不能のリース期間　5年
　　（貸手はリース期間終了後に外部売却処分を予定）
 ④借手の見積現金購入価額　5,000千円
　　（貸手のリース物件の購入価額はこれと等しいが、借手においてその価額は明
　　らかでない）
 ⑤リース料　月額　100千円（支払いは半年ごとに各半期末）
　　　　　　　　　　リース料総額は6,000千円
 ⑥リース物件（機械装置）の経済的耐用年数　8年
 ⑦借手の減価償却方法　定額法
 ⑧借手の追加借入利子率　年8％
　　ただし、借手は貸手の計算利子率を知りえない。年8％の割引率を用いたリー
　　ス料総額の現在価値は4,866千円となる。
　　※見積現在購入価額の算定
 ⑨貸手の見積残存価額は400千円
 ⑩リース開始日は　×1年4月1日
 ⑪決算日は3月31日
```

⑦　企業結合でのリース取引のポイント

翌期の連結処理にあたっては、×2年3月31日の時点で会計処理の修正を行った減価償却費920千円とリース売上原価764千円を期首の時点で戻しておきます。そのうえで期首にあった内部利益を消去することになります。

今回の場合では、借手である親会社と貸手の個別財務諸表を単純に合算すると、リース物件が資産計上されないことになります。そのため、借手または貸手の会計処理を修正したうえで連結財務諸表の作成を行います。

また、借手のリース取引にかかる注記金額から、賃貸借処理に関するものを控除する処理をします。

【図表156 親会社が賃貸借処理・子会社が売買処理を行っているときの会計処理例】

❶×2年3月31日の連結精算表（単位：千円）
＜貸借対照表＞

	親子合算	会計処理の修正	相殺消去	連結合計
固定資産		5,000		5,000
減価償却累計額		△　920		△　920
差引				4,080
リース債務	4,235	△ 4,235		0

＜損益計算書＞

	親子合算	会計処理の修正	相殺消去	連結合計
受取リース料	—	△ 1,200	1,200	0
リース売上高	△ 1,200	1,200		0
リース売上原価	765	△ 765		0
減価償却費	—	920		920
支払リース料	1,200		△ 1,200	0

＜会計処理の修正仕訳＞
子会社の売買処理を親会社の賃貸借取引に修正する方法によります。
❷修正・相殺消去仕分

（借）固定資産	5,000	（貸）リース債権	4,235
（借）リース売上高	1,200	（貸）減価償却費累計額	920
（借）減価償却費	920	（貸）受取リース料	1,200
		（貸）リース売上高	765

＜相殺消去の仕訳＞

（借）受取リース料	1,200	（貸）支払リース料	1,200

♦連結処理のポイントは

翌年の直接処理にあたっては、×2年3月31日の時点で会計処理の修正を行った減価償却費920千円とリース売上原価764千円を期首の時点で戻しておきます。

Q86 国内会社が外貨建リース契約を行っているときは

Answer Point

♤外貨建リース契約は、その実態に合わせて国内基準における
リースの判定基準に従って処理されます。
♤外資建の換算に関しては、「外貨建取引等会計処理基準」に
準拠して行われます。

♠外貨建のリース契約取引の換算は

外貨建のリース契約取引については、当該諸国におけるリース契約の性質
により、国内の基準であるファイナンス・リースに該当するかオペレーティ
ング・リースに該当するかを判断する必要があります。

また、外貨建のリース契約を利用する場合には、契約通貨は通常外貨であ
ることから、リースに関する取引金額について換算の必要性が出てきます。

通常、換算は、「外貨建取引等会計処理基準」（企業会計審議会最終改正
1999 年 10 月 22 日）に準拠して処理されます。

♠ファイナンス・リース契約で売買処理を行っているときは

売買処理を行っている場合には、リース資産・リース債務の換算は、取引
の発生時の為替相場により換算します。このため、減価償却費については取
得時に為替換算されていることから、取得時の為替相場により計上されます。

リース債務の返済と支払利息の計上は、外貨建のリース契約では、支払い
は外貨であることから、決済時の為替相場により円換算されることになりま
す。この際、決済ごとに為替差損益が発生することになります。

また、リース債務の期末残高は、外貨建金銭債権債務に分類されることか
ら、決算時には決算時の為替相場により円換算され、差額は為替差損益とし
て当期の損益で処理されます。

改正前の会計基準のもとで、賃貸借処理を行っている場合には、支払リー
ス料が計上されることになります。この支払リース料は、外貨建リース契約
に基づき、外貨建支払額の円換算額で処理されます。すなわち、支払時の為
替相場で計上されることになります。

通常、リース料の支払いは、毎期同額であることが前提ですが、円換算す

⑦ 企業結合でのリース取引のポイント

ることにより、外貨建では、均等なリース料であったとしても、円貨では、不均等になる可能性があります。

　この原因は、為替相場の変動によるものですが、賃貸借処理を行う前提には、使用に対する費用の支払いという意味を持っており、為替の変動部分を分離して為替差損益を認識するのではなく、支払リース料に含めて処理することでよいものとされています。

♠ファイナンス・リース契約で賃貸借処理を行っているときは

　賃貸借処理を行った場合には、その金額の重要性により注記を行うことになりますが、その換算については、売買処理に準じて行うことになります。

　このため、未経過リース料については、リース債務に相当すると考えられ、外貨建金銭債権債務の処理に応じて決算時の為替相場により表示されることになります。

【図表157　換算レート】

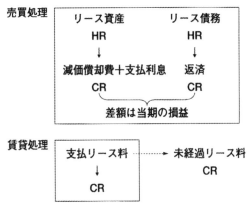

♠オペレーティング・リース契約のときは

　オペレーティング・リース契約の場合、リース契約の考え方において、その期間の使用ということを想定していることから、ファイナンス・リース取引の賃貸借取引と同様の考え方で、支払リース料については、決済時における為替相場で換算した円貨額で計上します。

　なお、注記における外貨建未経過リース料の金額については、外貨建金銭債権債務と同様とみなして、決算時の為替相場により換算されます。

Q87 在外子会社が行うリース取引の換算は

*A*nswer Point

♧在外子会社のリース取引については、諸外国のリース契約に
従い、わが国のファイナンス・リースであるか否かについて
検討する必要があります。

♧ファイナンス・リース取引では、原則、決算時の為替相場を利用して換算
します。

♧オペレーティング・リース取引についての注記の金額は、決算時の為替相
場で換算します。

♠リース取引の判定は

在外子会社がリース取引を行った場合、当該諸国におけるリース契約の実
態において、リース開示されています。

国際会計基準の方向性においては、売買処理においてリース資産として資
産計上することに向かっています。このため、多くの在外子会社において売
買処理に従って処理されていると想定されます。

わが国のリース取引の計上基準と異なる場合は、連結財務諸表上修正が必
要になってきます。

♠ファイナンス・リース取引のときは

ファイナンス・リース取引について、売買処理に基づいて処理されている
場合の換算にあたっては、外貨建取引等会計処理基準に従って処理されるこ
とになりますが、リース資産については、固定資産にリース債務については、
外貨建金銭債務に属することから、ともに決算時の為替相場により換算され
ることになります。

期中に計上された減価償却費の換算については、通常の資産の取得となん
ら変わることがないという前提で、売買処理を前提としていることから、通
常の固定資産の計上時の処理と同様に扱うものと考えられ、他の収益費用の
換算基準に準拠して期中平均の為替相場や、決算時の為替相場で換算するこ
とになります。

一方、在外子会社であっても、リース基準の改正前に、所有権移転外ファ

イナンス・リース取引について賃貸借処理で会計処理が行われている場合には、注記としてその事実が開示されていることになります。

この注記の趣旨は、本来であれば、リース資産やリース債務として貸借対照表に計上されるべきところ、賃貸借処理によったため、オフバランスになっていたことによるための開示です。したがって、注記では、リース資産、リース債務と同様の換算基準が用いられるべきであることから、決算日の為替相場で換算されることになります。

ただし、注記項目のうちで、当期の状況に関する支払リース料、減価償却費相当額等の注記に関しては、損益計算書における換算基準である決算時の為替相場か、期中平均相場のいずれかが採用されることになります。

♠オペレーティング・リース取引のときは

オペレーティング・リース取引の場合は、諸外国においても賃貸借処理が行われており、支払リース料の計上および未経過リース料の注記になります。支払リース料については、損益項目であることから、決算時の為替相場、または期中平均の為替相場にて換算されます。

また、未経過リース料については、決算時における参考情報としての意味合いが大きいため、決算時の為替相場を用いて換算されます。

♠連結財務諸表上の修正は

連結財務諸表上修正が必要な場合、どこで修正することが実務上便利かという点がよく議論されます。

すなわち、連結財務諸表の対象となる個別資産表で修正をするか、連結仕訳として修正するかです。通常、各社の計上金額や、適用する法律の相違による修正は、個別財務諸表の修正として、また、各社の処理はあっているものの、連結上取引がなかったものとする場合は、連結上の修正仕訳として処理することになります。

リース取引の場合、リース取引そのものの修正は、連結財務諸表の修正仕訳として消去されます。

これに対して、会計処理による消去である減価償却費の計上額に定額法を採用するか利息法を採用するかといった修正は、個別財務諸表の修正として、連結精算表に転記する前に修正することになります。

いずれにしても、連結での修正作業は労力がかかることから、できるかぎり、修正の起こらないように処理することが望まれます。

Q88 企業結合におけるリースの取扱いは

Answer Point

♧企業結合の形態として、合併、現物出資、営業譲受けがあります。合併の場合、法律上リース契約は引き継ぎの考えそのまま契約を継続しますが、現物出資、営業譲受けの場合は、法律上個別に契約を更新する必要があります。

♧合併、現物出資、営業譲受けの場合、重要性の判断は、再度検討する必要があります。

♠企業結合の形態は

企業結合といえば、合併が一番大きな問題ですが、企業同士が完全に合体しなくても、営業の一部のみを譲渡したり、ある会社に出資をしたりすることもあります。

これらは、資産の一部もしくは、全部を相手方に渡すという点では、同様であり、企業結合の一形態と考えられます。

【図表158　重要性の判断】

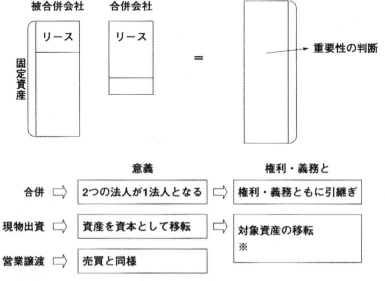

※新規取得と同様のため、2008年4月1日以降の場合は新リース基準での処理へ変更。

7 企業結合でのリース取引のポイント

そこで、本稿では、企業結合の形態別に、①合併、②現物出資、③営業譲渡の３つに分けて、リース契約における会計処理上の問題点についてみましょう。

♠合併でのリースの取扱いは

　合併とは、２つ以上の法人が、１つの法人になることをいい、形式上は合併法人が新たに法人を設立するという新設合併と、一方の法人が存続会社となり、もう１つが消滅会社となる形の吸収合併があります。実務的には、吸収合併の形式による合併が多く用いられています。

　吸収合併では、被合併会社が合併会社に吸収されて、合併会社の一部として、存在することになります。この際には、被合併会社の債権債務は基本的にすべて、合併会社に承継されることになります。

　この債権債務は、いわゆる貸借対照表に計上されているものだけでなく、各種契約事項も包括的に引き継がれることになります。当然に、リース取引についても、会計処理にかかわらず、契約そのものが引き継がれることになります。

【図表 159　合併でのリースの取扱い】

項　　目	説　　明
①借手の場合	リース契約の場合、通常は、いったん取組みが始まっているものについては、リース会社とリース利用会社の契約であり、合併にあたって被合併会社の場合は、法律上会社は消滅し、合併会社への変更となることから、リース会社に対して申出をするともに名義の変更手続に入ることになります。 　通常の場合、保証人等の了解がえられれば、名義変更の手続になりますが、手続として、次の(a)(b)を考慮することになります。 (a)リースの重要性の判断 　合併後の会社においてリースの重要性の判断を行うことになります。 (b)リースの計上額 　賃貸借処理を行っている場合は、合併においては、新規の取組みになりますが、例外的に、賃貸借処理を継続することもできます。 　なお、合併にあたって売買処理を行う場合は、リース資産の計上額、およびリース債務の計上額は、今回の改正にあたっての変更手続と同様にリース資産、リース債務の計上額を計算することになります。
②貸手の場合	被合併会社が貸手の場合は、リース契約書の名義が変更となります。

③被合併法人が貸手、合併法人が借手の場合	被合併法人が貸手であり、合併法人が借手のリース契約の場合、合併によりリース契約は実質上消滅します。すなわち、リース資産は、固定資産として認識されることになります。 ここで、問題となるのは、被合併法人においては、通常のリースの貸手として売買処理に基づいて処理を行い、借手側が重要性等の関係から賃貸借処理を行っていた場合、合併においてリース物件がオフバランスになることです。 しかし、上述のように、合併後、リース資産は固定資産として認識されるべきですから、合併前において連結財務諸表作成の場合と同様に、合併会社の貸借対照表において、リース資産及びリース債務を認識する必要があります。 合併比率を求める際には、被合併会社では今後の受取リース料が、合併会社では今後の支払リース料が、それぞれなくなるわけですから、リース資産の計上にあたっては、将来への利息も考慮されることから、その金額については、考慮される必要があります。

♠現物出資のリースの取扱いは

企業結合の一形態の中で、別法人に出資をするケースが考えられます。出資の形態としては、金銭出資が中心ですが、現物資産そのものを財産として出資をし、その当該資産の価値に見合う株式を取得するといった出資形態があります。これを現物出資といいます。この場合、出資する資産に制限はなくリース物件の場合もあります。

ただし、合併の場合は、権利義務の承継は、法律上包括承継としての性質を有するため、リース契約にかかる権利義務関係も、当然に承継されますが、取引法上の行為である現物出資に基づく権利義務の承継は、法律上個々の有形固定資産ないし権利義務に関する譲渡契約により移転する特定承継としての性質を有するため、法律上当然に承継されるわけではありません。

すなわち、リース物件もしくはリース契約ごとに権利、義務の承継に関して、相手方に承諾を得ることになります。

このため、借手については、リース物件については、所有権が留保されている場合もありますので、現物出資の対象とできるかどうかはリース会社との話合いをし、承認を得ることが必要です。

一方、貸手の場合は、リース資産を出資対象資産として、現物出資を行うことができます。

現物出資を行う場合、出資された財産に対して交付の株式を決定するために、出資対象資産の評価を行います。資産の評価は、貸借対照表に記載されている金額にかかわらず、）について時価等を基準に別途評価することにな

ります。

　借手の場合は、通常の場合、リース債務の精算が終わることを条件に出資対象資産にすることが可能であると思われますので、通常の固定資産の取得と出資の手続になる可能性があります。

　一方、貸手の場合は、資産としてリース資産とリース債権が存在することになりますが、リース債権については、リース料の回収の権利であり、基本的には、確定債権としての出資となります。

　これに対して、リース資産については、貸手側の会計処理によってリース資産の計上額は異なっています。しかし、これらの資産計上額は、会計上の処理でしかなく、実態資産の価値とはかけ離れていることから、リース資産を有形固定資産として時価等を基準に別途評価が必要です。

　リース資産の評価においては、リース資産の移転とともに、リース契約を移転する場合には、今後発生するリース料収入の価値をどのように評価するか外部の第三者の判断に基づくことになります。

　リース債権の評価は、収益を生んでくる債権として、評価されることになりますが、リース資産の貸与先の与信次第では、確定債権のうち、回収可能見込額で評価し、減額される場合があります。

　この場合は、当該価額で、出資額が決定することから、リース債権に対して、評価損もしくは、売却損が発生する可能性が残っています。

♠営業譲受けのリースの取扱いは

　企業の一部の譲受けをする場合、その中にリース資産が混ざっている場合があります。リース会社との契約の関係もありますが、借手の場合は、リース資産が増加することになります。また、新たに取得した場合、リース資産・リース債務の計上額については、再度検討する必要があります。

　リース資産が増加することにより、重要性の判断を再度検討する必要があります。なお、2008 年 4 月 1 日以降の営業譲受けで、譲受資産の既存契約の場合、譲受け前の契約日に変更がないときは、賃貸借処理のまま処理をすることも選択できると考えられます。

　一方、貸手の場合は、リース業務そのものを譲り受けるケースが想定されます。この場合は、譲受会社がリース業の場合は、リース貸与資産が増加することになり、重要性の判断をもう一度行うことになり、重要性の程度によっては、既存の契約も含めて、会計処理の変更が必要となる場合があります。

Q89 企業分割におけるリースの取扱いは

Answer Point

♤企業分割は、事業の全部または一部を分割し別法人へ移転することをいいます。

♤営業譲渡に関しては、個別の移転契約が必要です。

♠企業分割というのは

　企業分割とは、事業部そのものの独立や、新規事業部の立上げ等により旧来の会社の一部の事業を新会社の設立によって2社以上に分割することをいいます。企業統治におけるホールディングカンパニー化を行うときの1つの手法として用いられます。

　特に、事業部門スピンアウト型の場合、事業部の「ヒト」「モノ」の財産をはじめ契約等の全部または一部を別法人に移転することになります。

　受入側の問題点については、「企業結合におけるリースの取扱い」で記載されましたが、この項では、分割する側の処理として営業譲渡の場合を検討します。

♠営業譲渡のときは

　企業の一部の営業を譲渡する場合、その中に、借手としてのリース資産が混ざっている場合があります。この場合は、合併の場合と同様にリース契約上所有権が留保されているケースが多く、リース契約を存続するか否かについては、個別に契約の巻きなおしが必要です。

　借手の場合、営業譲渡した結果、自社のリース残高が僅少となった場合、会計処理の変更を考えられますが、売買処理を行っていたものから賃貸借処理への変更は認められません。

　一方、貸手の場合は、例えばリース業そのものの営業譲渡などが考えられますが、リース資産の移転には、当然リース契約の個別の契約が必要になります。

　リース資産、リース債権ともに移転する場合と、リース資産のみの移転の場合がありますが、それに伴い、重要性の判断の再検討が必要になります。

Q90 リース資産（固定資産の現物）の管理ポイントは

Answer Point

♤リース資産であったとしても、現物の管理は固定資産と同様の管理が必要です。

♤リース資産導入の検討にあたり、契約書の内容の把握が重要です。

♤支払いが長期にわたることから、現物の管理に加えて支払いの管理も必要です。

♠リース資産というのは

固定資産の取得の形態として、リース形態によって取得する場合があります。法律上リース資産の所有権はリース会社にあります。

しかし、リース資産についても、固定資産同様会社の事業の用に供している資産であり、その現物の管理は必要です。

万が一リース資産が滅失、盗難等にあった場合にも速やかにリース会社への届出等が必要です。

また、支払いについても、固定資産の取得の場合は購入時一括払いであったのに対してリース期間にわたり分割で支払うことになり、支払いの管理とともに残高の管理が必要です。

♠リース資産の活用は

リース資産の取得にあたっては、固定資産取得と同様に社内での申請書に基づいて申請、許可されます。

リース契約にあたっては、リース会社の契約書を利用することになりますが、その契約書の内容について十分検討を行う必要があります。

特に、リース期間中の保険等の補償内容、リース総額と1回あたりの支払額、リース期間満了後の資産の取扱い、中途解約の条件などを簡単にまとめ、社内で検討する必要があります。

♠リース資産の管理は

通常の固定資産と同様に事業の用に供することになるため、固定資産台帳

に則したリース資産台帳をつくる必要があります。

リース資産台帳には、図表 160 の項目を記載することになります。

【図表160　リース資産台帳の記載項目】

リース資産台帳の記載項目
- ①リース資産名
- ②用途
- ③リース会社名
- ④資産の分類
- ⑤メーカー名
- ⑥リース期間
- ⑦支払リース料総額
- ⑧1回あたり支払リース料
- ⑨申請者及び所属長
- ⑩取得年月日
- ⑪リース開始日

なお、リース契約書は、リース台帳と相互にリファレンスできる形で保存することが望ましいと考えられています。

♠リース料の支払いは

リース料の支払いは、通常、先方の指定口座に指定日に振替えを行うことで実行します。自動的に支払いが行われるため、リース開始前に支払いの申請が許可されていることが重要です。

また、支払期日は通常の場合リース会社で設定されていることから、自社の支払期日と相違しているケースも多々あります。したがって、複数のリースを利用する場合は支払日に関する管理を行い、事前に振替口座に入金等の措置を講じる必要があります。

なお、複数のリース契約がある場合は、リース台帳の一覧表を作成するとともに、将来にわたっての支払一覧表を作成することが支払管理の有用な手法の1つです。

Q91 リース取引の活用と予算管理は

Answer Point

♤設備導入において所有かリースかは、その資産の特性と資金の状況を勘案して検討する必要があります。

♤ファイナンス・リース契約の場合、どの維持費用がリース料に含まれているのか契約内容を注意することが、今後の予算や利益計画に大きく影響します。

♠所有かリースか

どんな企業でも、営業活動するためには、さまざまな設備に投資する必要があります。この設備への投資は、企業の支出の中では、大きなウエイトを占め、この資金を自己資金でまかなっていれば、問題ありませんが、他人資本での調達で行った場合は、当然将来の返済に向けた資金負担が生じます。

固定資産に対する設備投資として、①固定資産を購入して自社で保有して利用する、②固定資産を所有せず、一定期間使用料を支払って利用する、の2つの方法があります。これらの方法はそれぞれについてメリット、デメリットがあります。

また、資産によっても利用方法によって、相違が出てきます。このため、経営上、固定資産を所有するかそれとも賃借するかの判断は重要な経営判断の1つです。

ここでは、さまざまな角度から所有と賃借のメリット、デメリットを検討したいと思います。

♠所有することのメリット・デメリットは

固定資産を所有することのメリットとして、自社の資産であることから、改造、移動、等を自由にできるとともに、当初に投資していることから、利用するためのコストはかかりません。また自社で購入することから、自社専用の仕様にすることもできます。

一方、デメリットとして、資産を持つことに対する、税金（固定資産税や償却資産税等）が発生するとともに、当該固定資産を維持するためのコストを負担することになります。

また、不要になったとしても、廃棄に多大なコストがかかったり、遊休設備であったとしても、維持管理費用がかかる場合があります。

♠賃借することのメリット・デメリットは

賃借とは、他人の所有している資産を必要な分だけ利用するとともに、その使用に対する利用料を支払うものです。

賃借することのメリットとして、自社での所有でないため、取得に対して、一時的な資金調達が不要です。また、通常のリースの場合、固定資産を保有することで発生する、メンテナンス費用等は、通常リース料に織り込まれていることから、毎月一定額を払うことで、追加コストは発生しにくいとともに、必要なときだけ、必要な分だけを利用することができます。

一方、デメリットとしては、所有者のリスクを軽減するため、リース取引に対して、残価を設定していますが、汎用性のある資産や、中古市場が活発な資産に限られてきます（オペレーティング・リース）。

これ以外のものについては、ファイナンス・リース契約となり、中途解約できないばかりかリース料支払後も所有権が移転しないものもあります。

ファイナンス・リースの場合は、リース形式をとっていても、使用者側からすれば、固定資産の購入と変わらず、維持費用も負担することになります。

♠予算と今後の方針の決定への影響は

予算を策定する場合、今後発生する経費の見積予算を作成します。このとき固定資産を保有した場合、今後発生する追加修繕費用等を見積らなければならず、その金額の多寡を判断することは難しいと思われます。

また、実際額も想定を超えれば、予算の範囲を逸脱し、将来において利益計画が維持できないケースもあります。

これに対して、オペレーティング・リースの場合は、当該設備から発生する税金やメンテナンス費用等は、通常のリース料に含まれています。このため、予算作成にあたっては、当該金額を計画することで、大きな利益計画の変更はありません。

これに対して、ファイナンス・リースの場合は、保有と同様に将来の利益計画をたてるときには注意が必要です。特に、リース料に含まれている経費と含まれていない経費には留意が必要です。

Answer Point

♤ IFRSとは、国際財務報告基準のことで世界共通の会計基準です。

♤ 日本の会計基準は、いくつかの点でIFRSと異なる考え方を採用していますが、リース会計基準も異なっています。

♠ IFRS の位置づけと日本の考え方

　IFRS（国際財務報告基準）とは、経済活動の国際的な広がりを受け財務報告についても共通の基準により作成しようという方向性のもと、IASB（国際会計基準審議会）が作成している会計基準です。

　すべての国が同じ会計基準で会計情報を作成することが望ましいですが、それぞれの国の会計慣行などが異なるため簡単には基準統一ができません。

　自国の会計制度の整備が遅れている場合には、IFRSをそのまま自国の会計基準として受け入れる「アドプション」が可能であり、現実に多くの国々がIFRSをそのまま採用しています。

　しかし、アメリカや日本のように、会計報告に関する歴史が長く、従来からの慣行や取引の積み重ねがある場合には、自国の基準と異なるIFRSをそのまま受け入れることは不可能であり、異なる部分が出てきてしまいます。

　しかしながら、会計基準統一の方向性については賛同しているため、自国の会計基準を保持しながら、IFRSとの違いを調整していく「コンバージェンス」という立場です。日本の考え方は、日本の会計基準のあり方を踏まえた主体的コンバージェンスであり、IFRSの任意適用を広げながら会計基準の開発についても積極的に意見発信を行うというものです。

♠ IFRS 第 16 号の影響は

　IFRS第16号リース（新リース会計基準）は、2019年1月1日以降の開始事業年度から適用されます。日本のリース会計基準とは異なる部分もあるため、同様の方向で日本の会計基準が改正された場合、大きな影響があります。

　日本でのリース会計基準の改正について確定的な情報は出ていませんが、上で述べたように主体的に関与しながら統一の方向で調整するということからすれば、IFRS 16号について知っておくことが必要です。

Q93 IFRS第16号（新リース会計基準）の概要は

Answer Point

♤借手の会計処理について、ファイナンス・リースとオペレーティング・リースの区分が廃止されました。

♤貸手の会計処理について、ファイナンス・リースとオペレーティング・リースに区分して、それぞれ異なる処理を求めています。

♠従来の考え方と問題点

　従来の考え方は、ファイナンス・リースとオペレーティング・リースを区分して、ファイナンス・リースについては、貸借対照表に反映させるというものです。貸借対照表のことをバランスシートということから、これをオンバランス処理といいます。オペレーティング・リースについては、支払リース料がリース期間にわたって発生したものとして、会計処理します．これを賃貸借処理といいます。

　このような従来の会計処理には、問題点があると言われていました。すなわち、ファイナンス・リースとオペレーティング・リースは、いずれもリース料を支払う代わりに機械などの資産を使用するという契約であり、会計処理が異なるのは不合理であるという指摘です。

　また、オペレーティング・リースとして区分された場合には、リース取引に関する資産と負債が計上されないため財政状態に関する情報が十分に開示されないことも問題です。

　こうした問題点に関して、国際会計基準審議会とアメリカの財務会計基準審議会が共同して、10年近く検討を重ねた結果、リース取引に関する包括基準としてIFRS 16号が公開されました。

♠ IFRS 第16号の内容は

　IFRS 16号は、借手の会計処理について、ファイナンス・リースとオペレーティング・リースの区分を廃止しました。従来の区分によらず、すべてのリース取引について、リース契約により対象資産を使用する権利を取得し、リース料の支払義務という負債を負うものとして、会計処理をします。

　つまり、リースの対象となる資産を使用する権利を使用権資産として計上すると同時に、リース料の支払義務をリース負債として計上します。

従来はリース資産の購入に近い取引として処理していたのに対して、使用する権利に着目して、これを取得する取引と理解するのがIFRS 16号です。

　借手の会計処理は、すべてのリース取引について使用権資産とリース負債を計上しますが、貸手については、従来の考え方を踏襲しています。

♠リースの定義

　まずは、リース取引を定義し直す必要があります。従来は、購入類似取引として所有権の移転に着目した区分をしていましたが、IFRS 16号は対象資産を使用する権利に着目して、リースとは「資産を使用する権利を一定期間にわたり対価と交換に移転する契約または契約の一部分」と定義しています。

　借手にとって、ある契約がリース取引に該当するかどうか、もしくはリース取引を含むかどうかを判定するための判定にあたり基準となるのは、その資産の使用権を契約期間中支配しているかどうかです。

　具体的には、①対象となる資産が特定されており、②借手は使用期間を通じて当該資産の使用から生じる経済的便益をすべて得る権利と資産の使用を指図する権利を有する場合に「支配する権利」があると判定します。

　つまり、リース取引契約というものがある場合に、これに応じた会計処理をするという考え方ではなく、契約の中にリースを含むかどうか検討が必要ということになるわけです。このような考え方を「支配モデル」と呼びます。

♠使用権モデルによる会計処理　（借手側）

　使用権モデルによる会計処理は、次のとおりです。

　リース開始時　（借）使用権資産　XXX　／　（貸）リース負債　XXX

　リースの開始時点では、使用権資産とリース負債を計上します。従来の購買と同様の会計処理と似ていますが、資産計上するのは、資産そのものではなく使用権です。負債側の従来通りの考え方によるものです。注意が必要なのは、従来賃貸借処理をしていたオペレーティング・リースについてもこのような処理が必要になるという点です。

　なお、オペレーティング・リースという概念がなくなったわけではなく、貸手の会計処理についてはファイナンス・リース、オペレーティング・リースという区分は存続します。

　また、計上金額について従来は購入したとしたらいくらになるかという考え方で測定していましたが、使用権モデルでは、購入類似の行為と考えるのではなく使用権を取得するための対価として考えるため、リース料総額から

金利部分を除いたものとして、その割引現在価値を評価額とします。

IFRS16号は、このリース開始時点の処理を当初認識と呼んでいます。また、リース期間中の処理を同様に事後測定と呼んでいます。

まず、使用権資産については減価償却計算を行います。このときの耐用年数は、所有権が借り手に移転する場合には「資産の利用可能年数」、所有権が借り手に移転しない場合には「リース期間」となります。

リース負債は、リース料の支払に応じて、支払利息とリース負債の返済に分けて処理します。

♠リースを認識しなくてもよいのは

借手は原則として、すべてのリースについて使用権資産とリース負債を計上することになりますが、一定の場合には簡便的な処理が認められます。IFRS16号は、短期リースと少額資産のリースについて実務上の負担と会計上の重要性を比較衡量した結果、オフバランス処理を認めています。

以下の要件をみたすリースについては、例外的に賃貸借処理が可能です。

①短期リース

契約期間が12か月以内のリースについては、リース期間にわたって定額のリース費用を計上する賃貸借処理を選択することができます。

短期リースは、財務諸表への影響という観点からは重要性が乏しいと考えられ、簡便処理の対象として認められています。ただし、選択購入権が借手に付与されている場合には、短期リースに該当しないとされています。

なお、簡便処理を適用するかどうかは、資産の種類ごとに選択できます。

②少額リース

対象資産の金額が少額のリースについては、リース期間にわたって定額のリース費用を計上する賃貸借処理を選択することが出来ます。

少額リースも、財務諸表への影響という観点から重要性が乏しく、同じく簡便処理の対象として認められています。具体的な金額基準は示されていませんが、新品価格で50万円程度が目安と言われています。この簡便処理を適用するかどうかは、リースを含む契約ごとに選択できます。

♠貸手の会計処理は

貸手の会計処理は、従来とほぼ同じですが、リースの定義の変更などいくつか影響がある点はあります。短期リースと少額リースについて認識の免除規定も貸手にはありません。

Q94 日本のリース会計基準公開草案と実務上の対応は

Answer Point

♧ 2023 年 5 月にリース会計基準の公開草案が公表されました。
♧ 公開草案の基準が導入されるとどの契約が検討対象となるでしょうか。

◆日本の現行リース会計基準との違いと実務上の影響は

　ＩＦＲＳ第 16 号は、借手の会計処理において、すべてのリースについて使用権資産とリース負債を認識し、ファイナンス・リースとオペレーティング・リースの区分を廃止した点が日本のリース会計基準と大きく異なっています。

　2023 年 5 月に、日本のリース会計基準が公表されＩＦＲＳ第 16 号とほぼ同じ方向に改正すると予想されます。従来からの、重要性基準（300 万円基準）は継続されるようですが、不動産の賃料についてはオンバランスが求められるようになり、大きな影響が出ます。経過措置なども含め実務上の負担への配慮もあるものの、情報収集が必要な内容となっています。

◆実務上の判定対応は

　「支配モデル」によって、リースを識別するプロセスを追って見ましょう。

　リース会社との契約以外にも、使用料や賃貸借に関する契約などもリースに該当する内容を含む可能性があります。

①特定された資産があるかどうか

　契約の中に明示された資産があることによって特定される。ただし、明示的でない場合にも特定される場合があることに注意

②顧客が資産の使用から生ずる経済的便益のほとんどすべてを得る権利を有しているかどうか

③顧客が資産の使用を指図する権利を有しているかどうか

　実務上問題となるのは、契約がリースであるかどうかだけではなく契約がリースを含んでいるかどうかも検討する必要があるということです。

　つまり、理屈の上ではすべての契約についてリースとなる内容を含んでいないかどうか検討する必要が生じます。実際には、リースを含む可能性がある契約を抽出するため、契約で資産が特定されているかどうかは重要な基準

ということになります。特定された資産がある場合のみ、リースに当たるかどうかの判定を進めればよいわけです。

♠特定された資産とは

　契約の中にリースが含まれるかどうか判定する場合、「支配する権利」があるかどうかが基準となるわけですが、何を「支配する権利」について考えればいいのでしょうか。

　定義によれば、ある契約の中に何かを「支配する権利」が含まれている場合にはリースに該当する可能性があります。逆に考えると、契約の中に「支配する権利」の対象となる何かの資産がなければリースが含まれないことになります。この支配権の対象となる資産のことを「特定された資産」と呼びます。

　最初に考える必要があるのは、契約の中に支配モデルによるリースの定義に該当する内容が含まれているかどうかです。契約によって「特定された資産」が定められていなければ、それ以上の検討は不要ということになります。

　通常は、契約に明記することで資産が特定されますが、ＩＦＲＳ16号は、契約の中に明示的に特定された資産がある場合のみではなく、黙示的に特定される場合などもあるとしています。

♠契約に明記された場合以外に資産が特定されるのは

　契約の中に、何かの資産が明記されている場合には、リースに該当する内容が含まれているかのどうか検討へ進むことになります。

　契約に明記されていない場合で、特定された資産があるとされるのはどんな場合でしょうか。

　契約の中で（製造番号などによって）明記されていない場合には、貸手が契約内容遂行のために自己所有のどの資産を充てるかというのは貸手の考え次第です。契約の中で明記されているということは、このような意味で資産が特定されているということになるのです。

　ただし、契約内容に従って取引を行う場合に、特別仕様のような資産が必要な場合はどうでしょうか。契約で明記されていないといっても、その契約専用のような特別仕様や専用設計の資産が想定されている場合には、貸手にとっても他に代替資産はなく、経済合理性を考慮すれば資産を貸手側の意思で交換することはありません。したがって、このような契約の場合には、契約上明記されていなくても、事実上「その資産」という特定が当事者間でな

されていることになります。

　また契約時点で、対象となる資産が存在せず、契約内容に従って製造される場合はどうでしょうか。確かに契約の時点では、資産の特定は不可能ですが、契約に従ってリースが開始された時点では、当事者間で資産の特定が可能であるため、この場合にも特定された資産が存在することになります。

♠今からできることは何か

　不動産賃貸契約は、ほとんどの企業が関していると考えられます。これをオンバランスするということは、大きな影響があります。

　また、多くの企業がリースの貸手となることも大きな影響であるといえます。借手として、使用権資産・リース負債を計上するだけではなく、貸手としての会計処理とその影響を考えてみる必要があります。

　公開草案のリース会計基準に導入された場合に備えて、今から何をしておけばいいのでしょうか。

①オペレーティング・リースを含むすべてのリース契約がリース会計基準の対象となり、使用権資産・リース負債として貸借対照表に計上されることを可能性として考慮に入れ、契約内容を検討する。

②不動産に関する賃貸借契約を対象に、リースとして会計処理を変更する可能性があるものはどれか、また、契約内容の変更により、リース会計基準の適用対象となるかどうかを変更する余地の有無を検討する。

③公開草案のリース会計基準は、従来の 300 万円ルールによる簡便処理を認めていますが、借地権・建設協力金などの処理についてもリース取引の範疇に含まれるため注意が必要です。経過措置は設けられると思いますが、今後の方向性としてはこれらについてもリース取引として貸借対照表に記載することが求められそうです。

♠資金調達への影響

　リース取引は、設備導入にあたって資金調達手段として機能し、広く利用されています。借入金に関する与信判断は、企業単位でなされる一方、リース契約は基本的にもの（設備など）に査定がつきます。

　リースに関する会計基準が変更されても、リース取引そのものには影響しないと考えられますが、会計処理の結果、資産・負債の金額が変わりますので借入の際の与信判断に影響する可能性があります。不動産賃貸取引なども関係してきますので注意が必要です。

編者紹介 ─────────────
株式会社ブレイン

従来の会計事務所のような顧問契約にとらわれず、「必要な時に必要な分だけ」
顧客に対してサービスを提供することをモットーに公認会計士が中心となって平
成13年6月に設立。
新規事業者（ベンチャー企業）等の支援業務や、上場会社の連結業務のサポート、
内部統制システム構築のサポート、儲かる企業を目指しての財務管理体制・与信
管理体制・人事組織体制等のコンサルティング、銀行や商工会議所・上場企業の
企業内セミナー等、幅広く会計に基づくサービスを提供している。

大阪事務所　大阪市北区西天満4丁目13－8　尼信ビル8階
神戸事務所　神戸市中央区中町2－3－2　神戸駅前ツインビル3F

法律監修
浅井綜合法律事務所　大阪市北区西天満4丁目13－8　尼信ビル8階
弁護士　浅井健太、弁護士　科埜貴宏、弁護士　大坪尚紀、
弁護士　田中遼平

2023年5月改訂

いまさら人に聞けない「リース取引」の法律・会計・税務Q＆A

2008年3月21日	初版発行		
2013年7月19日	改訂版第1刷発行	2013年12月9日	改訂版第2刷発行
2020年9月16日	改訂2版発行		
2021年9月1日	改訂3版発行	2022年12月5日	改訂3版第3刷発行
2023年6月30日	改訂4版発行	2024年7月3日	改訂4版第3刷発行

著　者　株式会社ブレイン編著 ©

発行人　森　　忠順

発行所　株式会社 セルバ出版
　　　　〒113-0034
　　　　東京都文京区湯島1丁目12番6号 高関ビル5B
　　　　☎ 03（5812）1178　FAX 03（5812）1188
　　　　http://www.seluba.co.jp/

発　売　株式会社 三省堂書店 / 創英社
　　　　〒101-0051
　　　　東京都千代田区神田神保町1丁目1番地
　　　　☎ 03（3291）2295　FAX 03（3292）7687

印刷・製本　株式会社丸井工文社

Printed in JAPAN
ISBN978-4-86367-824-8